分析检验的质量保证与计量认证

第二版

杨小林　贺琼　主编

化学工业出版社
·北京·

随着科学技术的高速发展和现代生活水平的日益提高,分析检验在各领域中的地位日显重要,人们对分析检验的准确度也提出更高的要求,这就要求分析专业的学生不仅要掌握分析测试的方法和技术,还要掌握分析测试的质量管理和质量保证相关知识。为此,编写了《分析检验的质量保证与计量认证》一书,供分析专业的师生、各行业质检人员和质量管理人员阅读参考。本书的内容很好地体现了党的二十大报告中的"质量强国、全面推进依法治国"的理念,有利于提高学生的道德素养。

全书共四章,内容包含了分析测试的质量保证、计量认证和实验室认可、标准化和标准知识、计量检定和法定计量单位等。较全面地介绍了分析测试的质量保证体系、检验质量的控制技术和评定技术、计量认证和实验室认可、标准化和标准、标准方法和标准物质等方面的实验室质量管理知识。本书还附有分析检测相关的法律和法规性文件,以方便读者使用时参考。

图书在版编目(CIP)数据

分析检验的质量保证与计量认证/杨小林,贺琼主编. —2 版. —北京:化学工业出版社,2018.3(2025.1重印)
ISBN 978-7-122-30963-1

Ⅰ.①分… Ⅱ.①杨…②贺… Ⅲ.①产品质量-质量检验-方法 Ⅳ.①F273.2

中国版本图书馆 CIP 数据核字(2017)第 274247 号

责任编辑:蔡洪伟　陈有华　　　　　　文字编辑:林　媛
责任校对:王　静　　　　　　　　　　装帧设计:王晓宇

出版发行:化学工业出版社(北京市东城区青年湖南街 13 号　邮政编码 100011)
印　　装:河北延风印务有限公司
787mm×1092mm　1/16　印张 13¼　字数 332 千字　2025 年 1 月北京第 2 版第 7 次印刷

购书咨询:010-64518888　　　　　　　售后服务:010-64518899
网　　址:http://www.cip.com.cn
凡购买本书,如有缺损质量问题,本社销售中心负责调换。

定　　价:36.00 元　　　　　　　　　　　　　　　　　　　版权所有　违者必究

前言
FOREWORD

  本书自 2007 年出版以来已有 10 年，广大读者对本书的热情关注和支持实在令我们感动。本书作为分析与检验技术及相关专业"分析检验的质量保证与计量认证"课程的教材，在教学过程中发挥了一定的积极作用。

  分析检验的质量保证是国家质量技术基础的重要组成部分，也是国家治理体系的重要工具和技术支撑，其对于贯彻实施"质量强国"和"中国制造 2025"战略，服务经济社会发展具有十分重要的意义，被广泛地应用于科技各领域、国民经济各部门中。随着国际贸易的增加，地区、国家之间交流的频繁，更增加了对分析测试结果的要求，数据的可靠性、通用性和可比性越来越被关注。伴随着科技的进步，分析化学也得到了长足的发展，分析检验方法不断更新，新的标准、新的方法促使本书必须与时俱进，因此在第一版的基础上进行一定的修订和调整，修订工作遵循以下原则：

  1. 针对国家标准的多次更新，对第三章标准化和标准知识的内容进行了全面的修订，参照 GB/T 1.1—2009《标准化工作导则》、GB/T 20000—2014《标准化工作指南》、GB/T 20001《标准编写规则》和 GB/T 20002《标准中特定内容的起草》的要求重新编写了标准的编写规范。

  2. 对书中所有引用的各类标准进行了梳理，全部引用最新的国家标准和行业标准。

  3. 全书各章节内容安排保持科学性、系统性和一定的深广度，在内容设计上做到通俗易懂，注意理论联系实际，使读者使用更趋方便。

  4. 全书对基础知识的阐述较为详尽，并对课后习题进行了部分修订。

  5. 全书引用了最新的参考文献资料，更新了相关的法律法规性文件。

  主编杨小林负责了本次修订的组织工作，并负责了引言、第一章、第二章和附录的修订工作；贺琼负责了第三章和第四章的修订。本书最后由杨小林整理并统稿。

在本书的修订过程中得到了有关领导的支持和鼓励，常州工程职业技术学院制药学院分析教研室的老师给予了大力的协助，在此，我们表示衷心的感谢！

由于编者水平所限，本次修订工作中难免存在疏漏和不足，恳请专家和读者批评指正，不胜感谢。

编　者
2017 年 8 月

第一版前言
FOREWORD

分析化学广泛地应用于科技各领域、国民经济各部门、人们的生活和社会法制等各方面。当今，分析测试结果直接参与解决科技和生产的各种问题，科技的进步、生产过程的监控、产品质量的检测、环境污染的监测与治理等，都需要有准确、可靠的数据。特别是随着国际贸易的增加，地区、国家之间交流的频繁，更提高了对分析测试结果的要求，数据的可靠性、通用性和可比性越来越受到关注。对于工业分析专业的高职学生和分析化验人员，必须要掌握一定的分析测试的质量保证、计量认证与实验室认证、标准化与标准知识、计量检定和法定计量单位与分析操作检验规范的编写等方面的知识。出于该目的编写了本教材。

本书的编写特点如下：

1. 主要针对工业分析高职的学生，突出高职高专以能力为本位的职业教育特点，同时兼顾分析化验人员在实际操作中的需要，在内容设计上做到通俗易懂，注意理论联系实际。

2. 列举了工作和实验室中的实际案例，对于一些讲解困难的知识点，直接用实例进行分析。

3. 本书所使用的名词、术语、法定计量单位和计算式等内容与标准中的规定相一致。

4. 为方便读者使用时参考，本书中采用最新的标准及提供了相应的法律、法规性文件。

本书不仅可以作为大专院校的教材使用，还可作为分析化验人员培训用教材和参考书。

本书共分4章，其中杨小林编写了第一章、第二章，贺琼编写了第三章、第四章。全书由杨小林统稿，黄一石主审。

在本书的编写过程中得到了有关领导的支持和鼓励，常州工程职业技术学院应用化学技术系分析教研室的老师给予了大力协助，在此表示衷心的感谢！

由于编者水平有限，缺点和不足在所难免，敬请读者批评、指正。

编 者
2007 年 3 月

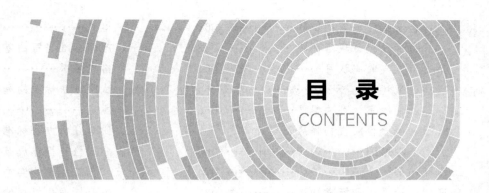

目 录
CONTENTS

本书所用符号的意义和单位·············· 001
引言······························· 003
    一、分析测试工作者的任务和
        要求·························· 003
    二、分析测试全过程·············· 004

第一章　分析测试的质量保证·········· 006
  第一节　概述······················ 006
    一、分析质量保证的目的和内容 ··· 006
    二、质量保证在分析测试中的
        意义·························· 007
    三、分析测试的质量保证体系······ 007
  第二节　分析测试质量的标准········ 009
    一、测量准确度与测量误差········ 009
    二、精密度······················ 011
    三、测量不确定度与置信区间······ 016
  第三节　分析测试质量控制·········· 020
    一、质量控制的内容·············· 020
    二、质量控制的基本要素·········· 021
    三、分析测试过程的质量控制······ 022
  第四节　分析测试质量评定技术······ 026
    一、内部质量评定技术············ 026
    二、外部质量评定技术············ 034
  第五节　样本的质量保证············ 039
    一、采样的重要性················ 039
    二、取样方式和样本类型·········· 040
    三、样本的质量评价·············· 043
    四、样本数（样本容量）的决定 ··· 044
  习题······························ 044

第二章　计量认证和实验室认可········ 046
  第一节　概述······················ 046
    一、计量认证和实验室认可的作用
        和意义························ 046
    二、计量认证和实验室认可的
        标志·························· 047
    三、基本术语···················· 048
  第二节　计量认证和审查认可评审
          准则························ 050
    一、计量认证过程················ 050
    二、计量认证的申请·············· 050
    三、计量认证和审查认可（验收）
        评审准则······················ 050
  第三节　质量体系文件的编写········ 051
    一、质量管理体系················ 051
    二、质量管理体系文件及其特点 ··· 051
    三、质量管理体系文件的层次和编
        写原则························ 052
    四、作业指导书和实验室记录文件
        的制订························ 053
  第四节　质量手册·················· 054
    一、质量手册的作用·············· 054
    二、质量手册的编写·············· 055
    三、关于发布和实施质量手册的
        通知·························· 058
  第五节　程序文件的编写············ 058
    一、制定程序文件的作用·········· 058
    二、程序文件的格式和内容········ 059
  第六节　计量认证的评审程序········ 061

一、正式评审前的工作……… 061
　　二、计量认证现场评审………… 062
　第七节　实验室认可……………… 064
　　一、概述…………………………… 064
　　二、实验室认可的程序………… 066
　　三、检验检测机构资质认定评审
　　　　准则…………………………… 068
　习题…………………………………… 074
第三章　标准化和标准知识…………… 075
　第一节　标准化和标准的基本
　　　　　概念………………………… 075
　　一、标准化的基本概念………… 075
　　二、标准的基本概念…………… 076
　第二节　标准的分类与分级……… 078
　　一、标准分类的原则…………… 078
　　二、标准的分类………………… 078
　　三、标准的分级………………… 080
　第三节　标准的代号和编号……… 081
　　一、国家标准的代号和编号… 081
　　二、行业标准的代号和编号… 082
　　三、地方标准的代号和编号… 083
　　四、企业标准的代号和编号… 084
　第四节　标准方法………………… 085
　　一、概述………………………… 085
　　二、标准方法的分类…………… 086
　　三、选择分析方法的原则……… 087
　　四、各类标准方法的关系……… 087
　　五、对方法的评定……………… 087
　　六、采用国际标准和国外先进
　　　　标准………………………… 091
　第五节　标准物质………………… 096
　　一、标准物质的分类…………… 097
　　二、标准物质的用途…………… 098
　　三、使用标准物质的注意事项… 099
　　四、使用进口标准物质的条件… 100
　第六节　标准的制定和修订……… 101
　　一、标准制定和修订的原则和一般
　　　　程序………………………… 101
　　二、标准编写的基本要求和

　　　　格式………………………… 105
　　三、产品标准编写的基本要求和
　　　　格式………………………… 109
　　四、试验方法标准的编写和有关
　　　　规定………………………… 112
　　五、仪器分析方法标准的编写… 122
　　六、分析检验操作规范的编制… 130
　第七节　化工标准的实施与监督… 130
　　一、企业标准化机构的任务和
　　　　标准化人员………………… 131
　　二、化工企业贯彻标准的意义… 132
　　三、贯彻标准的原则…………… 133
　　四、实施标准的一般程序和
　　　　方法………………………… 133
　　五、化工标准的实施监督……… 134
　习题………………………………… 135
第四章　计量检定和法定计量单位…… 138
　第一节　概述……………………… 138
　　一、计量检定概述……………… 138
　　二、计量检定的特点…………… 138
　　三、计量检定的分类…………… 138
　　四、计量检定相关法规及规定… 139
　第二节　计量检定………………… 139
　　一、计量检定中的名词术语…… 139
　　二、通用计量器具的检定或
　　　　校验………………………… 140
　　三、计量器具的标识…………… 141
　　四、计量器具的管理…………… 141
　第三节　法定计量单位…………… 142
　　一、法定计量单位的构成……… 142
　　二、法定计量单位的使用规则… 146
　　三、分析中常用的量和法定计量
　　　　单位………………………… 148
　　四、SI基本单位的定义………… 149
　习题………………………………… 151
附录……………………………………… 152
　附录1　计算3σ控制限的参数…… 152
　附录2　部分随机数表…………… 153
　附录3　产品质量检验机构计量认证/

审查认可（验收）评审
准则 …………………… 157
附录 4 中华人民共和国计量法 …… 164
附录 5 中华人民共和国标准
化法 …………………… 167
附录 6 中华人民共和国产品质

量法 …………………… 169
附录 7 中华人民共和国认证认可
条例 …………………… 176
附录 8 检测和校准实验室能力的通用要
求（ISO/IEC 17025:2005） … 183
参考文献 …………………………… 203

本书所用符号的意义和单位

符号	意　义	单位
E	绝对误差	
x	测量值	
μ	真值	
RE	相对误差	
d_i	绝对偏差	
Rd_i	相对偏差	
$\bar{x}$	一组测量值的算术均值	
x_i	组分的某次测量值	
$\bar{d}$	一组测量值的平均偏差	
$R\bar{d}$	一组测量值的相对平均偏差	
n	样本容量	
s	一组测量值的标准偏差	
RSD	一组测量值的相对标准偏差	
s_r	重复性标准偏差	
s_R	再现性标准偏差	
$s_{\bar{x}}$	平均值的标准偏差	
s_L	室间标准偏差	
r	重复性限	
R	再现性限	
$C_rR_{95}(n)$	重复性临界极差	
u_A	A 类标准不确定度	
u_B	B 类标准不确定度	
u_C	合成标准不确定度	
k	包含因子	
U	扩展不确定度	
$t_{\alpha,\nu}$	统计量	
L	测定方法的检测限	
S	测定方法的灵敏度	
s_B	空白实验多次测量结果的标准差	
Q_L	被测组分的含量	数值以 % 表示
c_L	L 组分的浓度	mol/L
A	$\bar{x}$ 图控制限的参数	
B	标准偏差图的控制限的参数	
C_2	标准偏差图的中心线的参数	
D	R 图控制限的参数	
d_2	R 图的中心线的参数	
UWL	上警戒限	
LWL	下警戒限	
UCL	上控制限	

续表

符 号	意 义	单 位
LCL	下控制限	
α	显著性水平	
P	置信概率	
I	电流	A
t	时间	s
F	法拉第常数	9.648×10^4 C/mol
u_x	被测样品含量的在一定概率下的不确定度	
u_0	上一级基准试剂含量的在一定概率下的不确定度	
$u_{测量}$	整个测定过程中,每个环节的在一定概率下的不确定度	
Y	回收率	数值以％表示
m	物质质量	g 或 kg

注：表中所列的是各章节的主要符号,按章节次序列出,相同的不重复列出。

引言

分析化学是人们获得物质物理性能、化学组成和结构信息的科学。生产技术的发展和科学技术的进步与分析化学的发展密切相关。科学技术的发展使相邻学科之间相互渗透，随着生命科学、环境科学和新材料新能源科学的飞速发展，促使分析化学融合了当代计算机科学、微电子学、生物化学、材料学的最新成就，利用物质的光、电、热、声、磁等性质，发生着更深刻、更广泛的变革。事实表明，由于分析化学直接参与了新的、准确的、可以增进对人类所面临的有关重大问题和机遇了解的信息的获得，因而被看作是科学发展的最强有力的支柱之一，分析测试水平是衡量国家科学技术水平的重要标志之一。

一、分析测试工作者的任务和要求

分析测试工作者的职责是：根据足够有效的、准确的、具有统计意义的信息，以便各种客户和有关政府部门能对有关问题做出有意义的决定。因此，成功的分析测试工作者必须精通许多技术且必须处于化学知识的前沿。

一个分析测试工作者在进行分析测试时必须完成以下步骤并加以规定：

① 正确地确定问题；

② 保证所得的各个样品都是该问题的代表；

③ 与用户接触以便获得对该问题的有关知识，并确定分析样品所要求时间和准确度的限制；

④ 提出一个包含有评估所用方法步骤和最好方法的分析计划；

⑤ 利用最高水平的专业技能和很好的化学知识完成该项工作；

⑥ 告知答案而不是数据，内容应包括所有数字的精确度和可靠性，并具体指明在使用该数据时应注意的事项或受制约的条件；

⑦ 解释所得信息和结果，并用清晰、一贯和有意义的报告清楚地说明该问题。

不同级别的分析测试人员要求持有相应级别的"个人"资格证书，对那些担负有评价结果和签署检测报告任务的人员，除具备相应的资格、培训、经验以及所进行检测方面的足够知识外，还需要具有制造被检测物品、材料、产品等所用的相应技术知识，已使用或拟使用方法的知识，以及在使用过程中可能出现的缺陷或降级等方面的知识；具有法规和标准中阐明的通用要求的知识；具有所发现的对于有关物品、材料和产品等正常使用的偏离程度的了解。要达到这些目标的能力，不断学习、不断更新知识、不断积累经验，始终使自己保持技能的现代化是唯一的途径。

二、分析测试全过程

分析化学的基本目的是获取关于物质的化学组成与结构方面信息，对样品进行分析测试的过程就是获取被测物质化学信息的过程。一个分析测试的全过程一般包括建立分析测试任务和分析测试操作两个过程。

1. 建立分析测试任务

进行样品的分析测试必须有明确的目的，只有明确了要解决的全部问题，获得的分析结果才是有用的。分析测试的目的往往是由用户提出的，但由于用户对分析的术语不够熟悉，或对分析测试方面的技术不能充分了解，提出问题时分析测试的目的不是很清晰，经常会超出分析化学领域。因此，在开始解决测试的步骤之前，分析人员和用户必须共同讨论，共同商定分析测试的目的，明确必须进行什么分析和能进行什么分析。除外在分析测试之前还需要了解、明确下面一些问题，希望通过这些对话来获得有用信息，以选择合适的分析方法。

① 样品来源？提供的样品是如何得到的（包括样品的运输和保存条件）？可用来分析的样品量有多少？样品可以破坏还是应该保持原样？样品的状态、性质？

② 对样品进行定量分析还是定性分析？定量分析中要求的准确度是多少？关心的是样品中的元素成分、分子的组成，还是官能团的确定？或者关心的是混合物的组分？基体的成分是什么？欲分析测试组分的近似浓度是多少？

③ 只进行单一成分分析还是希望进行多组分分析，或是全分析？分析的是主成分还是微量（痕量）成分？

④ 提供样品后希望多长时间得到结果？用户如何平衡测试时间、测试成本和测试准确度之间的关系？

⑤ 是周期性提供样品还是仅进行一次分析？如果是周期性提供样品，周期多长？

⑥ 是否希望寻找一种连续监测系统和（或）全自动化系统？分析系统或方法的可靠性的关键是什么？

通过对话获得对分析测试有用的信息，以利于选择合适的分析方法。对于分析测试工作者来说，从多种分析方法中选择合适的分析方法往往是困难的事情，这需要很多经验。每个问题都有特定的处理方式，通常情况下，没有万能的解决众多问题的分析方法。实际上，选择一种最合理的分析方法和实验条件往往受其他条件的约束，如使用的仪器性能、操作人员的知识面、实验室条件等。

2. 分析测试操作过程

对样品进行分析测试的实际操作一般包括以下步骤。

（1）采样（sampling） 分析测试的样品必须是被测对象的代表，采样时应注意所取分析样的代表性。由于分析对象种类繁多，组成可能均匀，也可能不均匀，待测组分的含量也有高有低；由于分析的目的不同，有时要求分析结果能反映分析对象整体的平均组成，有时则要求反映其中某一特写区域或特定时间的特殊状态等，所以应根据分析的具体情况选择各种合理的采样方法。而建立在严谨统计学理论基础上的质量抽样检验方法是在生产中保证产品高质量的基本手段。取样时必须小心，以保证取样设备和贮存容器不污染样品。样品的标签上应清楚地标明一些信息，诸如样品的来源、取样日期和时间以及待测组分。有时取样是危险的，必须采取适当的安全措施。

（2）样品的输送和保存 样品的输送和保存是保证样品能代表其母体的一个很重要的环节。从取样到开始分析样品之间，往往需要经过一时间。在这段时间内，不管是在运输还是保存样品上，都应根据样品的性质采取相应的措施，以防止样品组分（特别是待测组分）的组成和性质因环境温度与湿度的变化（或运输过程中样品容器震动，或液体的泄漏、气体的扩散）而发生了变化；防止由于容器壁的吸附，造成痕量组分的损失；防止因容器壁的痕量物质污染贮存的样品。

(3) 样品的制备　样品的制备包括以下几方面。

① 样品的状态应与所应用的分析测试方法相适应。如若选用的分析测试方法进样为液体（如大多数化学分析法和大多数借助仪器的物理分析法），则要求将样品转化为溶液状态，或将待测组分转入溶液体系中，这就需要对固体样品进行分解或溶解，对气体样品用溶剂进行吸收，制成试样溶液；有些液体样品也可不需要预处理，直接进行分析。有时为满足分析测试需要，在某些情况下，还需要进行特殊处理，如红外光谱分析的固体样品经常加入 KBr 晶体混合研磨压片等。

② 样品应与所选用分析测试方法的最佳浓度范围相适应。如在痕量分析中，常利用富集来提高样品中分析物的含量，以满足分析测试方法对分析物最佳浓度范围的要求。

③ 对样品进行适当的处理，消除或减少样品中其他组分对待测组分的干扰。当分析样品成分复杂，且其中存在着对测定有干扰的组分时，需要在测定前将干扰组分分离除去，或加入掩蔽剂掩蔽干扰组分，使干扰组分减少至不再干扰测定，而待测组分的损失应小到可以忽略不计。对特定的分析方法，往往有其特殊的消除干扰的方法。对复杂样品来说，消除干扰与测定同样重要。

(4) 分析方法选择和样品测定　确定分析方案时，一般是根据分析测试的目的和要求（分析工作者与用户共同商定）、被测组分和共存组分的性质与含量、实验室条件等来选择合适的分析方法和合适的实验条件。分析方法选定后，分析测试过程中，需要全面考虑分析条件的选择和优化，并进行分析质量控制，以保证分析结果的精密度和准确度。如在仪器分析中，校准仪器就是保证分析测试结果准确的首要的和最基本的条件。

(5) 解释数据　数据的数学处理和解释是构成分析系统的必要组成部分。现代分析化学的发展趋势表明，分析工作者将由过去单纯的提供数据，上升到从分析测试数据中获取有用的信息和知识，成为实际问题的解决者。目前，除一些化学分析方法对测试数据简单处理外，大多数现代分析仪器都已计算机化。借助于分析系统的应用软件，可以对大量测试数据或者特定时空分布的信息进行处理，除直接迅速得到结果外，还可以从中得到有用的信息和知识，以解决更多的实际问题。

(6) 结论和报告　分析测试工作者应清楚地报告可靠的结果，避免报告任何不确定的数据。"一个错误的分析结果比没有结果更糟糕"。分析工作者应对分析结果负全部责任，要对测试结果的误差进行分析。根据分析结果得出正确的结论是分析工作者的职责。如何保证分析测试的质量是本教材的目的和主要内容。

第一章 分析测试的质量保证

第一节 概 述

一、分析质量保证的目的和内容

分析质量保证（analytical quality assurance）是指为保证分析结果能满足规定的质量要求，提供适当信任所必需的、有计划的、系统的活动。分析质量保证包括质量控制和质量评价两个方面的内容。分析质量控制（analytical quality control）指对全分析过程进行质量控制，采取一系列措施减小分析误差，使总的测量不确定度控制在尽可能小的范围内。分析质量评价（analytical quality evaluation）是指对分析结果进行质量评价，及时发现分析中的问题并改正，确保分析结果准确可靠。

分析测试的质量保证的目的为：

① 降低测量误差到允许的程度，以获得高度可信的分析结果；

② 为得到可靠的数据尽量减少工作量；

③ 改善实验室之间数据可比性的基础；

④ 提供统计学基础以作出评价。

分析质量保证不仅是一项具体的技术工作，而且也是一项实验室管理工作。质量保证工作必须贯穿分析过程的始终，包括样品的采集与贮存、样品的预处理、分析方法的选择、样品的测定、实验数据的记录和处理、分析结果的表达等。合适的测量方法、正确的校准和应用得当，再加上良好的实验室设备条件和操作技巧就组成了质量控制程序的基本要素。对数据质量的评价是用标准物质来评价系统误差，用冗长而耗时的过程来评价精密度。因此，分析质量保证的主要内容应包括以下几方面。

① 制定实验室的各项规章制度：实验室的管理制度；试剂、基准物质与标准溶液的管理制度；仪器设备的计量检定和维护制度；数据记录和检测报告书的管理制度等。

② 实验室技术人员的培训和考核：实验人员的素质和技术水平直接影响分析工作的质量，应定期对实验人员进行技术培训和考核，并执行持证上岗制度等。

③ 制定分析全过程的技术操作规范并在分析过程中严格执行。

④ 标准分析方法的执行。

⑤ 实验室质量控制：指对于分析过程的质量控制，其目的是保证分析结果的可靠性和可比性。

综上所述，质量保证的各方面可用图 1-1 表示。

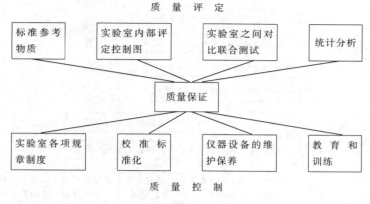

图 1-1 质量保证的各方面

二、质量保证在分析测试中的意义

分析测试涉及的范围非常广泛，化学成分、理化特性有关的生产过程控制、产品质量的检验与评价、物料的定值、环境监测、质量纠纷的仲裁、有关案件的调查、临床化验、实验室认证、有关仪表的校准和定度、检验人员的考核等，都需要有可靠的分析测试数据。在国际贸易和科技交往中，测试结果必须要有国际可比性。

美国科学院组建了一个以 Pimental 教授为首的由 350 位专家组成的调查组，在其出版的"Opportunities in Chemistry"一书中将分析化学列为美国化学分析七个优先发展的领域之一，并指出分析化学在推动我们弄清环境和生命中的问题起到决定性的作用。在美国每年用于产品质量控制的分析费用超过 500 亿美元，其中大约 10% 的分析测试因不可靠而必须重测。2016 年我国的检验检测产值近 2000 亿元，近三年年均增长 13.5%，高于全国 GDP 增长水平。在产品特性与化学组成紧密联系的工业中，有将近 30% 的样品必须重测。所有这些数据还不包括错误测试结果对经济和社会产生副作用造成的损失。以上数据不仅表明准确分析测试的重要性，还体现出提高分析测试质量的必要性。

随着科学技术的发展，分析测试技术向多功能、自动化、智能化和微型化方向发展，许多原先的人工操作现在都自动化了。此外，很多测定，例如贸易、环境监测、临床化学等的测试，经常需要几个分析者或者几个实验室、地区、全国甚至国际性的协作来完成。因此，对于测试结果的可靠性和可比性有更严格的要求。为了获得准确可靠的、高质量的测试结果，必须对分析测试全过程的各个环节进行质量控制，采取有效的措施，使可能产生的误差降到允许的范围内，以此来保证分析测试的质量。

三、分析测试的质量保证体系

为了使分析的全过程处于管理状态，分析实验室的质量管理应按图 1-2 所列的质量保证体系运行。

图 1-2 说明，为了确保分析结果的质量，分析测试工作者应建立并实施质量保证系统的各种方法是：严格仪器、工具和化学试剂的采购；进行仪器的经常校准；对人员进行培训和教育；进行分析方法的确认；使用标准物质；实验室内不同方法的比对；实验室间数据的比

对；建立控制点和控制图等。

质量保证体系对涉及检验质量的每个环节（见图 1-2），都应该制定相应的文件加以规定。

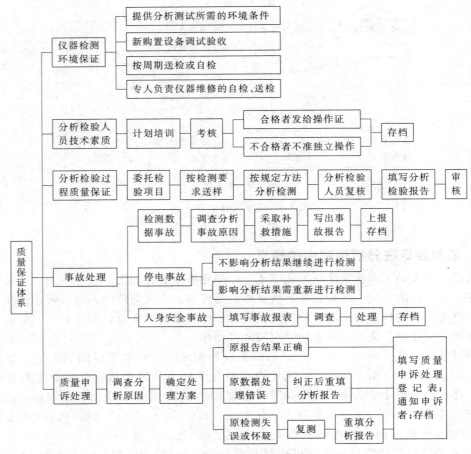

图 1-2 分析测试质量保证体系

质量保证体系以检测/校准运作过程中人员、环境、设备、方法、量值溯源❶、抽样、样品处置等关键影响因素的控制为核心，辅之以校准检测结果的质量、组织管理措施、质量体系建立、文件和记录控制、不合格工作控制、纠正和预防措施、内部审核、管理评审等手段，并对分包、采购、抱怨处理、服务用户等相关支持过程进行管理，使实验室的整个质量系统处于受控状态，预防不合格的发生和重复发生，并通过监督和反馈控制机制确保出现不合格时能及时发现并迅速纠正。

按照质量体系文件的规定，从检验任务的下达到检验报告（数据）的发出及更改，检验人员必须严格按照规定执行，并有据可查。对于用户的意见和审核中发现的问题，要认真分析，找出原因并采取相应的措施进行整改，以提高检验的质量。通过检验机构高级管理层的管理评审确定检验机构的各项规章制度是否有效、是否适宜，从而确保检验的质量持续不断地改进。

---

❶ 所谓量值溯源是通过连续的比较链，使测量结果能够与有关的测量标准（通常是国际或国家测量标准）联系起来的特性。

第一章　分析测试的质量保证

第二节　分析测试质量的标准

对于一个分析测试实验室而言，其产品就是"测试报告"。测试结果质量如何，必须要有一个衡量的标准。准确度、精密度和不确定度是衡量检验质量的标准。通常用不确定度近似表达检验结果或检验方法的准确度；分析方法中所规定的重复性限或临界极差可以用来衡量测试结果的精密度。

一、测量准确度与测量误差

1. 基本概念

测量准确度（accuracy）是指测量结果与被测量❶的真值或约定真值❷之间的一致程度。准确度是反映分析方法或测量系统存在的系统误差和随机误差的综合指标❸。真值是某物质客观存在的真实数据。误差（error）是测量结果减去被测量的真值。误差越小，表明测量结果越准确。值得注意的是，由于真值往往不知道，故误差是一个理想的概念。

2. 准确度的表示方法

准确度用绝对误差和相对误差来表示。

（1）绝对误差（absolute error，E）　绝对误差是指测定值（measured value）与真值（true value）之间的代数差值，它可用式(1-1)表示。

$$E = \chi - \mu \tag{1-1}$$

式中　χ——测量值；
　　　μ——真值。

（2）相对误差（relative error，RE）　绝对误差与被测量值的真值的比。

$$RE = \frac{E}{\mu} \times 100\% \tag{1-2}$$

绝对误差和相对误差都有正、负之分，正误差表示测量值较真值偏高，负误差表示测量值较真值偏低。

3. 误差的分类和来源

在分析测试过程中，由于存在着一些影响测定的因素，因此误差是客观存在的。根据误差的性质和产生的原因，一般可将其分为系统误差（systematic error）和随机误差（random error）两大类。

（1）系统误差　系统误差是指在重复性条件下，对同一被测量进行无限多次测量所得结果的平均值与被测量的真值之差，其大小是可以测定的，所以又称它为可测误差（determinate error）。

系统误差具有以下特点：首先具有单向性，在重复测量时测量值对真值来说具有单向性，要么都偏高或都偏低；其次具有重复性，即在重复测量时该误差会重复出现。

系统误差产生的原因主要有以下几方面：

---

❶ 被测量是指作为测量对象的特定量，例如给定液体样品在20℃时的密度。
❷ 由于真值不能确定，实际上用的是约定真值。下面几种情况的约定真值可视为已知：a. 理论真值（如某化合物的理论组成等）；b. 计量学约定真值（如国际计量大会上确定的长度、质量、物质的量单位等）；c. 相对真值（认定精度高一个数量级的测定值作为低一级的测量值的真值，这种真值是相对比较而言的。如厂矿实验室中标准试样及管理试样中组分的含量）。
❸ 当应用于一组测试结果时，"准确度"这个术语则包括随机成分的集合和一个共有系统误差或偏倚成分。

① 仪器误差（instrumental error） 由于仪器、量器不准引起的误差称为仪器误差。例如移液管的刻度不准确、分析天平所用的砝码未经校准等。

② 试剂误差（reagent error） 由于分析时所使用的试剂纯度不够而引起的误差称为试剂误差。例如试剂变质或被污染、蒸馏水中含微量待测组分等引起的误差。

③ 方法误差（methodic error） 由于分析方法本身的缺陷所引起的误差称为方法误差。方法误差的大小与分析方法的特性有直接关系。例如在重量分析中沉淀的溶解或共沉淀而引起的误差；滴定分析法中由于滴定终点与化学计量点的差异、副反应的发生等所引起的误差，均属方法误差。

④ 操作误差（operational error） 由于操作者操作不当造成的误差称为操作误差。例如滴定终点颜色的辨别偏深或过浅；读取滴定液体积时总是偏高或偏低等。

按系统误差的变化规律来分类，系统误差以可分为恒定系统误差和可变系统误差。恒定系统误差的大小与试样的多少无关，在测量过程中绝对误差保持不变，而相对误差会随试样质量增大而减小，如滴定分析中的指示剂误差便属于这种误差；可变系统误差中常见的是线性系统误差，也称比例误差，其分析结果的绝对误差随样品量的增大而成比例增大，而相对误差却与试样的多少无关。

系统误差可以通过下列方式来进行校正：

① 对照试验（check experiment） 采用标准样品、标准方法、加标回收率三种对照试验方法中的一种或多种，然后将所得的结果进行统计检验，根据系统误差的特点就能判断是否存在系统误差。

② 空白试验（blank experiment） 按样品测试方式在不加试样的情况下进行测量，所得的测量值为空白值，这种试验方式称为空白试验。将试样的测量值减去空白值，可以校正试剂、器皿及去离子水等引起的系统误差。

③ 仪器校正（instrumental correction） 对分析测试中常用的计量仪器如天平、滴定管、容量瓶等进行校正，以消除由仪器设备带来的系统误差。

(2) 随机误差 随机误差是指测量结果与在重复性条件下，对同一被测量进行无限多次测量所得结果的平均值之差。它是由于测量过程中各种因素的随机波动而引起的具有抵偿性的误差，因而又被称为偶然误差（accidental error）或不定误差（indeterminate error）。这些因素主要有实验室环境温度、气压、湿度的变化、测量仪器示值的波动、分析人员对各份试样处理时的微小差别等。随机误差的特点是大小和正负都变化不定，且无法加以校正，似乎没有规律性。但如果进行多次重复测定，就会发现测定数据的分布符合一定的统计规律。因此可以采用增加平行测定次数、取平均值的办法减小随机误差。

在定量分析中，除系统误差和随机误差外，还有一类"过失误差（gross error）"，它是由分析人员因粗枝大叶或违反操作规程所引起的。例如仪器失灵、试剂被污染、溶液溅失、沉淀穿滤、器皿不洁净、加错试剂、读错读数、记录和计算错误等。这种"过失误差"没有一定的规律，只要分析人员加强责任心、认真细致、严格遵守操作规程，这种误差是可以避免的。含有过失误差的测量值为异常值，在进行数据处理时，应将其剔除。

随机误差和系统误差直接影响到分析测试的准确度或精密度，而准确度和精密度又是分析质量的最重要的标准。而采用哪些可能的措施可以减少误差，则要依赖于误差本身的性质。因此，有必要对这两种误差最相关的特性进行总结和比较（见表1-1）。

第一章　分析测试的质量保证

表 1-1　随机误差和系统误差的最显著的特征

序号	随机(或不可测)误差	系统(或可测)误差
1	由操作者、仪器和方法的不确定性造成	由操作者、仪器和方法偏差造成
2	不可消除，但可通过仔细的操作而减小	原则上可认识且可减小(部分甚至全部)
3	可通过在平均值附近的分散度辨认	由平均值与真值之间的不一致程度辨认
4	影响精密度	影响准确度
5	通过精密度的大小定量(例如，标准差)	以平均值与真值之间的差值定量

二、精密度

1. 基本概念

精密度（precision）是指在规定条件下，相互独立的测试结果之间的一致程度。精密度反映分析方法或测定系统存在的随机误差的大小。精密度越好，表示随机误差越小。在分析化学中，常用重复性（repeatability）和再现性（reproducibility）表示不同情况下分析结果的精密度。前者表示在重复条件下（同一操作者，用同一方法对同一试样，使用同一仪器，在同一实验室并时间间隔不大），相互独立的测试结果之间的一致程度；后者表示在再现性条件下（不同操作者，用同一方法对同一试样，使用不同型号的仪器，不同实验室或间隔较长时间），测试结果之间的一致程度。

2. 精密度的表示方法

精密度用偏差（deviation）来表示，偏差（d）是指一个值减去其参考值，它包括：绝对偏差（absolute deviation）、相对偏差（relative deviation）、平均偏差（arithmetic average deviation）、相对平均偏差（relative average deviation）、标准偏差（standard deviation）、相对标准偏差（relative standard deviation）、平均值的标准偏差（standard deviation of mean）。

（1）绝对偏差（d_i）和相对偏差（Rd_i）　绝对偏差是指一次测定值与算术均值（arithmetic mean）之差值。相对偏差是指绝对偏差与算术均值之比，通常以百分数表示。绝对偏差与相对偏差都有正、负号，测定值大于算术均值时为正偏差；测定值小于算术均值时为负偏差。

设一组测量值为 $x_1, x_2, \cdots, x_n$，其算术均值❶为 $\bar{x}$，对单次测量值 x_i，其绝对偏差 d_i 和相对偏差 Rd_i 可分别用下面两式表示。

$$d_i = x_i - \bar{x} \tag{1-3}$$

$$Rd_i = \frac{d_i}{\bar{x}} \times 100\% \tag{1-4}$$

式中　x_i——某次测量值；

　　　Rd_i——相对偏差；

　　　d_i——绝对偏差；

　　　$\bar{x}$——一组测量值的算术均值。

（2）平均偏差（$\bar{d}$）和相对平均偏差（$R\bar{d}$）　平均偏差是指绝对偏差的绝对值相加后平均得到的数值；相对平均偏差是指平均偏差与算术均值之比，通常以百分数表示。平均偏差

---

❶ 算术均值 $\bar{x}$ 是指测定值相加后平均得到的数值，即 $\bar{x} = \dfrac{\sum\limits_{i=1}^{n} x_i}{n}$。根据随机误差的正态分布特性，算术均值是真值的最佳估计值，通常用它来表示数据的集中趋势。

$\bar{d}$ 和相对平均偏差 $R\bar{d}$ 可分别用下面两式表示。

$$\bar{d}=\frac{|d_1|+|d_2|+\cdots+|d_n|}{n}=\frac{|x_1-\bar{x}|+|x_2-\bar{x}|+\cdots+|x_n-\bar{x}|}{n} \quad (1-5)$$

$$R\bar{d}=\frac{\bar{d}}{\bar{x}}\times 100\% \quad (1-6)$$

式中　n——重复测定的次数。

平均偏差和相对平均偏差都没有正负号。平均偏差和相对平均偏差能反映一组测量值之间的分散程度，但当一组测量数据中含有较大偏差时，平均偏差就不能很好地反映测量值之间的分散程度。因此实际应用中广泛采用标准偏差来衡量数据的分散程度。

（3）标准偏差（s）和相对标准偏差（RSD）　当测量次数不多（$n<20$）时，标准偏差用下式表示。

$$s=\sqrt{\frac{\sum_{i=1}^{n}(x_i-\bar{x})^2}{n-1}} \quad (1-7)$$

式中　s——标准偏差；
　　　x_i——某次测量值；
　　　$\bar{x}$——一组测量值的算术均值；
　　　n——重复测定的次数；
　　　$n-1$——统计学中称自由度。

用式(1-7)计算标准偏差的过程比较麻烦，也可用下面的等效公式代替。

$$s=\sqrt{\frac{\sum x_i^2 - \frac{1}{n}(\sum x_i)^2}{n-1}} \quad (1-8)$$

标准偏差与算术均值的绝对值之比称为相对标准偏差（也称变动系数或变异系数），相对标准偏差通常以百分数表示，即

$$\text{RSD}=\frac{s}{\bar{x}}\times 100\% \quad (1-9)$$

标准偏差突出了较大偏差的影响，因而能灵敏地反映测量值之间的分散程度。

【例 1-1】　用酸碱滴定法测定某混合物中乙酸含量，得到下列结果：计算单次分析结果的平均偏差、相对平均偏差和标准偏差。

解

x	$|d_i|$	$(x_i-\bar{x})^2$
10.48%	0.05%	2.5×10^{-7}
10.37%	0.06%	3.6×10^{-7}
10.47%	0.04%	1.6×10^{-7}
10.43%	0.00%	0
10.40%	0.03%	0.9×10^{-7}
$\bar{x}=10.43\%$	$\sum|d_i|=0.18\%$	$\sum(x_i-\bar{x})^2=8.6\times 10^{-7}$

$$\text{平均偏差}\ \bar{d}=\frac{\sum|d_i|}{n}=\frac{0.18\%}{5}=0.036\%$$

$$\text{相对平均偏差}\ \frac{\bar{d}}{\bar{x}}=\frac{0.036\%}{10.43\%}\times 100\%=0.35\%$$

标准偏差 $s = \sqrt{\dfrac{\sum(x_i - \bar{x})^2}{n-1}} = \sqrt{\dfrac{8.6 \times 10^{-7}}{4}} = 4.6 \times 10^{-4} = 0.046\%$

答：这组数据的平均偏差为 0.036%；相对平均偏差为 0.35%；标准偏差为 0.046%。

（4）平均值的标准偏差（$s_{\bar{x}}$） 标准偏差（s）可以衡量测定的精密度，但是标准偏差（s）只是表示一组测定数据的单次测定值（x）的精密度，如果我们对同一样品进行一系列有限次的测量，得到的平均值 $\bar{x}_1$、$\bar{x}_2$、$\bar{x}_3$…，这些平均值不可能完全相同，它们之间也有分散性，当然这个数据要比单次测定的分散程度要小得多。为了说明平均值之间的精密度，可以用平均值的标准偏差 $s_{\bar{x}}$ 来表示。即

$$s_{\bar{x}} = \dfrac{s}{\sqrt{n}} \tag{1-10}$$

【例 1-2】 某铝合金试样中铝含量的测定值为：1.62%，1.60%，1.30%，1.22%，计算平均值的标准偏差 $s_{\bar{x}}$。

解 由所得数据可计算得 $\quad\quad\quad\quad \bar{x} = 1.44\%$

由式(1-7) 计算得 $\quad\quad\quad\quad s = 0.20\%$

由式(1-10) 计算得 $\quad\quad\quad\quad s_{\bar{x}} = \dfrac{s}{\sqrt{n}} = \dfrac{0.20\%}{\sqrt{4}} = 0.10\%$

答：该试样测定平均值的标准偏差 $s_{\bar{x}}$ 为 0.10%。

平均值的标准偏差越小，表明随机误差越小，平均值越接近于真值。

由式(1-10) 可以看出，测量次数越多，平均值的标准偏差就越小。在测定次数较少时，随机误差随测定次数的增加而迅速减小；当测定次数大于 5 时，其变化已不明显。因此，在一般的测定中平行测定 5~7 次就足够了。

3. 重复性精密度和重复性标准偏差（s_r）

重复性精密度是指在重复条件下的精密度，即在相同的实验条件（同一操作者、同一仪器、同一实验室）下，在短时间间隔内，按同一方法对同一试样进行正确的正常操作所得独立结果之间的接近程度。

重复性精密度用重复性标准偏差 s_r 表示。设在重复条件下，对某一试样进行 m 回 n 次重复测定，测定结果如下。

组号	测定结果	各组测定均值 $\bar{x}_i$	单次测定标准偏差 s_i
1	$x_{1,1}$、$x_{1,2}$、$x_{1,3}$…$x_{1,n}$	$\bar{x}_1$	s_1
2	$x_{2,1}$、$x_{2,2}$、$x_{2,3}$…$x_{2,n}$	$\bar{x}_2$	s_2
3	$x_{3,1}$、$x_{3,2}$、$x_{3,3}$…$x_{3,n}$	$\bar{x}_3$	s_3
⋮	⋮	⋮	⋮
m	$x_{m,1}$、$x_{m,2}$、$x_{m,3}$…$x_{m,n}$	$\bar{x}_m$	s_m

则这一系列测定的重复性标准偏差 s_r 为

$$s_r = \sqrt{\dfrac{1}{m}\sum_{i=1}^{m} s_i^2} \tag{1-11}$$

4. 再现性精密度和再现性标准偏差（s_R）

再现性精密度是指在不同的试验条件下（不同操作者、不同仪器、不同实验室），按同一方法对同一试样进行正确和正常操作所得单独的实验结果之间的接近程度。再现性精密度用再现性标准偏差 s_R 表示。再现性标准偏差 s_R 是由 m 个实验室每个实验室做一组 n 次测

定，按式(1-12) 求得

$$\left.\begin{array}{l} s_R = \sqrt{s_r^2 + s_L^2} \\ s_L = \sqrt{s_{\bar{x}}^2 - \left(\dfrac{s_r}{\sqrt{n}}\right)^2} \\ s_{\bar{x}} = \sqrt{\dfrac{\sum_{i=1}^{m}(\bar{x}_i - \bar{x})^2}{m-1}} \\ \bar{x} = \dfrac{1}{m}(\bar{x}_1 + \bar{x}_2 + \bar{x}_3 + \cdots + \bar{x}_m) \end{array}\right\} \quad (1\text{-}12)$$

式中　s_r——重复性标准偏差；
　　　s_R——再现性标准偏差；
　　　$s_{\bar{x}}$——平均值的标准偏差；
　　　s_L——室间标准偏差。

5. 重复性限和再现性限

(1) 重复性限 (r)　重复性限 (repeatability limit) 用 r 表示，定义为：一个数值 r，在重复性的条件下，两次测定结果之差的绝对值不超过此数的概率为 95%。换句话说，用相同的方法在相同条件（同一操作者、同一台仪器、同一实验室并时间间隔不大）下，测定同一样品，任何两个测定结果间的绝对差值超过 r 的可能性只有 5%。

当测定次数 $n=2$，置信概率[1]为 95% 时，重复性限 r 用下式计算。

$$r = 2\sqrt{2} s_r = 2.83 s_r \quad (1\text{-}13)$$

通常称重复性限 r 为室内允许差。一般标准方法规定平行双样[2]测定两结果之差绝对值不得大于重复性限 r，如果两个测定结果的差值超过了这个允许差，则必须重新取样再做 2 次测定。

(2) 再现性限 (R)　再现性限用 R 表示，定义为：一个数值 R，在再现性的条件下，两次测定结果之差的绝对值不超过此数的概率为 95%。换句话说，用同一方法在不同的条件（不同操作者，在不同实验室或间隔较长时间，使用不同型号的仪器）下，测定同一试样，任何两个测定结果间的绝对差值超过 R 的可能性只有 5%。

当测定次数 $n=2$，置信概率为 95% 时，再现性限 R 用下式计算。

$$R = 2\sqrt{2} s_R = 2.83 s_R \quad (1\text{-}14)$$

通常称再现性限 R 为室间允许差。

6. 临界极差

临界极差的含义是：一个数值在某条件下几次测试结果的极差以一定的置信概率不超过此数。临界极差根据测量时的情况，分为重复性临界极差和再现性临界极差。

重复性临界极差用 $C_rR_{95}(n)$ 表示（其中 n 为测试次数）。重复性临界极差的含义是：一个数值，在重复性条件下，几个测试结果的极差[3]以 95% 的置信概率不超过此数。例如，

---

[1] 置信概率是所作判断或估计的可靠程度。
[2] 平行双样是指检验人员对同一样品分取两份（称量取样时，称样量尽可能相近），在重复性的条件下进行平行样品的测定。
[3] 极差是指一组测量数据中，最大值 (x_{max}) 与最小值 (x_{min}) 之差。

在 GB/T 601—2016 中规定了标定标准滴定溶液浓度时,要实行"四平行两对照"。即两个人同时各做四次标定,每人四平行测定结果的极差相对值❶(也称平行测定偏差)不得大于重复性临界极差 C_rR_{95}(4) 的相对值 0.15%;两人共 8 平行测定结果极差的相对值不得大于重复性临界极差 C_rR_{95}(8) 的相对值 0.18%。测定结果取两人 8 次平行测定结果的平均值。四平行即 $n=4$,两对照即 $m=2$,这是室内与室间允许差的简化应用。由于数据比较少,用极差计算更方便、快捷。

再现性临界极差用 C_rD_{95} 表示。再现性临界极差的含义是:一个数值,在再现性条件下,两个测试结果或由两组测试结果计算所得的最后结果(如平均值)之差的绝对值以 95% 置信概率不超过此数。

临界极差的表达式为

$$C_rR_{95}(n)=f(n)s_r \tag{1-15}$$

式中 $C_rR_{95}(n)$——n 次测定的临界极差;
  $f(n)$——临界极差系数;
  s_r——重复性标准偏差。

式(1-15)中的临界极差系数 $f(n)$ 值见表 1-2。

表 1-2 临界极差系数 $f(n)$

n	$f(n)$	n	$f(n)$	n	$f(n)$
2	2.8	9	4.4	16	4.8
3	3.3	10	4.5	17	4.9
4	3.6	11	4.6	18	4.9
5	3.9	12	4.6	19	5.0
6	4.0	13	4.7	20	5.0
7	4.2	14	4.7		
8	4.3	15	4.8		

国家标准(GB/T 11792—89)规定若 2 个以上测定结果的极差等于或小于临界极差 $C_rR_{95}(n)$($n>2$),则取 n 个结果的平均值作为最终测试结果。如果极差大于 $C_rR_{95}(n)$,则要看测试费用。若测试费用较低,可再做 n 次测试。当 $2n$ 个结果的极差小于 $C_rR_{95}(2n)$ 时,取 $2n$ 个结果的算术均值为最终测试结果;$2n$ 个结果的极差大于 $C_rR_{95}(2n)$ 时,则取 $2n$ 个测定结果的中位数❷作为最终测试结果。

【例 1-3】 某一检验室采用分光光度法测定铁含量,已知该方法铁含量为 0.0174 时,重复性限 $r=0.0018$,已测得同一样品的 3 个数据为 0.0170、0.0174、0.0152,求最终测试结果。

解 3 个数据的极差为 $0.0174-0.0152=0.0022$

3 次测定的临界极差为 $C_rR_{95}(3)=f(3)\times\dfrac{r}{2.8}$

$$C_rR_{95}(3)=3.3\times\dfrac{0.0018}{2.8}=0.0021$$

---

❶ 一组测量数据的极差与这组测量数据的算术均值的比值称为极差相对值。
❷ 若 n 个数值按其代数值大小递增的顺序排列,并加以编号 1 至 n。当 n 为奇数时,则 n 个值的中位数为其中第 $\dfrac{n+1}{2}$ 个数值;当 n 为偶数时,中位数位于第 $\dfrac{n}{2}$ 个数值与第 $\dfrac{n}{2}+1$ 个数值之间,取这两个数值的算术平均值。

由于极差大于临界极差，且测试费用较高，故再测一个结果为 0.0170。

则
$$C_rR_{95}(4)=f(4)\times\frac{0.0018}{2.8}$$
$$=3.6\times\frac{0.0018}{2.8}=0.0023$$

由于极差仍为 0.0022，小于临界极差，故取 4 个结果的平均值作为最终测试结果。
$$\bar{x}=\frac{0.0170+0.0174+0.0152+0.0170}{4}=0.0166$$

三、测量不确定度与置信区间

检测实验室用测量结果来判定被测对象的质量，但测量数据的质量用什么来判定呢？最初是用测量误差。由于真值往往是不知道的，或者是很难知道的，所以测量误差也很难知道。测量误差的定义尽管是严格的、正确的，能反映测量的质量和水平，但可操作性不强。为了对测定结果的质量有一个定量的描述，以确定其可靠程度，需要引入测量不确定度的概念。

1. 测量不确定度（uncertainty in measurement）

（1）测量不确定度定义　表征合理赋予被测量的值的分散性、与测量结果相联系的参数，称为测量不确定度。"合理"意指应考虑到各种因素对测量的影响所做的修正，特别是测量应处于统计控制状态下。所谓统计控制状态就是一种随机控制状态，即处于重复性条件下或再现性条件下的测量状态。"赋予被测量的值"意指被测量的测量结果，它不是固有的，而是人们赋予的最佳估计值。"分散性"意指该估计值的分散区间或分散程度，而被测量的值分布的大部分可望含于此区间内。"相联系"意指测量不确定度是一个与测量结果"在一起"的参数，在测量结果完整的表示中应包含测量不确定度。此参数可以是诸如标准差或其倍数，或说明了置信概率的置信区间的半宽度。就是说，不确定度是和测量结果一起用来表明在给定条件下对被测量进行测量时，测量结果所可能出现的区间。例如，在 25℃ 时，测得某溶液的 pH 为 5.34 ± 0.02，置信概率为 95%。这就是说，有 95% 的把握认定：在 25℃ 时，被测溶液的 pH 出现在 5.32～5.36 范围内。

因此，测量结果的不确定度是测量值可靠性的定量描述。不确定度愈小，测量结果可信赖程度愈高；反之，不确定度愈大，测量结果可信赖程度愈低。

（2）测量不确定度的来源　产生测量过程中的随机效应及系统效应均会导致测量不确定度，数据处理中的数字修约也会导致不确定度。分析测试过程中导致不确定度的典型来源如下。

① 取样和样品的保存　取样的代表性不够和测试样品在分析前存储时间以及存储条件不当均会导致测量不确定度。

② 仪器的影响　如测量仪器的计量性能（如灵敏度、稳定性、分辨力等）的局限性会导致测量不确定度。

③ 试剂纯度　测试过程中所用的试剂及实验用水纯度不符合要求也会引进一个不确定度分量。

④ 假设的化学反应定量关系　分析过程中偏离所预期的化学反应定量关系，或反应的不完全或副反应。

⑤ 测量条件的变化　测量过程中测量条件（如时间、温度、压力、湿度等）发生变化。比如测量时使用仪器的温度与校准仪器的温度不一致等。

⑥ 测量方法不理想。

⑦ 计算影响　引用的常数或参数不准确；选择校准模型，例如对曲线的响应用直线校准，导致较差的拟合；计算时数字的修约等，均会引入较大的不确定度。

⑧ 空白修正和测量标准赋值的不准确　空白修正的值和适宜性都会有不确定度，这点在痕量分析中尤为重要。

⑨ 操作人员的影响　操作人员可能总是将仪表或刻度的读数读高或读低；还可能对方法做出稍微不同的解释。这些都会引进一个不确定度分量。

⑩ 随机影响　在所有测量中都有随机影响产生的不确定度。

综上所述，测量不确定度的大小与使用的基准标准、测试水平、测试仪器的质量和运行状态等均有关系。

（3）测量不确定度的分类和评定　随着社会的进步、国际贸易的不断扩大和科学技术的发展，测量范围不断扩大，在国民经济的各个领域中进行着大量的测量工作。测量不确定度是对测量结果质量和水平的科学表达。通过测量不确定度可以分析影响测量结果的主要因素，从而提高测量结果的质量。通过评定测量不确定度还可以评价校准方法的合理性；评价各实验室间比对试验的结果；可以知道或给出结果判定的风险。

国际计量局等七个国际组织❶于1993年制定了与其有密切关系国际指导性的"测量不确定度表示指南 ISO 1993（E）"（简称 GUM），在全世界推行统一评定和表示测量不确定度的方法。为了与国际接轨，2002年，中国实验室国家认可委员会制定了 CNAL/AG07：2002《化学分析中不确定度的评估指南》。该指南是等同采用 EURACHEM（欧洲分析化学中心）和 CITAC 联合发布的指南文件《测量中不确定度的量化》第二版。在我国实施 GUM，不仅是不同学科之间交往的需要，也是全球市场经济发展的需要。为此，近几年来国际与国内的科技文献已广泛采用不确定度概念。

不确定度分为标准不确定度❷和扩展不确定度，根据不确定度评定方法的不同，标准不确定度（standard uncertainty）分为：用统计方法评定的不确定度（A类）和非统计方法评定的不确定度（B类）以及合成标准不确定度。

① A类标准不确定度（u_A）　A类标准不确定度（type A standard uncertainty）即统计不确定度，具有随机误差性质，是指可以采用统计方法计算的不确定度，如测量读数具有分散性、测量时温度波动影响等。通常认为这类统计不确定度服从正态分布规律，因此可以像计算标准差那样，通过一系列重复测量值，采用式(1-7)或式(1-8)来计算 A 类标准不确定度，即

$$u_A = s = \sqrt{\frac{\sum_{i=1}^{n}(x_i - \bar{x})^2}{n-1}}$$

② B类标准不确定度（u_B）　B类标准不确定度（type B standard uncertainty）即非统计不确定度，是指用非统计方法评定的不确定度，包括采样及样品预处理过程的不确定度、标准对照物浓度的不确定度、标准校准过程的不确定度、仪器示值的误差等。评定 B 类标

---

❶ 这七个国际组织是：国际计量局（BIPM）、国际电气技术委员会（IEC）、国际临床化学联合会（IFCC）、国际标准化组织（ISO）、国际纯粹与应用化学联合会（IUPAC）、国际纯粹与应用物理联合会（IUPAP）、国际法制计量组织（OIML）。

❷ 标准不确定度是指以标准差表示的测量不确定度。

准不确定度常用估计方法。要估计适当，需要通过相关信息，如掌握不确定分布度的分布规律，同时要参照标准，更需要评定者的实践经验和学识水平。

③ 合成标准不确定度（u_C） 当测量结果的标准不确定度由若干标准不确定度分量构成时，按方和根得到的标准不确定度即为合成标准不确定度（combined standard uncertainty）。为使问题简化，只讨论简单情况下（即 A 类、B 类分量保持各自独立变化，互不相关）的合成标准不确定度。

假设 A 类标准不确定度用 u_A 表示，B 类标准不确定度用 u_B 表示，合成标准不确定度用 u_C 表示，则

$$u_C = \sqrt{u_A^2 + u_B^2} \tag{1-16}$$

④ 扩展不确定度（expanded uncertainty） 为了表示测量结果的置信区间，用一个包含因子 k[❶]（一般在 2~3 范围内）乘以合成不确定度，称为扩展不确定度[❷]（以 U 表示）。

$$U = k u_C \tag{1-17}$$

式中 k——包含因子，取 $k=2$，置信度一般为 95%；当取 $k=3$ 时，置信度一般为 99%。

一个分析结果允许有多大的不确定度，一般由测试的要求、试样中所含组分的情况、测试方法的准确度以及试样中欲测组分的含量等因素决定。不确定度的大小决定了测量结果的使用价值，成为表征测量的一个重要的质量指标。

⑤ 测量结果的表示 任何一个测量结果的表达均包括测量值的算术均值 $\bar{x}$ 和一定概率下的不确定度 U，因此分析结果用 $\bar{x} \pm U$ 表示。

【例 1-4】 采用原子吸收分光光度法测定浓度为 $1.00\mu g/mL$ 的铅标准溶液，5 次平行测定的结果分别为 $1.02\mu g/mL$、$1.07\mu g/mL$、$0.98\mu g/mL$、$1.05\mu g/mL$、$0.95\mu g/mL$。经估算 B 类不确定度为 $0.032\mu g/mL$。试对该方法进行不确定度评定并给出测定结果。

解 5 次测定结果的均值及标准偏差分别为

$$\bar{x} = 1.01\mu g/mL; s = 0.049\mu g/mL$$

由于 $u_A = s$；$u_B = 0.032\mu g/mL$

合成不确定度

$$u_C = \sqrt{u_A^2 + u_B^2}$$

所以

$$u_C = \sqrt{0.049^2 + 0.032^2} = 0.059\mu g/mL$$

扩展不确定度

$$U = k u_C$$

在置信概率为 95% 时，选 $k=2$

所以

$$U = 2 \times 0.059 = 0.12\mu g/mL$$

铅标准溶液测定结果为 $(1.01 \pm 0.12)\mu g/mL$。

（4）测量误差与测量不确定度 区分误差和不确定度很重要，因为误差定义为：被测量的测定结果和真值之差。由于真值往往不知道，故误差是一个理想的概念，不可能被确切地知道。但不确定度是可以一个区间的形式表示，如果是为一个分析过程和所规定样品类型做评估时，可适用于其所描述的所有测量值。因此，测量误差与测量不确定度无论从定义、评定方法、合成方法、表达形式、分量的分类等方面均有区别。测量误差与测量不确定度之间存在的主要区别见表 1-3。

---

❶ 包含因子 k 有时也称覆盖因子。
❷ 扩展不确定度有时也称展伸不确定度或范围不确定度。

表 1-3　测量误差和不确定度的对比

内　容	测　量　误　差	不　确　定　度
量的定义	测量结果减真值	测量结果的分散性、分布区间的半宽
与测量结果的关系	针对给定测量结果不同结果误差不同	合理赋予被测量的值均有相同不确定度。不同测量结果，不确定度可以相同
与测量条件的关系	与测量条件、方法、程序无关，只要测量结果不变，误差也不变	条件、方法、程序改变时，测量不确定度必定改变而不论测量结果如何
表达形式	差值，有一个符号：正或负	标准偏差、标准偏差的几倍、置信区间的半宽，恒为正值
分量的分类	按出现于测量结果中的规律分为随机误差与系统误差	按评定的方法划分为 A 类和 B 类。都是标准不确定度
分量的合成方法	为各误差分量的代数和	各分量彼此独立时为方和根，必要时引入协方差
结果的修正	已知系统误差的估计值时，可以对测量结果进行修正，得到已修正的测量结果	不能用不确定度对结果进行修正，在已修正结果的不确定度中应考虑修正不完善引入的分量
置信概率	不存在	当了解分布时可按置信概率给出置信区间
自由度	不存在	可作为不确定度评定是否可靠的指标

2. 平均值的置信区间

定量分析的目的是为了获得样品中被测组分含量的真实值。在不存在系统误差的前提下，总体均值❶μ 就是真值。在实际分析工作中，不可能对样品作无限次的平行测定来获得总体均值，而只能对样品作有限次数的平行测定，以得到样本均值 $\bar{x}$。根据样本均值 $\bar{x}$ 及标准偏差 s，可以估计总体均值 μ 所在的范围，这一范围被称为平均值的置信区间（confidence interval of mean）。式(1-18) 为平均值置信区间的计算公式。

$$\mu = \bar{x} \pm t_{\alpha,\nu} \frac{s}{\sqrt{n}} \tag{1-18}$$

式中　s——样本标准偏差；

$t_{\alpha,\nu}$——统计量❷，可根据自由度和置信概率查表 1-4 获得。

表 1-4　t 值表

自由度 ν	置信概率 P			自由度 ν	置信概率 P		
	0.90	0.95	0.99		0.90	0.95	0.99
3	2.35	3.18	5.84	11	1.80	2.20	3.11
4	2.13	2.78	4.60	12	1.78	2.18	3.06
5	2.02	2.57	4.03	13	1.77	2.16	3.01
6	1.94	2.45	3.71	14	1.76	2.15	2.98
7	1.90	2.37	3.50	15	1.75	2.13	2.95
8	1.86	2.31	3.36	18	1.73	2.10	2.88
9	1.83	2.26	3.25	20	1.73	2.09	2.85
10	1.81	2.23	3.17	∞	1.65	1.96	2.58

---

❶ 在统计学中，对于所考察的对象的全体，称为总体。自总体中随机抽出的一组测量值，称为样本。总体平均值（简称总体均值，mean of population）是表示总体分布集中趋势的特征值，

$$\mu = \frac{1}{n}\sum_{i=1}^{n} x_i \quad (n \to \infty)$$

用符号 μ 表示：在无限次测量中用 μ 描述测量值的集中趋势，而在有限次测量中则用算术平均值 $\bar{x}$ 描述测量值的集中趋势。

❷ 统计量 $t_{\alpha,\nu}$ 定义为：$t = \frac{|\bar{x}-\mu|}{S_{\bar{x}}} = \frac{|\bar{x}-\mu|}{S}\sqrt{n}$，它与自由度 ν 和置信概率（P）有关，引用时应加注脚说明。注脚中 α 为显著性水平（level of significance），即 $\alpha = 1-P$。

将平均值的置信区间与不确定度进行比较可知,如果 B 类不确定度控制在可忽略不计的程度,测量结果的真值才处在 $\mu = \bar{x} \pm t_{\alpha,v} \dfrac{s}{\sqrt{n}}$ 范围之内。

提高检验结果的准确度必须消除系统误差、减少随机误差以减小不确定度。实际工作中,一般用已知准确值的标准物质考察分析方法的准确性,如果不存在明显的系统误差,则用随机误差近似表达准确度。

在 95% 的置信概率下,任何一个检验人员对标准物质独立地进行测试,所得平均值是否符合标准物质的准确值(用不确定度表示的一个范围值)即可衡量分析测试是否准确。如标准物质尿素,证书上给出的总氮质量分数准确值为 (46.30±0.12)%,其中 0.12 为不确定度。对此标准物质测试得到的测定结果为 46.42%,在 (46.30±0.12)% 范围内,与准确值相符,则认为分析测试结果准确,测定方法无显著的系统误差。否则,就需要查找原因,确定误差来源。

第三节　分析测试质量控制

一、质量控制的内容

任何分析检测机构向用户或社会提供的检测数据必须是准确可靠的,由于测试结果的不准确而导致重大的经济损失和不良社会影响的事件比比皆是。为此,1990 年,国际标准化组织(ISO)符合性评定委员会(CASCO)吸收了 ISO 9000 标准中有关管理要求的内容,制定了 ISO/IEC 导则 25—1990《校准和检测实验室能力的要求》。该标准经过多次修改,目前为:ISO/IEC 17025—2005《检测和校准实验室能力的通用要求》[CNAS 认可准则(CNAS-CL01-2006)]。按照国际惯例,凡是通过 ISO/IEC 17025 认可的实验室提供的数据均具备法律效应,应得到国际认可。基于 ISO/IEC 17025 的框架,国家标准化管理委员会发布了 GB/T 27401、GB/T 27402、GB/T 27403、GB/T 27404、GB/T 27405、GB/T 27406 等 6 个实验室质量控制规范,为提高我国分析数据的质量控制和质量保证提供了依据。

分析测试过程是一个比较复杂的过程,结果的准确度受到多种因素的影响,如仪器设备的性能、试剂的质量、实验室的环境和条件、测试人员的技术、采样的代表性、分析方法的准确度和灵敏度等。因此,任何测试均会产生测量误差。质量控制就是在实验室利用现代科学管理的方法和技术控制与分析有关的各个环节,任务就是把所有的误差,其中包括系统误差、随机误差,甚至是疏忽误差,控制在允许的范围内,保证分析的准确度和精密度。因此,一方面需要采取一系列减少误差的措施,对整个分析过程(从采样到分析结果的分析和计算)进行质量控制;另一方面需要行之有效的方法对分析结果进行质量评价,及时发现分析过程中的问题,确保分析结果的可靠性。所以,质量控制和质量评价是质量保证工作不可分割的两方面。

质量控制工作,应当使分析测试的工作做到恰到好处,不但要确保测定结果准确可靠,而且还要能达到提高工作效率、降低消耗的目的。为此,分析工作者应根据实际需要选择合适的分析方法和误差限,否则将可能发生两种情况:要么分析结果不能表明产品是否合格,甚至导致错误的结论,给事业和人民生命财产造成危害;要么过分地追求分析结果的可靠性,消耗了不必要的人力与物力。

质量控制工作既是一项具体的技术工作,也是一项实验室管理工作。如科学的实验室管理制度、正确的操作规程以及分析测试工作者的技术考核等。质量控制工作必须贯穿分析测试的全过程（包括取样、样品处理、方法选择、测定过程、实验记录、数据检查、数据的统计分析、分析结果的表达以及实验室管理等）。在这个过程中分析工作者是最积极的因素，他们对质量控制工作的重要性认识得越深刻，态度越积极，其效果将会越显著。

二、质量控制的基本要素

质量控制就是把涉及分析的人员、仪器设备、环境条件、试验方法、使用的材料和检测过程看成一个分析系统，则影响检测结果准确性的所有要素就是"人、机、料、法、环"5个方面。

1. 分析测试人员的技术能力

具有一批有良好职业道德修养、技术经验丰富、有资历的分析工作人员是保证分析质量的必要条件之一。要作一个称职的分析工作者，除具有良好职业道德外，还必须具有与分析科目要求相当的最高能力水平。有人做过统计，高级、中级、初级人员在分析数据上出错的比例为 1∶5∶17。由此可见，分析测试人员的操作技能、理论知识和实际经验是首要因素。从事分析的人员必须经过与其承担的任务相适应的教育、培训，并具有相应的技术知识和经验，考核合格后，持证上岗。

分析理论知识与操作技能主要包含下面两方面内容。

（1）掌握分析方法涉及的分析化学基本原理　具体要求分析工作者掌握法定计量单位和分析结果的表达方法；分析数据的处理方法；化学分析法中涉及的酸碱平衡、沉淀平衡、配位平衡和氧化还原平衡的基本原理；各种仪器分析方法涉及的无机化学、有机化学、物理化学、物理学、数学、自动化学等有关的测定方法原理。

（2）完成分析测定方法时所必需的各种实验操作技能　要求分析工作者掌握分析样品的取样和制备方法；除去干扰组分和分离方法；进行化学分析时必需的天平称量、滴定分析仪器、重量分析仪器的正确使用和规范的基本操作方法。进行仪器分析时，要了解每种仪器的基本组成部件，影响测量准确度的各种因素，掌握进行定性定量分析的基本方法和操作条件的设置以及数据处理装置的使用方法。可见，要成为一个具有一定分析技术能力的称职的分析工作者，必须具有比较宽厚的、多学科的知识面和比较全面的、熟练的实验操作技能。特别是目前正处在分析化学专业知识不断更新、分析仪器设备日趋智能化的时代，每一个分析工作者都必须时刻关注分析化学学科的进展情况和分析仪器的更新现状，不断提高自己的分析技术能力，以适应日益发展的科学技术的需要。

2. 合适的仪器和设备

现代分析实验室需要专门的设备和仪器，分析工作的成功或失败常常与分析仪器和设备使用是否得当有很大的关系。例如，没有超净的实验室就不可能做超痕量分析。在某些分析领域中，为获得可靠的结果，湿度和温度的控制是必要的前提。现代数据处理和管理系统对某些分析技术来讲是必不可少的，对于其他大多数分析技术来说，很快地也将面临这样的情况。

专门的分析仪器和设备正在迅速替代通用仪器，因此某些种类的分析测量就只能在有这些仪器的实验室中进行。

实验室不但应正确配备进行分析的仪器设备，还必须维护保养好它们，以保证分析质量。如对计量仪器应定期进行检定，不合格者应降级使用或停止使用；每次测试前及测试后，都应对使用的仪器设备进行检查，并有记录；所有仪器的使用说明书、维修记录和检验合格证等技术性文件均应归档并派专人保管；贵重的精密仪器设备应指定专人负责操作和保养，并建立运行记录档案等。

3. 合格的试剂和材料

测试过程中，从取样、样品处理、直至进行测定都要用到化学试剂，正确选择化学试剂的等级是分析测试质量保证的重要内容。很多测定需要使用作为标准物质的化学试剂来标定标准溶液或标定仪器刻度示值。试剂中某些杂质含量过高会增加空白值，而空白值则决定了这方法能测定的最小值。在痕量分析中，实验用水的杂质、空气中的灰尘、器皿等的污染也会引起空白值的增加。因此，使用的试剂，在使用前应按相应分析项目所要求的标准规范进行检测，检测合格后，方可投入使用。

处理样品、配制和贮存标准溶液需要使用各种材料组成的器皿如烧杯、坩埚、试剂瓶等。如选择不合适，可能引起被测组分的吸附或污染。分析工作者应根据被测组分的含量水平，选择合适的器皿材料，并辅以正确的清洗过程，这样才能保证分析结果的质量。

4. 可靠的分析测试方法

实验室应使用适当的方法进行所有检验工作（包括样品的抽取、处置、传送和贮存、制备、测量不确定度的估算、检验数据的分析），这些方法应与所要求的准确度和有关检验的标准规范一致。实验室应尽可能使用国际、国家、行业和地方标准方法，需要使用非标准方法时，应经过验证。产品检验采用非标准方法时应与用户达成协议，形成有效文件。

5. 符合要求的环境和设施

实验室的环境包括：实验室清洁工作、房屋管理、温度和湿度的控制、玻皿清洗、水电设施等。实验室的环境不应该影响分析测试结果的有效性或对所要求的测定准确度产生不利的影响，必要时对环境条件进行有效监测、控制并记录。另外还应配置停电、停水、防火等应急的安全设施，以免影响分析测试工作的质量。

三、分析测试过程的质量控制

质量控制是为保证实验室中得到的数据的准确度和精密度落在已知的置信概率下所采取的措施。分析测试过程质量控制的目的是把分析误差控制在允许限度内，保证测定结果有与要求相应的精密度和准确度。为此，在分析测试过程中，可以采取下面这些措施来控制分析测试结果的质量。

1. 空白试验

由试剂和器皿带进杂质所造成的系统误差，一般可作空白试验来扣除。

（1）空白对测定结果的影响 空白试验值的大小及其分散程度，对分析结果的精密度和分析方法的检测限都有很大的影响。空白试验值的数值和重复性可以反映一个实验室水平，如实验室用水和化学试剂的纯度、玻璃容器的洁净度、分析仪器的精度和仪器的状况、实验室的环境污染情况以及检验人员的水平和经验等。在痕量或超痕量分析工作中必须全过程（取样、样品传递、贮存、处理及测定）控制样品不被玷污，全过程的玷污产生的误差通过空白测定来校正。

（2）空白试验和检测限 空白试验是以溶剂（一般是水）代替实际样品，按测定实际样品相同的方法和步骤对其进行分析测定。每天测定两个空白样品，共测 5～6 天，计算测定结果的标准偏差（s_B），由此计算出测定方法的检测限（L）。如果检测限高于标准分析方法中的规定值，说明由试剂、蒸馏水及实验器皿等引起的系统误差较大，应采取措施降低空白值，直至检测限合格为止。

检测限（limit of determination）是指对某一特定的分析方法，在给定的置信水平内，可以从样品中定量检测出待测物质的最小浓度或最小量。检测限由空白试验的多次测量结果的标准偏差计算得到，计算公式如下。

$$L = \frac{Ks_B}{S} \tag{1-19}$$

式中 S——测定方法的灵敏度，亦即工作曲线的斜率，其实际意义为待测物质单位浓度或量所产生的分析信号值；

s_B——空白实验多次测量结果的标准偏差，它反映了测量方法或仪器噪声水平的高低；

K——根据一定置信水平确定的系数。

由式(1-19)可以知道，测定方法的检测限与仪器的信噪比（信号与噪声之比）有关，信噪比越高，检测限越低。

对于系数 K，IUPAC（国际纯粹与应用化学联合会）建议：光谱分析法取 $K=3$，相应的置信度为 90%。直接电位法通过作图法求得检测限；气相色谱法以产生 2 倍噪声信号时的待测物质浓度或量为检测限，即取 $K=2$。

（3）空白值的控制　对于痕量和超痕量组分的测定，高和不稳定的空白试验值，对测定结果影响很大。可靠的方法是把空白值降至可以忽略不计的程度。控制空白值可从以下方面入手。

① 控制环境对样品的污染。普通实验室空气中的尘埃含有多种元素，对被测的含量组分有明显的玷污。必要时应采取局部或整个实验室的防尘与空气净化措施，如使用超净室。

② 提纯化学试剂，降低试剂空白值。对于痕量和超痕量组分的测定应采用高纯试剂、高纯水可以降低试剂导致的空白值。

③ 防止器皿对样品的污染。材质不当或不洁净的器皿会玷污样品。痕量分析应采用高纯惰性材料制成的器皿，如聚四氟乙烯、透明石英制成的器皿。

2. 校准曲线（calibration curve）

（1）校准曲线的绘制　校准曲线是用于描述待测物质的浓度或量与测量仪器的响应量或其他指标量之间定量关系的曲线。校准曲线包括工作曲线（working curve）和标准曲线（standard curve）。绘制校准曲线时，一般可配制 4～6 个不同浓度的待测物质标准溶液，采用与样品分析完全相同的分析步骤操作，最后以标准溶液中待测物质的浓度或量为横坐标，以测量信号值为纵坐标绘制的曲线为工作曲线。若标准溶液的分析步骤与样品分析步骤不完全相同，得到的校准曲线为标准曲线。校准曲线一般可以直接测定，但如果样品前处理较复杂导致被测组分损失，并不可忽略时，则应和样品同样处理后再测定。

为使分析结果的误差限定在要求的范围内，样品含量的测定范围应限制在校准曲线的线性范围内，而且最好是取适量的样品使被测样品的含量落在校准曲线的中部，这样测定的误差最小。校准曲线的线性范围一般为校准曲线的最高含量值与检测下限值之间。校准曲线不可延长使用，因为校准曲线的斜率常因温度、试剂批号、仪器等条件的变化而改变。在测定未知样品的同时绘制校准曲线是最佳的。否则，应在测定样品的同时，同时测定线性范围内中等含量标准溶液和空白溶液各两份，取均值相减后，与已绘制的校准曲线上相同点进行核对。两者的相对差值不得大于5%～10%，否则应重新绘制校准曲线。

（2）校准曲线的线性　线性检验相关系数体现校准曲线两个变量的线性关系，决定校准曲线的质量和样品测定结果的准确度。

对于以4～6个浓度单位所获得的测量信号值绘制的校准曲线，一般要求其相关系数$r \geq 0.9990$，否则应查找原因加以纠正，重新绘制校准曲线。

影响校准曲线线性关系的因素有：

① 分析方法本身的精密度；
② 仪器设备的精密度（包括量取标准溶液所用量器的准确度）；
③ 溶剂挥发造成浓度的变化；
④ 检验人员的操作水平等。

（3）校准曲线的回归　用作图的方法绘制的校准曲线存在较大的误差，并容易受到操作者的主观因素的影响。因此，对于线性关系不好的校准曲线，应在消除可纠正因素的影响后，对标准溶液的测量信号值及其浓度数据进行回归分析，建立回归方程（regression equation）$y = a + bx$，再绘制校准曲线。

（4）截距检验　截距检验是检验校准曲线的准确度。将截距a与0作t检验，当取95%置信概率时，经检验无显著性差异时，可将a视为0，方程简化为$y = bx$。当a与0有显著性差异时，表示回归方程代表的校准曲线的准确度不高，应查找原因予以纠正后重新绘制校准曲线，线性和截距检验合格后投入使用。

（5）斜率检验　斜率的大小可以反映方法的灵敏度。方法的灵敏度是随实验条件的变化而改变的。实验条件相同时，随机误差导致斜率变化的允许范围因分析方法的精度不同而异。如一般情况下，分子吸收分光光度法允许斜率的相对差值为5%，原子吸收分光光度法允许的斜率相对差值为10%。

3. 平行试验

进行平行样测定是对测定进行最低限度的精密度检查。平行双样（也称双联样）的测定，有助于减小随机误差，有助于估计测定的精密度。

一般标准方法规定，检验人员对同一样品同时分取两份（称量取样时，称样量尽可能相近）进行平行样品的测定，平行双样测定的结果应小于方法规定的允许差（重复性限r），也即两个平行测定结果之差的绝对值不应大于标准方法所规定室内相对标准差的2.8倍。若两结果之差大于重复性限r，必须再做2次测试。若要进行4次平行测定（如标定标准滴定溶液），则4个结果的极差（$X_{max} - X_{min}$）等于或小于$n=4$的临界极差$C_r R_{95}(4)$，则取4个结果的平均值作为最终结果，若极差大于临界极差$C_r R_{95}(4)$，则取4个结果的中位数作为最终结果。如果测试费用较高，可再做1次测试，同上判断。

两个实验室间测定的结果之差的绝对值应小于再现性限R，也即应小于室间相对标准差的2.8倍。

例如测定试样中某一含量为12mg/L的杂质组分，实验室内相对标准偏差为3.1%，实验室间相对标准偏差为4.2%，则室内平行测定绝对差值应小于1.0mg/L，两个实验室测定值之差应小于1.4mg/L。

对于标定标准滴定溶液浓度时的规定参见GB/T 601—2002《化学试剂标准滴定溶液的制备》。

第一章 分析测试的质量保证

测定结果极差不能满足标准方法规定，需重新测定。必要时应审查方法和（或）测试的精密度。

4. 测定回收率

若要获得高准确度的测量结果，不可忽视样品处理产生的误差。在取样和样品处理过程中，被测组分发生分解、挥发或分离、富集不完全导致产生负的系统误差，检验过程中使用的器皿、化学试剂和环境可能导致正的系统误差，而且也不可避免地引入随机误差。所以对样品处理过程应加以重视。在样品处理过程中最佳的回收率是100%。实验室中通常可以用下面的方法测定回收率。

在测试样品时，同时另取一份试样，加入适量的标样，根据标样含量的已知值和实际测定值，可以计算出加标回收率。加标量不能太大，一般为试样含量的0.5~2倍，且加标后的总含量不应超过测定的上限；加入的标样浓度应较高，加入标样的体积应较小，一般不要超过原试样体积的1%，否则试样的基体背景将会改变。加标回收率在一定程度上可以反映测定结果的准确度。不过，加标回收法测出的回收率有时不一定能反映样品的实际回收率，因为加入的标准是一种简单的离子或化合物，样品中被测组分的存在形态往往比较复杂，而且受其他组分的影响。

采用与被测样品组成相似的标准物质（要求标准物质的基体尽可能与样品基体相同），用与样品测定相同的方法（包括样品处理步骤）测定标准物质，测定值与标准物质的保证值之比即为回收率。

回收率与样品类型、处理方法、被测组分及含量水平有关，在有关的质量保证手册中，对例行分析回收率控制指标做了原则性的规定，如果分析方法中未规定范围值时，可以将加标回收率目标值规定为95%~105%，也可参照表1-5。

表1-5 加标回收率与含量的关系

被测组分质量分数/%	$<10^{-5}$	$>10^{-5}$	$>10^{-4}$	$>10^{-2}$
加标回收率/%	60~110	80~110	90~110	95~105

5. 检出限 (detection limit)

测定方法的检出限是在一定置信概率（通常取置信度为99.7%）下，能产生一个确保在试样中存在被测组分的分析信号所需要的该组分的最小含量（或浓度）。此最小含量产生的信号在一定置信概率下能与空白值或仪器噪声区分开。

国际纯粹与应用化学联合会（IUPAC）对分析方法的检出限的规定是：在与实际样品测定相同条件下，对不加入被测组分的溶剂进行重复测定，测定次数一般为20次，算出测定值的平均值 $\bar{x}_B$ 和标准偏差 s_B。在一定置信概率下。被检出的最小测量值为

$$x_L = \bar{x}_B + 3s_B \tag{1-20}$$

$x_L = \bar{x}_B$ 时，即 $3s_B$ 对应的被测组分的含量 Q_L 或浓度 c_L 就是方法的检出限，即

$$Q_L（或 c_L）= \frac{x_L - \bar{x}_B}{b} = \frac{3s_B}{b} \tag{1-21}$$

式中 b——方法的灵敏度（即低浓度区校正曲线的斜率，它表示被测组分含量或浓度改变一个单位时分析信号的变化量）。

检出限是表征分析方法检测能力的一个参数，评价分析方法的一个指标。

6. 对照试验

对照试验是用已知结果的试样与被测试样一起进行试验，在进行样品分析的同时，分析含量相近的有证标准物质，在确认两者没有基体效应或基体效应可忽略时，通过标准物质的实际测定值是否符合证书给定值的不确定度要求，可以确定试样分析结果的准确度是否可以接受。

对照试验也可用其他可靠的分析方法进行对照试验，也可由不同人员、不同实验进行对照试验。对照试验可以检查所用试剂是否失效或反应条件等控制是否正确，它是检验分析过程系统误差的有效方法。

第四节 分析测试质量评定技术

质量评定技术是为推断输出数据的质量而对测量过程实施的监督。质量评定分为实验室内部（室内）和实验室外部（室间）的质量评价。实验室内部的质量评价一般可用重复测量、内部考核样品、控制图、交换操作者、交换仪器设备、独立的测量、权威法测量和审查等方法。实验室外部（室间）的质量评价一般可用实验室会测、交换样品、外部参考物质、标准物质和审查等方法。这些方法的核心是重复信息的概念，只要用已知组分甚至是未知组分的稳定样品作重复测量即可评价精密度。评价系统误差需要重复测量已知特性的样品。当测量过程的统计控制被其他方法证实时，只需少数几次测量即可。在上述列出的质量评定技术中根据完成评定技术所需的协作来源而形成内部和外部之分。

一、内部质量评定技术

重复测定是评价精密度的经典方法（如果安排不合理，这将是一个费时的过程）。

内部考核样本可由内部参考物质、分割样本、标准加入样本和替代样本所组成，替代样本是为了在合适的常规考核中评价测量过程精密度而采用的。所有这些样本以及质量保证样本的测量，在使用控制图时能得到最好的说明，控制图是内部质量评定技术的主要方法，在后面将做详细的介绍。

测量的系统误差可能与操作者、仪器或方法有关。可以用交换操作者、交换仪器设备、用独立技术测量经选择过的样本以及用权威法与那些所得测量结果相比较等内部途径来调查系统误差。当合适的方法有效而又缺乏诸如标准物质等外部支持时，与权威法比较是有用的。交换操作者是为了估计操作者引起的系统误差；交换仪器是为了估计仪器引起的系统误差。不同独立测量技术是为了估计测量技术引起的系统误差，用一个已知准确度的方法或者两个未知准确度的方法都可以，但关键是要独立。表面上是独立的方法，但有共同的步骤时，例如都有溶解样品这一步骤时，就不是完全独立的，因为溶解过程中的系统误差此时就检验不出来。

内部审查可分为两类：一类为系统审查；另一类为工作审查。系统审查的内容有：设备现场检查和实验现场检查。设备现场检查包括仪器、记录、校准等检查；实验现场检查包括一般性检查和详细检查。一般性检查主要检查关键步骤；详细检查要检查观察整个过程以发现问题或缺陷，采取修改措施（包括立即措施和长久措施）。内部工作审查的最好方法是控制图方法。经过内部审查后可减少外部审查时的问题。

1. 建立控制图

质量控制图是最简单、最有效的统计技术之一。1931 年，Shewhart 首先将它用于工业产品的质量控制。20 世纪 40 年代，Wernimont 等又将它用于分析实验室。近 20 年来，随着环境监测技术的发展，广泛采用质量控制图评价日常监测数据的有效性。

（1）质量控制图的作用

① 质量控制图可以及时、直观地展示出分析过程是否处于统计控制中。当控制图表示出失控的时候，它能指出在什么时候、什么位置和多大置信水平下发生了问题，同时还能指出问题的性质，如平均值单向变化趋势、突然的漂移、变动性的增大等情况。

② 控制图可以对被控过程特性作出估计，如用极差或标准偏差控制图可以估计例行测量过程的变动性。

③ 控制图是例行实验工作中决定观测值取舍的最好标准和依据。

④ 控制图是检验实验室间数据是否一致的有效方法。

⑤ 控制图可以检验测量过程中是否存在明显的系统偏差，并能指出偏差的方向。

（2）典型的质量控制图　控制图是建立在实验数据分布接近于正态分布假设之上的，它把分析数据用图表形式表现出来。控制图的纵坐标为测定值，横坐标为测定值的次序或时间。若按测量时间表示可能会造成形式上不够紧凑，但可以发现测量系统随时间的变化。按测量次序表示则正好相反，形式上紧凑但不能发现测量系统随时间的变化。

最常用的控制图有 x 控制图或 $\bar{x}$（平均值）控制图，R（极差）控制图或 s（或 σ''）控制图。R 控制图或 s 控制图称为精密度控制图。其中平均值控制图应用最广泛，它是检验测量过程中是否存在粗差，检验平均值漂移以及数据缓慢波动的有效方法。R 控制图是检验变动性漂移和数据快速波动的有效方法，还能用于检验粗差的存在。s 控制图也可用于检验变动性漂移和数据快速波动，但不如 R 控制图好。

图 1-3 为典型的质量控制图，从图 1-3 中不仅可以看出测量系统是否处于控制状态之中，还可以找出一些变化的趋势。实际工作中常常把 $\bar{x}$（或 x）控制图与 R（或 s）控制图上下并排画在一起，这样更容易找出一些变化的原因。控制图中 $\bar{x}$ 一些点向上偏，甚至超出控制限，但在 R 控制图中所有的点分布是正常的，这说明测量系统的精度没有什么变化，而是产生了某种正的系统误差。

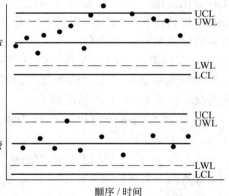

图 1-3　典型质量控制图
图中 UCL 和 LCL 为控制限用"—"表示；
UWL 和 LWL 为警戒限"- - -"表示

$\bar{x}$ 控制图与 x 控制图相比较有两个优点。

① $\bar{x}$ 控制图对非正态分布也是很有用的，因为非正态分布的平均值基本上是遵循正态分布的。

② $\bar{x}$ 是 n 个值的平均值，所以不受单个测定值的影响，即使有偏离较大的单个测定值存在时，影响也不大。因此，$\bar{x}$ 控制图比 x 控制图更为稳定。

但作 $\bar{x}$ 控制图就要增加测定次数，这样就要增高分析成本，同时也会增加计算误差的机会。

R 控制图与 s（或 σ）控制图相比较通常总是采用 R 控制图，因为 R 控制图具有简便和多功能性，明显优于 s 控制图，s 控制图往往在特定条件下才使用。

控制图可以按地点、样品来源、测试条件等分别画出。测试条件包括测量变动性、测量仪器、操作者等，这样便于找出测量过程中存在问题的原因。

对于各种可指明原因，不同的控制图所得的效果并不相同，表1-6中列出了选择使用控制图的次序。

表 1-6　判别和鉴别可指明原因的种类的试验

可指明原因的种类	控 制 图①			可指明原因的种类	控 制 图①		
	$\bar{x}$	R	σ		$\bar{x}$	R	σ
大的误差	1	2	‥	联合			
平均值的改变	1	‥	‥	生产	1	2	
方差的改变	‥	1	2	研究	‥	‥	
缓慢的变动(有趋势)	1	‥	‥	协同变化	1		
快的变动(循环)	‥	1	2				

① 表中数字"1"表示最有用的图的种类；数字"2"表示其次有用的图的种类；"‥"表示图不适用于该特殊原因。

(3) 控制限　在控制图中要画出控制限，然后根据测定值落在控制限内外的情况来判断测量系统是否处于统计控制状态之中。早期的控制图中只有一个控制限 UCL 和 LCL（相当于 $\bar{x}\pm3\sigma$），现在的控制图中一般有两个控制限，一个称为控制限 UCL 和 LCL（相当于 $\bar{x}\pm3\sigma$），另一个称为警戒限 UWL 和 LWL（相当于 $\pm2\sigma$）。每个控制限在控制图的上下各有一条线，分别称为上限和下限。

① 控制图的两种不同情况

a. 没有标准物质时，控制图完全是根据被测样品的数据画出，这种控制图可以检查精度的变化情况。还可以根据一些趋势或周期性的现象来判断准确度的变化情况，根据控制图上的变化情况可以找出出现这些变化情况的原因，原因找出后采取修正措施，从控制图上可以鉴别修正措施是否有效。

b. 有标准物质时，控制图就可根据已知的 $\bar{x}$、σ 或 R 画出中心线及控制限。

实验室中通常是上述两种情况的综合，即有一种标准物质，已知 $\bar{x}$，另外根据自己测量的情况，算出极差 R 或标准偏差 s。

② 各种控制图中控制限及中线的确定

a. x 控制图

中心线 $\bar{x}$（可以是以前测定值的平均值，也可以是标准物质的已知值）；

警戒限 (UWL 和 LWL)$\pm2s$（或 $\pm2\sigma$）；

控制限 (UCL 和 LCL)$\pm3s$（或 $\pm3\sigma$）。

测定值的平均值 $\bar{x}$ 与标准物质的已知值 μ 之间不完全相同，这完全是正常的，但差异不能太大，如果标准物质的已知值 μ 落在平均值与警戒限之间一半高度以外，即 $|\bar{x}-\mu|>1s$（或 1σ）时，说明测量系统存在着明显的系统误差，这是不能允许的，此时的控制图不予成立。应该重新检查方法、试剂、器皿、操作、校准等各个方面，待找出误差原因之后，采取纠正措施，使平均值尽量接近已知值。

b. $\bar{x}$ 控制图

中心线 $\bar{x}$；警戒限 $\pm\dfrac{2}{3}(A_2\bar{R})$；控制限 $\pm A_2\bar{R}$。

c. R 控制图

中线 $\bar{R}$；上警戒线 $+\dfrac{2}{3}(D_4\bar{R}-\bar{R})$；上控制线 $D_4\bar{R}$；下控制线 $D_3\bar{R}$。上述各公式

可汇总在表 1-7 中。而计算公式中的 A、B、C、D 为不同的控制限参数，其数值大小见附录 1。

表 1-7　控制限计算公式

图的依据	图	中线	3σ 的控制限
$\bar{x}$、$\bar{\sigma}$、$\bar{R}$ 来自过去的数据	平均值	$\bar{x}$	$\bar{x} \pm A_1\bar{\sigma}$ 或 $\bar{x} \pm A_2\bar{R}$
	标准偏差	$\bar{\sigma}$	$B_3\bar{\sigma}$ 和 $B_4\bar{\sigma}$
	极差	$\bar{R}$	$D_3\bar{R}$ 和 $D_4\bar{R}$
x'、σ'、R_n' 来自标准值 ($R_n' = d_2\sigma'$)	平均值	$\bar{x}$	$\bar{x} \pm A_1\sigma'$ 或 $\bar{x} \pm A_2 R'$
	标准偏差	$c_2\sigma'$	$B_1\sigma'$ 和 $B_2\sigma'$
	极差	$d_2\sigma'$ 或 R_n'	$D_1\sigma'$ 和 $D_2\sigma'$ 或 D_3R_n' 和 D_4R_n'

注：当样品标准偏差用 $s = \sqrt{\dfrac{\sum(x_i-\bar{x})^2}{n-1}}$ 代替 $\sigma = \sqrt{\dfrac{\sum(x_i-\bar{x})^2}{n-1}}$ 时，对于中心线和 3σ 控制限的公式要作如下的变化。

(1) 用 $\sqrt{\dfrac{n-1}{n}}A_1$ 代替 A_1，用 $\bar{s}$ 代替 $\bar{\sigma}$，但 B_3 和 B_4 不作变化。

(2) 用 $\sqrt{\dfrac{n-1}{n}}C_2$、$\sqrt{\dfrac{n-1}{n}}B_1$、$\sqrt{\dfrac{n-1}{n}}B_2$，分别代替 C_2、B_1、B_2。

d. s 控制图

中线 $\bar{\sigma}$；上控制限 $B_4\bar{\sigma}$；下控制限 $B_3\bar{\sigma}$。

(4) 控制图的绘制　确定控制限之后，控制图也就画成了，所以确定控制限的过程就是画出控制图及修改控制图的过程。

① x 控制图的绘制　要画一张控制图，必须用同一标准方法（或现场法）在同一标准物质（或质控样品）上至少得到 20 个测定结果（这 20 个结果不要在一天内得到，如果这些结果是日常积累起来的）。求出这 20 个结果的平均值 $\bar{x}$ 和标准偏差 s。在坐标纸上以平均值 $\bar{x}$ 为中心线，以 $\pm 2s$ 为警戒限，$\pm 3s$ 为控制限，然后依次把测定结果标在图中并连成线，即得到控制图。

例如，用某种标准方法在含铜 0.250mg/L 的水质标准物质上得到表 1-8 中的 20 个分析结果。

表 1-8　20 个重复分析结果　　　　　　　　　　　　　单位：mg/L

序号	结果	序号	结果	序号	结果	序号	结果	序号	结果
1	0.251	5	0.235	9	0.234	13	0.283	17	0.225
2	0.250	6	0.240	10	0.250	14	0.300	18	0.256
3	0.250	7	0.260	11	0.229	15	0.270	19	0.250
4	0.263	8	0.290	12	0.262	16	0.262	20	0.250

由表 1-8 中的数据求得平均值 $\bar{x} = 0.256$mg/L，标准偏差 $s = 0.020$mg/L，按照上述方法就可得到如图 1-4 所示的控制图。$\bar{x} = 0.256$mg/L，$\mu = 0.250$mg/L，平均值与已知值有差异，但 $|\bar{x} - \mu| \leq 1s$，所以是正常的。

控制图在使用过程中，随着标准物质或质控样品测定次数的增加，在适当的时候（通常与先前建立的控制图的测定次数差不多时）可以根据新的测定数据再重新确定控制限，重新画出新的控制图，以此类推地进行下去，如图 1-5 所示。

由图 1-5 可以看出，随着测定次数的增加，平均值 $\bar{x}$ 的变化可能不大，而标准偏差 s 逐渐向 σ 靠拢，所以警戒限和控制限将逐步变得狭窄。这样确定出的控制限，不仅根据过去的经验，而且又根据目前的测量情况，能真正反映出测量系统的特性，确定测量系统的置

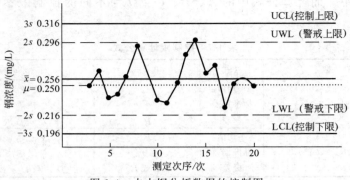

图 1-4　水中铜分析数据的控制图

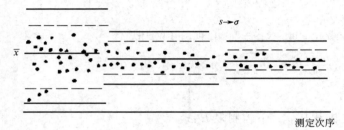

图 1-5　逐步完善的控制图

信限。

② $\bar{x}$-R 控制图　在实际使用中，$\bar{x}$-R 控制图比较实用。$\bar{x}$-R 控制图实际上是两张控制图，$\bar{x}$ 控制图易于检定平均值的变化，而 R 控制图易于检定变动性，但通常把 $\bar{x}$-R 控制图作为一张控制图。

要画 $\bar{x}$-R 控制图，必须用同一标准方法（或现场法）在同一标准物质（或质控样品）上至少得到 20 对两次平行测定数据（考虑到成本和时间，一般每个样品测定两次即可），这 20 对两次平行测定数据不要在一天内得到，最好是日常积累起来的。

例如，为了绘制 $\bar{x}$-R 控制图，积累了 20 对测定数据（每样做两次平行测定），列在表 1-9 中。

表 1-9　20 对双联测定的数据　　　　　　　　　　　　单位：%

测定次序	x_i	x_i'	平均值 $\bar{x}_i$	极差 R_i
1	0.501	0.491	0.496	0.010
2	0.490	0.490	0.490	0.000
3	0.479	0.482	0.481	0.003
4	0.520	0.512	0.516	0.008
5	0.500	0.490	0.495	0.010
6	0.510	0.488	0.499	0.022
7	0.505	0.500	0.503	0.005
8	0.475	0.493	0.484	0.018
9	0.500	0.515	0.508	0.015
10	0.498	0.501	0.500	0.003
11	0.523	0.516	0.520	0.007
12	0.500	0.512	0.506	0.012
13	0.513	0.503	0.508	0.010
14	0.512	0.497	0.505	0.015

续表

测定次序	x_i	x_i'	平均值 $\bar{x}_i$	极差 R_i
15	0.502	0.500	0.501	0.002
16	0.506	0.510	0.508	0.004
17	0.485	0.503	0.494	0.018
18	0.484	0.487	0.486	0.003
19	0.512	0.495	0.504	0.017
20	0.509	0.500	0.505	0.009
			$\sum x_i = 10.005$	$\sum R_i = 0.191$

先求出总平均值和平均极差：

$$\bar{x} = \frac{10.005}{20} = 0.500 \qquad \bar{R} = \frac{0.191}{20} = 0.096 \approx 0.010$$

由附录 1 中可查得 $n=2$ 时的 $A_2 = 1.880$，$D_3 = 0$，$D_4 = 3.267$。将上述数据代入计算公式可得到平均值的控制限和警戒限。

$$\text{UCL} = 0.518 \quad \text{UWL} = 0.512 \quad \text{LCL} = 0.482 \quad \text{LWL} = 0.488$$

同样可得到极差的控制限和警戒限。

$$\text{UCL} = 0.033 \quad \text{UWL} = 0.025 \quad \text{LCL} = 0$$

根据计算的数据绘出如图 1-6 的 $\bar{x}$-R 控制图。

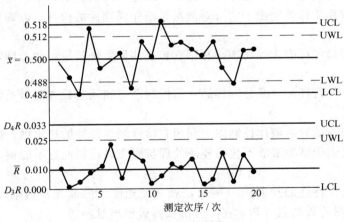

图 1-6　$\bar{x}$-R 控制图

2. 控制图的使用

在日常分析中，通常将标准物质（或质控样品）与未知样品在同样条件下进行测量，然后检查所得结果是否落在所绘制的质量控制图的控制限之内，若在控制限之外，则说明测量系统脱离控制了，此时试样的测定结果无效，应该立即查找原因，采取措施加以纠正，再重新进行标准物质（或质控样品）的测定，直到分析结果落在控制限之内，才能重新进行试样的测定。如果脱离控制后未能找到产生误差的原因，用标准物质（或质控样品）再分析校对一次，结果又正常了，那么可以认为第一次的结果确实是由偶然因素或更可能是由某种操作错误引起的。

如果标准物质（或质控样品）的测定结果落在控制限之内，但超出警戒限是不足为奇的，因为 20 次测定中允许有一次超出警戒限。事实上按照 20 个数据计算出来的警戒限是否真正反映测量系统的精度还是一个问题，假如超出警戒限的频率远低于或远高于 5%，说明计算出来的警戒限也许有问题，或者测量系统本身的精密度得到了提高或恶化。总之，超出警戒限说明测定条件已不如所希望的那样好了，要引起警戒。但此时未知样品的测试结果仍予以认可。

如果标准物质（或质控样品）的测定结果落在警戒限之内，说明测量系统正常，未知样品的测试结果是有效的。

使用标准物质（或质控样品）的最佳次数以及实际试验样本的重复次数将取决于测量系统的稳定性和测量系统脱离统计控制的危险性。因为在最后一个已知受控至第一个已知脱控期间所得的全部样品数据都是可疑的，这种间隔必须减至最小。测量标准物质（或质控样品）是一种减少危险的步骤。

在使用控制图中，除了单点判断测量系统是否处于控制限内的控制状态之外，还要在总体点的分布和连续点的分点上对测量系统是否处于控制限内的控制状态作出判断：

① 数据点应均匀地出现在中线的上下，如果在中线的某个方向上出现的数据点数明显多于另一个方向的数据点时，则说明测量系统存在问题；

② 如果有 2/3 的数据点落在警戒限之外去了，则说明测量系统存在问题；

③ 如果有七个数据点出现在中线一侧，说明测量系统存在问题。因为根据概率论，连续出现在一侧有七个点的可能性仅为 1/128。

3. 控制图在分析测试中的应用

在分析测试中控制图的应用是非常广泛的，现把常用的介绍如下。

（1）选择标准物质作控制图　它可对测量系统作周期性的检查，以确定测量的准确度和精密度的情况。

（2）选择内部参考标准作控制图　利用它检查测量系统的稳定性，确定测量系统的精密度情况。

（3）选择两个平行样品（或分割样品）作控制图　利用它检查测量系统的稳定性，确定测量的精密度情况。

（4）选择典型的试验溶液作控制图　利用它检查测量仪器的稳定性，以确定测量仪器的精密度情况。不过由于试验溶液不包括样品处理步骤在内，因此它不能检查整个测量过程的稳定性。

（5）作仪器工作特性的控制图　例如，对分光光度计的滤光片透射率作控制图，如图 1-7 所示。从控制图的数据点可知，在二月份仪器曾经出过问题。

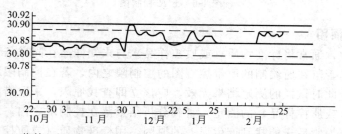

图 1-7　紫外-可见分光光度计在 24℃、590.0nm 时透射率变动性的控制图

（6）对操作者作控制图　它可对操作者的测试稳定性作检查，这种方法对操作经验不足的操作者来说是很有帮助的。

（7）作工作曲线斜率的控制图　这种控制图可以对仪器的性能进行检验。例如对分光光度计上吸光度与浓度工作曲线的斜率作检验。

（8）作校准点的控制图　例如，在某个校准点上重复测量以检验工作曲线的可靠性。

（9）作回收率的控制图　如图1-8所示，实验室A的回收率显然比实验室B的回收率要差。

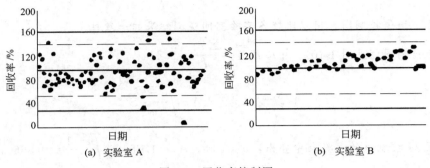

图1-8　回收率控制图

（10）对空白作控制图　在痕量和超痕量分析中，扣除空白是非常重要的，只有建立空白控制图才能正确扣除空白。

（11）对关键步骤的操作做控制图　例如，当称量是关键步骤时就对称量作控制图，以检验天平的性能。对一系列关键步骤的操作建立控制图后，可以不依赖于最终测量结果的控制图。

【例1-5】　10个实验室测定了橡胶中的ZnO含量，试比较实验室间数据的一致性。测定结果如表1-10所示。

表1-10　测定结果

重复性测定序号	实验室编号									
	1	2	3	4	5	6	7	8	9	10
1	2.42	2.41	2.35	2.42	2.46	2.44	2.41	2.38	2.40	2.46
2	2.42	2.41	2.36	2.42	2.44	2.43	2.38	2.37	2.41	2.43
3	2.37	2.39	2.36	2.40	2.46	2.43	2.37	2.38	2.48	2.46
4	2.38	2.41	2.38	2.43	2.46	2.46	2.43	2.36	2.48	2.43
平均值 $\bar{x}_i$	2.398	2.405	2.362	2.418	2.455	2.440	2.398	2.372	2.442	2.445
标准偏差 s_i	0.026	0.010	0.013	0.013	0.010	0.014	0.028	0.010	0.043	0.017

解　（1）作标准偏差图，用以比较各实验室间观测值变动性的一致性。

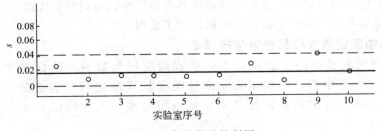

图1-9　标准偏差控制图

标准偏差控制图（见图1-9）：中心线 $\bar{S} = \dfrac{\sum S_i}{n} = 0.0187$

3σ 控制限为 $B_3\overline{S}$ 和 $B_4\overline{S}$

从附录 3σ 控制限的参数表中查出：$n=4$ 时，$B_3=0$，$B_4=2.266$，因而下控制限为 0，上控制限为 $2.266\times0.0187=0.042$。因此，除实验室 9 外，其他各实验室观测值的变动性是一致的。

(2) 作平均值控制图，用以比较各实验室间观测结果的一致性。

平均值控制图（见图 1-10）：中心线 $\overline{\overline{X}}=\dfrac{\sum\overline{x}_i}{n}=2.414$

$$3\sigma \text{ 控制限为} \overline{\overline{X}} \pm A_1\sqrt{\dfrac{n-1}{n}}\overline{S}$$

从附录 3σ 控制限的参数表中查出：$n=4$ 时，$A_1=1.880\times\sqrt{\dfrac{n-1}{n}}=0.8660$，代入公式计算得上控制限为 2.444，下控制限为 2.384。

从图 1-10 中明显地看出，实验室 3、5、8、10 的结果在控制限之外，实验室 6、9 的结果接近上控制限，只有 4 个实验室的结果在控制限之内，而在标准偏差控制图上，仅有一个实验室的标准偏差不在控制限内。这表明，不同实验室测定结果之间的变动性大于同一实验室内重复测定结果的变动性，不同实验室的测定结果间可能存在系统误差。

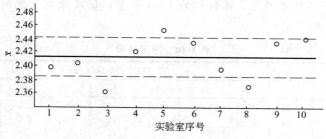

图 1-10　平均值控制图

二、外部质量评定技术

每个实验室都有能力来估计自己测量结果的精密度，但在内部要评价系统误差是困难的，此时可用外部质量评定技术达到此目的。外部质量评定技术主要包括实验室会测、与其他实验室交换样本以及分析从外部得到的标准物质或控制样品。只要使用得当，标准物质是评价测量过程最好的考核样本，这些标准物质具有被广泛认可的明显优点，为比较测量系统和比较由各实验室在不同条件下取得的数据提供了依据。

1. 用标准物质或质控样品作为考核样本

由政府管理机构或中心实验室每年一次或两次把为数不多的标准物质（或质控样品）发放到各实验室中去，用指定方法对这类考核样品进行分析测试。依据标准物质的标准值及其不确定度来判断评价各实验室所得结果，以此验证各实验室的测试能力和质量。

用标准物质（或控制样品）作为考核样本对包括人员、仪器、方法等在内的整个测量系统的质量评价，最常用的方式是盲样分析。盲样分析分单盲分析和双盲分析两种。所谓单盲分析是指考核前，考核试样的真实组分含量时被考核的实验室或操作人员是保密的,但考核是事先通知的。所谓双盲分析是指被考核的实验室或操作人员根本不知道考核这件事,当然更不知道考核样的真实组分含量,双盲分析的要求要比单盲分析要高。

1996年10~12月上海市曾对75个实验室原子吸收分光光度计用标准物质进行外部质量评价,采用考核方式为单盲分析方式。

标准物质共10个,标准值如表1-11所示,标准值的相对不确定度为±2%,有效期为3个月,基体为1%硝酸。

表1-11 标准物质考核样品的标准值　　　　　　　　　　　　单位:mg/L

编号	元　素				
	Cu	Cr	Pb	Cd	Zn
96-5	4.80	6.00	4.80	2.40	2.40
96-4	4.20	5.25	4.20	2.10	2.10
96-3	3.60	4.50	3.60	1.80	1.80
96-2	2.80	3.50	2.80	1.40	1.40
96-1	2.20	2.75	2.20	1.10	1.10
96-6	0.550	1.10	0.950	0.450	0.575
96-7	0.850	1.40	0.750	0.340	0.425
96-8	0.625	0.900	0.825	0.220	0.375
96-9	0.750	0.750	0.650	0.525	0.230
96-10	0.950	0.650	0.525	0.380	0.610

考核样预先编成密码样,0号样系列为高浓度一组,2号样系列为低浓度系列,每个样品编成0××或2××密码号,由每个实验室各抽取一个样品。高浓度与低浓度的范围预先告知,如下所示。

系列	Cu	Zn	Pb	Cr	Cd
0号系列/(mg/L)	2~5	0.8~3	2~5	2~6	0.8~3
2号系列/(mg/L)	0.5~1.0	0.2~0.6	0.5~1.0	0.5~1.5	0.2~0.6

根据每个实验室每种元素两个样品相对误差及平均相对误差,总的五种元素十个样品平均相对误差进行考核,然后进行实验室的排名。

如果没有合适的标准物质作为考核样本时,只能由中心实验室配制质控样品发到各实验室中去。例如,美国环境保护署(EPA)制备的痕量金属质量控制样品,如表1-12所示。

质控样品是封装在安瓿中的浓溶液,由三种不同浓度组成一个系列,使用时定量吸取10mL稀释成1000mL使用。

表1-12 EPA控制品安瓿中浓溶液的含量　　　　　　　　　　单位:mg/L

元素	安瓿1	安瓿2	安瓿3	元素	安瓿1	安瓿2	安瓿3
Al	10.6	72.9	50.4	Pb	4.28	43.5	15.7
As	2.74	23.5	4.40	Mn	1.29	34.8	8.71
Be	2.95	23.5	13.0	Hg	0.070	0.870	0.348
Cd	0.910	3.91	3.25	Ni	1.71	20.7	9.57
Cr	0.714	26.1	11.3	Se	1.13	5.04	1.91
Co	4.28	26.1	6.96	V	13.1	84.6	52.2
Cu	0.893	33.9	5.21	Zn	1.00	41.8	17.3
Fe	2.14	79.6	19.6				

由于质控样品的稳定性或均匀性都没有经过严格的鉴定，又没有准确的鉴定值，所以用质控样品来评价各实验室的数据就没有用标准物质那样方便。在评价各实验室数据时，中心实验室可以利用自己的控制图，但控制图中的控制限一般要大于内部控制图的控制限。因为各实验室使用了不同的仪器、试剂、器皿等，实验室之间的变化总是大于一个实验室范围内的变化。如果从各实验室能得到足够多的数据时，也可以根据置信区间来评价各实验室的质量水平，还可以建立起实验室之间控制图来进行评价。

2. 实验室的定秩检验

如果缺乏标准物质或控制样本，也可用实样代替，但评价实验室质量的方法不相同，常用的是实验室定秩检验和尤登图法。

所谓实验室定秩检验是：中心实验室先把实样分发到各实验室中，然后再把每个实验室所得的数据从大到小排列，最大值得 1 分，最小值得 n 分，如果当两个实验室在第 x 个秩数处出现关联时，则给予每个实验室的秩数为 $x+\frac{1}{2}$。根据每个实验室根据得到的秩数之和，对每个实验室记分。对 M 个样本，最小可能的分数是 M，最大可能的分数是 nM。若一个实验室对 M 个样本都报出最小值，则它得到 nM 分，显然这个实验室有相当大的系统误差。需要对分数的判断得出一个定量的量度，也即希望知道，对于一个多大（或多小）的分数，有理由认为不存在明显的系统误差。对于各种 n 和 M 的组合，表1-13列出了5%风险（即显著水平 $\alpha=0.05$）的双侧临界秩分。当一个实验室的分数超出这些范围时，就可以认为具有这种极端分数的实验室有明显的系统误差，该实验室应查清系统误差来源。中心实验室可据此做出决定，取消所有来自该实验室的测量结果，并令其整改。

表 1-13 5%风险的双侧临界秩分

实验室数目	材料数目												
	3	4	5	6	7	8	9	10	11	12	13	14	15
3		4 12	5 15	7 17	8 20	10 22	12 24	13 27	15 29	17 31	19 33	20 36	22 38
4		4 16	6 19	8 22	10 25	12 28	14 31	16 34	18 37	20 40	22 43	24 46	26 49
5			5 19	7 23	9 27	11 31	13 35	16 38	18 42	21 45	23 49	26 52	28 56	31 59
6	3 18	5 23	7 28	10 32	12 37	15 41	18 45	21 49	23 54	26 58	29 62	32 66	35 70
7	3 21	5 27	8 32	11 37	14 42	17 47	20 52	23 57	26 62	29 67	32 72	36 76	39 81
8	3 24	6 30	9 36	12 42	15 48	18 54	22 59	25 65	29 70	32 76	36 81	39 87	43 92
9	3 27	6 34	9 41	13 47	16 54	20 60	24 66	27 73	31 79	35 85	39 91	43 97	47 103
10	4 29	7 37	10 45	14 52	17 60	21 67	26 73	30 80	34 87	38 94	43 100	47 107	51 114
11	4 32	7 41	11 49	15 57	19 65	23 73	27 81	32 88	36 96	41 103	46 110	51 117	55 125
12	4 35	7 45	11 54	15 63	20 71	24 80	29 88	34 96	39 104	44 112	49 120	54 128	59 136

第一章 分析测试的质量保证

续表

实验室数目	材料数目												
	3	4	5	6	7	8	9	10	11	12	13	14	15
13	4	8	12	16	21	26	31	36	42	47	52	58	63
	38	48	58	68	77	86	95	104	112	121	130	138	147
14	4	8	12	17	22	27	33	38	44	50	56	61	67
	41	52	63	73	83	93	102	112	121	130	139	149	158
15	4	8	13	18	23	29	35	41	47	53	59	65	71
	44	56	67	78	89	99	109	119	129	139	149	159	169

如表 1-14 所示，把 5 个样本分到 10 个实验室中去，回测所得的水中含氮量的结果列在表的左边，表的右边是按各实验室的数据而赋予的秩数。

表 1-14　水中含氮量的测量结果　　　　　　　　　　单位：%

实验室编号	样本的含量					样本结果秩分					实验室秩分
	1	2	3	4	5	1	2	3	4	5	
7	4.59	1.46	5.64	2.19	27.32	9	5.5	6	4	3	27.5
8	4.94	1.52	5.68	2.28	26.44	1	1	3	2	10	17
9	4.80	1.40	5.62	2.12	26.89	3.5	8.5	7.5	6.5	8	34
10	4.73	1.46	5.65	2.09	27.17	5.5	5.5	5	8	4	27.5
11	4.72	1.51	5.62	2.12	27.00	6.5	2.5	7.5	6.5	6	29
12	4.80	1.51	5.80	2.29	27.48	3.5	2.5	1	1	1	9
13	4.45	1.40	5.45	2.07	27.02	10	8.5	10	9	5	42.5
15	4.72	1.50	5.58	2.27	26.76	6.5	4	9	3	9	31.5
16	4.63	1.32	5.69	2.04	26.92	8	10	2	10	7	37
17	4.88	1.42	5.67	2.16	27.39	2	7	4	5	2	20

把实验室秩分与表 1-13 中双侧临界秩分相比较，从表 1-13 中可知，当 $n=10$，$M=5$ 时，秩分的上限为 10 分，下限为 45 分，除实验室 12 以外，其余均在此范围内。第 12 实验室的结果基本上偏高，所以该实验室有明显的系统误差，应该舍弃所有来自该实验室的测量结果。

3. 尤登图法

实验室会测的结果评价常用尤登（W. J. Youden）图法。尤登图又称双样本图，如图 1-11 所示，因为尤登首先使用这种图来分析实验室会测结果，故称尤登图。

尤登图的数据可以通过以下步骤得到。

① 把两个不同的样本（材料组分最好相似，含量稍有差异，但也不必强调这些）分送到各会测实验室中去。

② 各会测实验室对每个样本测量一次，把对 x 的测量结果表示在 x 轴上，对 y 的测量结果表示在 y 轴上，两个测量结果为每个会测实验室在这样一个坐标系中确定一个点。通过 x 和 y 的平均值分别在图上作垂直线和水平线，将图分成四个象限（见图 1-11）。

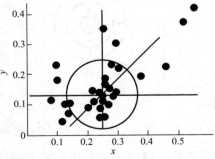

图 1-11　双样本图（亦称尤登图）

如果各实验室之间不存在系统误差，只有随机误差存在时，两次测量结果存在四种可能：两次都高、两次都低、x 高 y 低、x 低 y 高。在四个象限中，相应的情况是＋＋、

－－、＋－、－＋。因为这种分散性由随机误差所致，相应实验室的点应均匀分布在这四个象限中，成为一个圆形，如图 1-12 中（a）所示。

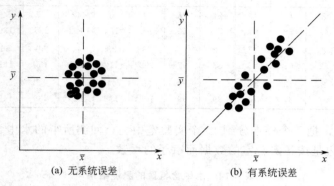

图 1-12　双样本尤登图

如果会测实验室之间存在系统误差，而且相对于随机误差来讲系统误差比较明显，两次测量结果基本上只存在两种可能：两次都高或两次都低，一高一低的情况就不易出现。经常出现的情况是点主要分布在＋＋（右上）象限和－－（左下）象限，如图 1-12 中（b）所示。这种情况告诉人们，如果某个实验室对某种材料得到高的结果，则它对另一个材料也得到高的结果，反之亦然。这说明各实验室测量结果的差异主要来自系统误差，通常这些点形成一个椭圆状的图形，椭圆的主轴是与 x 轴成 45°的对角线［见图 1-12 中（b）］。

如果不存在系统误差时，散点形成的圆形内分布又是如何呢？如果测量结果服从正态分布时，如图 1-13 中虚线所示 x、y 分布强度。图 1-13 中实线相当于 1σ、2σ、3σ 的出现范围。如果散点出现在 2σ 和 3σ 范围之外，该散点的测量结果就不正常了，可以舍弃实验室的所有测量结果。

【例 1-6】　表 1-15 中列出了 12 个会测实验室测量 A、B 两个样本的结果。如何评价这 12 个实验室会测的结果？把表 1-15 中的点画成散点图，如图 1-14 所示。

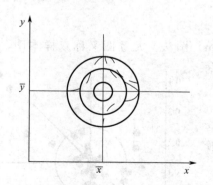

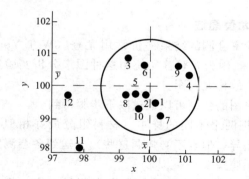

图 1-13　尤登图中散点分布的可能强度　　　　图 1-14　双样本尤登图

由图 1-14 可看出，实验室 11 和实验室 12 的结果明显偏离。暂不考虑这两个实验室的结果，先计算出 10 个实验室的平均值、标准偏差和单次测量的置信区间（或不确定度）。

$$\bar{x}=99.97;\ \bar{y}=100.02;\ s=\sqrt{\frac{(n_A-1)S_A^2+(n_B-1)S_B^2}{n_A+n_B-2}}=0.60$$

若取 $\alpha=0.05$，则不确定度为 ± 1.26。以 $(\bar{x},\bar{y})$ 为原点，以 Δ 为半径画个圆（见图

1-14)。由图 1-14 中可看到实验室 11 和实验室 12 的点在圆之外，其余的实验室点均在圆内，于是可决定舍弃实验室 11 和实验室 12 的所有测量结果。

表 1-15　双样本尤登图法的测量结果

实验室	测定结果/%		实验室	测定结果/%	
	样品 A	样品 B		样品 A	样品 B
1	100.0	99.5	8	99.4	99.7
2	99.7	99.7	9	100.8	100.7
3	99.4	101.0	10	99.8	99.5
4	101.1	100.4	11	97.9	98.1
5	99.5	99.8	12	97.5	98.1
6	99.8	100.7	平均值(10 个)	99.97	100.02
7	100.2	99.2			

实际上各实验室之间不存在系统误差是不大可能的，因此尤登图呈现均匀的圆形可能性不大，往往呈现为椭圆形，可以从点的椭圆形状通过图解法和 F 检验法来判断随机误差和系统误差（具体方法可查阅相关文献资料）。

尤登图法除了作为外部质量评定技术之外，还能用于比较两种分析方法。此时用两种分析方法测定不同含量的样本，如果这两种分析方法之间没有显著性差异，则尤登图中点应均匀分布在 45°的直线两侧，否则就是有显著性的差异。

第五节　样本的质量保证

一、采样的重要性

分析工作一般是取分析对象中一部分有代表性物质进行测定，并以此来推断被分析总体的性质。分析对象的全体称为总体（population）。构成总体的每一个单位称为个体。从总体中抽出部分个体，作为总体的代表性物质进行检验，这部分个体的集合称为样本（sample）。从总体中抽取样本的操作过程称为采样（sampling）。

分析工作所遇到的样本种类繁多，在分析中有化工、医药、卫生、食品、生物等各个方面。尽管被测物质的性质、分析目的及选用的分析方法各不相同，但其定量分析一般包括四个步骤：样本的采集和保存；样本的预处理与干扰成分的分离；分析方法的选择及试样的测定；分析数据的处理和报告分析结果。

样本的获取是获得分析数据的基础，样本的正确采集十分重要。如果采样不合理，样本不能反映总体的真实情况，即使分析结果非常准确，也毫无意义，甚至还会导致错误的结论及后果。因此在评价检验结果的可靠性时，样本的质量是一个重要方面。但在实际工作中，样本的质量往往被忽视。分析人员往往只报道在某时对某特定试样所得的分析结果，而这些结果有可能不能提供所需要的信息。这可能是因为取样方法、样本贮存、样本保管或分析前的预处理过程不当所引起的。由于对取样方法本身考虑不周，常常使分析结果与总体之间得不到肯定的关系，甚至达到无法解释的程度。

不好的分析结果可能由多种因素引起，如试剂的污染、方法带有系统误差等。这些误差来源的大部分都可用适当的空白、标准物质等来加以控制和校准。然而，样本不正确则是一个特殊的问题，对此既不能控制也无法使用空白。因此，取样的不确定度经常与分析的不确定度分开处理。假设分析过程的总标准偏差为 $s_{总}$，取样操作的标准偏差为 s_0，分析操作的标准偏差

为 s_a,则 $s_{总}^2 = s_0^2 + s_a^2$。显然,取样是一个关键步骤。因此,在检测过程中,应对抽什么样的样本、什么时候抽、在哪里抽、怎样抽以及抽多少样本进行分析等问题作充分的考虑,并在每一个分析测定的步骤中写明。由于取样的问题涉及范围太广,不能详细全面讨论,本节仅对比较有代表性的无规则物料的取样问题及与取样质量保证有关的问题作一介绍。

无规则物料是分析测试的重要领域之一,如矿物、食品、对环境有重要影响的物质以及许多工业产品都属于这一类。

无规则物料取样时的主要步骤是:
① 认定取样的总体;
② 从总体中选择并取出正确的总样本;
③ 将每一总样本减少到与所选择的分析方法要求相适应的实验室样本。

一般认为,分析测量的不确定度降低到样本不确定度的 1/3 或更少时,再进一步降低分析测量的不确定度就没有什么意义了,根据 $s_{总}^2 = s_0^2 + s_a^2$,如果样本的不确定度较大,并且不可能再降低样本的不确定度,那么进一步完善测量方法显然作用不大,此时就应该采用快速的分析方法,即使快速的分析法的精度比较差。事实上,在这种情况下,正是可测试较多样本的快速低精度的方法,可能是降低分析的无规则物料平均值不确定度的最好途径。

测定花生中黄曲霉素含量的过程是说明取样重要性的一个极好实例。黄曲霉素是由霉菌产生的很毒的化合物,这些霉菌在潮湿、温暖的条件下生长得最快。这种条件在仓库中可能是在局部部位上发生的,所以就使严重污染的花生呈不规则分布。一颗严重霉变的花生在磨碎和混合后可能会使相当大的一批花生中的黄曲霉素含量超出国家食品标准允许范围(对人的食用来说,大约为 25ng/g)。测量黄曲霉素含量时先将一定量试样中黄曲霉素用溶剂萃取出来,再用薄层色谱法分离,然后测量黄曲霉素斑点的荧光。图 1-15 表示取样、分样和分析测量三种操作的相对标准偏差。从图 1-15 中可明显看出,取样过程是分析不确定度的主要原因。

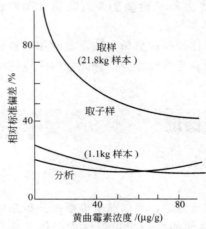

图 1-15 在测量花生的黄曲霉素含量过程中与取样和分析操作有关的相对标准偏差

二、取样方式和样本类型

1. 样本采集的目的

(1) 采样的基本目的 采样的基本目的是从被检的总体物料中取得具有代表性的样品。通过对样品检测,得到在允许误差内的数据,从而求得被检物料的某一或某些特征的平均值。

(2) 采样的具体目的 采样的具体目的可分为以下几个方面,目的不同,要求各异,采样前必须明确具体的采样目的和要求。

① 技术方面 确定原材料、半成品及成品的质量;控制生产工艺过程;鉴定未知物;确定污染的性质、程度和来源;验证物料的特性;测定物料随时间、环境的变化及鉴定物料的来源等。

② 商业方面 确定销售价格;验证是否符合合同规定;保证产品销售质量;满足用户要求等。

③ 法律方面　检查物料是否符合法令要求；检查生产过程中泄漏的有害物质是否超过允许极限；法庭调查；确定法律责任；进行仲裁等。

④ 安全方面　确定物料是否安全或确定其危险程度；分析发生事故的原因；按危险程度进行物料分类等。

2. 样品采集的原则

为了掌握总体物料的成分、性能、状态等特性，需要从总体物料中采得能代表总体物料的样品，通过对样品的检测来了解总体物料的情况。因此，必须使采得的样品具有代表性、典型性和适时性。

（1）代表性　采集的样本必须能充分代表被分析总体的性质。例如植物油等液体样本，应充分混匀后再进行采集。对于固体样本，则需按不同部位分别取出少量样本，将其混合均匀后通过一定的处理制得有代表性的样本。

（2）典型性　对有些样本的采集，应根据检测的目的，采集能充分说明目的的典型样本。例如对怀疑被污染的食品进行分析，应仔细挑选可疑部分作为样本。

（3）适时性　根据检测目的、样本性质及周围环境等，对某些样本的采集要有严格的时间概念。例如监测工人在一个班工作时间内接触空气中有害物质的最高浓度，应选排放有害物质浓度最高的时机采样。

采样要避免样本的污染和被测组分的损失，要选择合适的采样器皿和采样方法，并做好详细的采样记录。采样量应满足检验、样本预处理和备考样本的需求。

3. 随机取样与随机样本

随机取样是常用的取样方式，用随机取样方式得到的样本为随机样本。但随机取样是有一定难度的，任意取的一个样本不是一个随机样本。另外，通过一定的规程选择的样本很可能表现出该规程的系统误差，甚至在很有利的情况下都会发生无意识的选择和系统误差。如果利用随机数表（见附录2）来进行随机取样就可以避免这种情况发生。

使用随机数表进行随机取样时，首先将构成总体的样本编号，把无规则样本分成真正的或想像的几个区域，例如对一定体积的水溶液可以想像在水平和垂直两个方向上分割成许多小块，对每个区域的小块指定编号，然后按随机数表中任意一个地方开始，按照预定的方式选取数字。例如，可以从表中相邻、相间甚至相隔几个数字的方式来选择随机数，直至获得全部所要的样本数。例如，有80个瓶构成一个总体，现在要随机取样10个样本。首先把80个瓶随机编号，然后从随机数表的任一部分，如从附录2中第1页第42行开始，相邻取数，可得下面10个数字。

28、86、85、64、94、11、58、78、45、36

由于总体只有80个瓶，因此86、85、94这三个数字无效，再相邻往下取3个数字：34、45、91，由于45与上面第9个数字重复，91数字无效，故再往下取2个数字38、51，就这样可得到10个随机样本。

28、64、11、58、78、45、36、34、38、51

使用随机数表时，应避免反复使用同一部位。

以均匀间隔从无规则样本中取样虽有缺点，但仍常被用来替代随机取样，原因是这种方法较为方便。由于该方法比随机取样更会产生系统误差，所以不推荐使用。如果采用，必须仔细检查结果，以保证不产生由于材料的周期性选择而引进的误差。

4. 规则取样与规则样本

有时常常为了反映或试验某些有规则的假设而进行取样分析。这种假设可以是材料组分随时间、温度或空间位置不同而呈现变化。如果以规则的方式收集这种样本,则每个样本都可认为是代表一个在具体条件下的独立的总体。但是,所得结果仍然可用统计方法来测定差异的显著性。

显然,对测量过程了解得越少,随机性就越大。相反,对测量过程有较完全的了解时,规则取样方式能提供最大的数据获得率。例如,分析一个大容器内的粉状样本时,因为已知粉状物质由于粒度和重度的不同,有分层作用,这会影响粉状物质的均匀性。所以在大容器内取样时往往是从上、中、下三个部位取样。对棒状材料取样时,往往在两端、1/4、1/2 和 3/4 五个部位横向取样,同时对横截面进行径向取样。又如,对土壤中某些物质进行普查时,应按土壤类型、成土母质、成土过程和成土条件等分区取样,这样可达到取较少的样本而分析结果又能反映总体真实情况的目的。

5. 随机取样与规则取样的结合

有时将随机取样与规则取样巧妙结合起来能收到良好的效果。例如,把 8 筒粉末样品分装到 960000 个瓶中,即使随机抽取 1‰ 的样本,也需分析 9600 瓶。如果把随机取样与规则取样相结合则:8 筒之间的差异要比 1 筒内部的差异大,所以 8 筒中均要抽样;1 筒内部的差异主要是由粉状物的粒度和重度等不完全一致所造成的,因此从 1 筒的上、中、下三个部位取样能充分反映筒内的不均匀性;进一步想像,筒中上、中、下三部分各由 100 层构成(可以认为每层是均匀一致的),在 100 层中若用随机数表抽取 5% 的样本,这样只需要分析 120 瓶($8 \times 3 \times 5$)即可。分析的样本减少到原来的 0.25‰,然而仍能保持分析结果的可靠性。

6. 代表样本和复合样本

"代表样本"这个术语经常用来表示能显示总体平均特性的单个样本。从代表样本中获得的信息一般不如从总体的随机样本中获得的信息多。代表样本不能用随机方式选取。

一个名副其实的代表样本仅适用于两种情况:一种是对某特定目的事先定义具有代表性的样本,例如,美国危险废物管理系统规定七条对废物(包括黏稠液体、固体、污染液、蓄水池中的污染液等)的取样规则,按这些规则取得的样本,美国环保署认为是废物的代表;另一种是对真正均匀样本的取样。虽然测量代表样本时可以降低分析的价格,但由此获得的信息一般不如从总体的随机样本中获得的信息多,但有一种情况例外,即在取样前已花大力气将总体变得均匀。总体的均匀化是困难的,通常只有在为了产生几个具有相似基本特性的子样时,才采用这种方法。

由于选择或产生"代表样本"有一定的困难,且会损失对组分信息的了解,通常情况下建议不采用,仅在有充分的理由要求制备这种样本时才采用。实施一个合适的随机取样计划能确定样本平均值和样本间变化等有价值的特性,而测量一个"代表样本"则不能获得这些信息。

复合样本可以看作是产生一个代表样本的特殊方式。精心制备固体复合样本的步骤包括成熟的甚至已经标准化的粉碎、研磨、混合和掺和。对于液体(特别是水)已有好几种成熟的取样系统。通过测量适当制备或收集的复合样本可获得平均值。但因为一个复合样本只提供有限的信息,所以在决定使用复合样本之前要充分考虑后果。

7. 子样

对于单次测定的要求来讲,分析实验所收到的样本一般过大,通常需要从样本中取出所需要的试验部分。为了使结果互相一致,这样的试验部分必须十分相似。在取出试验部分(取子样)之前,常常需要减小颗粒的大小进行混合,或用其他方法处理实验室样本,这一步的工作量取决于原始样本的均匀程度。一般讲，取子样的标准偏差不应超过取样标准偏差的 1/3，达到这一水平已相当好了，再要低于这个水平是费时费事的。当然，这并不是说在取子样时可以漫不经心，如果一个实验室样本已很均匀，在取子样时要注意避免引起偏析。

虽然分析测试人员可能不参与样本的收集，但他们应具有足够的取样理论知识，从而能适当地取子样。他们应该了解所收到的样本均匀性的信息，以使他们能适当而有效地取子样。

三、样本的质量评价

样本的质量性能主要是指样本的均匀性和样本的稳定性。样本均匀性是被测特性在空间分布的描述，如果被测特性是化学组分，那么均匀性就是指一个或几个化学组分在基体物质中的分布情况。样本稳定性是被测特性随时间变化的描述。

1. 样本的均匀性检验

目前常用的样本均匀性检验的方法是 F 检验法和 t 检验法的联用，具体的方法可参阅分析化学中"数据处理"相关部分，这里不再重复。下面以研制煤飞灰标准物质均匀性检验为例加以说明。随机取样 11 瓶煤飞灰标准物质，一瓶作对比点，其余作检查点，用 X 荧光光谱法测定煤飞灰中的铁和钴，测定的数据列在表 1-16 中，F 检验和 t 检验的结果列于表 1-17 中。从表 1-17 中可知，F 检验法和 t 检验法的结果证实样本是均匀的。

表 1-16 将瓶后随机抽样荧光光谱法测定数据

分析元素	Fe		Co	
检查数	检查点	对比点	检查点	对比点
	11	11	11	11
测得值(脉冲数)/(K_c/s)	166.483	168.099	0.721	0.724
	169.990	170.290	0.727	0.731
	170.555	170.743	0.734	0.734
	171.274	170.812	0.736	0.735
	171.829	171.079	0.736	0.736
	171.861	171.594	0.737	0.737
	171.982	171.898	0.737	0.738
	171.869	172.022	0.738	0.738
	172.072	172.094	0.739	0.739
	172.465	172.169	0.739	0.743
	172.544	172.197	0.743	0.743

表 1-17 11 瓶均匀性检查数据计算结果

分析元素	Fe		Co	
检查数	检查点	对比点	检查点	对比点
	11	11	11	11
测得值(脉冲数)/(K_c/s)	166.483~172.544	168.099~172.197	0.721~0.743	0.724~0.743
算术平均值	171.175	171.182	0.735	0.736
标准偏差 s	1.738	1.219	0.0061	0.0053
s^2	3.021	1.486	3.72×10^{-5}	2.81×10^{-5}
CV/%	1.015	0.712	0.832	0.719
F 实验值	2.03		1.32	
F 列表值	2.83		2.83	
$\bar{S}$	1.501		0.0057	
t 实验值	0.03		0.96	
t 列表值	2.09		2.09	

2. 样本最长保存时间的估计

化学测量中有的样本比较稳定，例如石英、氧化物等，此类样本基本上不存在样本保存时间的问题。但有的样本不太稳定，例如环境监测的样本和生物样本等，此类样本经常存在一个样本的保存问题，即过了某段时间之后，样本会由于种种原因而发生变化。为了保证样本测量结果的可靠性，必须在样本受损之前测定完毕。

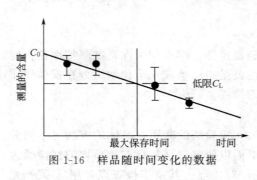

图 1-16 样品随时间变化的数据

下面介绍一种作图及计算方法，用此方法可以求得样本最长保存时间的估计。

① 做出随时间变化的数据图（见图 1-16），取一定的时间间隔作多次测量，每次测量做两次测定，计算出它们的平均值及极差。

② 对测量的平均值用一元线性回归法画出回归线。

③ 计算平均极差 $\overline{R}$。

④ 计算标准偏差 s。

⑤ 计算低限 C_L：$C_L = C_0 - 3s \approx C_0 - 2.55\overline{R}$。

⑥ 在图中画出低限线，低限线与回归线相交点所对应的时间即为样本最长保存时间。

四、样本数（样本容量）的决定

样本的质量对测量结果有重大的影响，同样样本数对测量结果也有很大影响。

一般说，从总体中抽取的样本越多，检验结果越可靠，实际上采取过多的样本，既耗能又费时。抽取多少样本才是适宜的呢？原则上应根据测定的目的、总体物料均匀性程度和取样方式而定。总体物料均匀性程度好的可少抽取样本，对均匀性差的物料则要多抽样本。对于产品，应按产品标准的规定进行抽样。表 1-18 是国际标准化组织的技术标准。

表 1-18 抽样数目表

构成总体的样本数/个	抽检样本数/个			构成总体的样本数/个	抽检样本数/个		
	均匀性良好者	一般者	均匀性差者		均匀性良好者	一般者	均匀性差者
2～8	2	2	3	501～1200	32	80	125
9～15	2	3	5	1201～3200	50	125	200
16～25	3	5	8	3201～10000	80	200	315
26～80	5	8	13	10001～35000	125	315	500
81～90	5	13	20	35001～150000	200	500	800
91～150	8	20	32	150001～500000	315	800	1250
151～280	13	32	50	500000 以上	500	1250	2000
281～500	20	50	80				

当然，最小的取样数还可根据不同的测定目的，通过相应的计算来获得。有关计算方法本教材不作介绍，可参阅相关文献资料。

习 题

1. 解释下列名词：分析质量保证、质量控制、质量评价、质量保证体系、准确度、精密度、绝对误差、相对误差、绝对偏差、相对偏差、标准偏差、相对标准偏差、重复性精密度、再现性精密度、重复性限、再现性限、不确定度、置信区间、空白试验、检测限、灵敏度、质量控制图。

2. 试判断以下各种误差是系统误差还是随机误差？并说明消除的方法。

第一章 分析测试的质量保证

(1) 电子天平长期使用后，零点漂移；
(2) 使用的蒸馏水中含有微量杂质；
(3) 基准碳酸钠放置不当吸收了空气中的水分；
(4) 在滴定分析中，不小心从锥形瓶中溅出少量试液；
(5) 分析天平砝码未经校正；
(6) 在重量分析中，被测组分的沉淀不完全；
(7) 读取滴定体积时，最后一位数据估计不准；
(8) 分光光度测定中，电压不稳引起读数波动；
(9) 分析测定中，移取试剂时移液管中有气泡。

3. 某电子天平的称量误差为±0.1mg，如果要求称量的相对误差不大于±0.1%，则最少要称取多少质量的样品？

4. 用减量法称取试样时，假设一次称量的标准偏差为0.1mg，试计算样品称量结果的标准偏差。

5. 某土壤试样中钾含量的测定值为：1.52%，1.40%，1.30%，1.22%，1.66%，计算平均偏差、相对平均偏差、标准偏差、平均值的标准偏差。

6. 某实验室将同一钢铁样品送给甲、乙两处进行锰含量测定，在分析方案相同、实验室条件相同的条件下，两处测定的结果如下：

甲处：0.725%，0.772%，0.730%，0.755%，0.768%，0.809%
乙处：0.705%，0.722%，0.730%，0.725%，0.718%，0.729%

通过对标准偏差和相对平均偏差计算判断哪处的分析结果较好？说明原因。

7. 今测定一个钢铁试样中的硫含量，2次平行测定结果为0.056%和0.064%，生产部门规定的硫含量为0.050%~0.100%时公差为±0.006%，试判断测定结果是否有效。

8. 采用可见分光光度法测得铁离子含量为25.00μg/mL的铁标准溶液，6次平行测定的结果分别为25.02μg/mL、25.07μg/mL、24.98μg/mL、25.05μg/mL、24.95μg/mL、24.90μg/mL。经估算B类不确定度为0.032μg/mL。试对该方法进行不确定度评定并给出测定结果。

9. 测量误差与测量不确定度有何区别？

10. 某实验室测定标准物质尿素中的氮含量，5次测定的结果分别为46.30%、46.36%、46.40%、46.44%、46.46%，请计算出该尿素标准物质的总体均值μ所在的范围（置信区间为95%）。

11. 用一种新方法测得一水标样中铅的浓度分别为0.21μg/L、0.22μg/L、0.23μg/L、0.23μg/L、0.24μg/L和0.22μg/L，而标样证书给定的标准值为(0.21±0.02)μg/L，问新方法测定结果是否可靠？

12. $\bar{x}$控制图与x控制图相比较有何优势？R控制图与s（或σ）控制图相比较有何优势？

13. 某实验室用某种标准方法在含铜0.500mg/L的水质标准物质上得到下表中的20个分析结果。请做出该实验室水中铜分析数据的x控制图。

1. 0.501	5. 0.511	9. 0.477	13. 0.546	17. 0.465
2. 0.500	6. 0.489	10. 0.501	14. 0.538	18. 0.506
3. 0.506	7. 0.510	11. 0.465	15. 0.520	19. 0.500
4. 0.512	8. 0.532	12. 0.516	16. 0.512	20. 0.489

14. 根据下表中所列数据绘制$\bar{x}$-R控制图。

测定次序	1	2	3	4	5	6	7	8	9	10
x_i	0.484	0.506	0.512	0.485	0.509	0.500	0.513	0.512	0.502	0.501
x_i'	0.487	0.510	0.495	0.503	0.500	0.512	0.503	0.497	0.500	0.491
测定次序	11	12	13	14	15	16	17	18	19	20
x_i	0.475	0.500	0.498	0.523	0.479	0.520	0.500	0.510	0.505	0.490
x_i'	0.493	0.515	0.501	0.516	0.482	0.512	0.490	0.488	0.490	0.500

15. 样本采集的原则和目的是什么？取样方式和样本类型有哪些？如何有效地结合进行采样，试举例说明。

第二章
计量认证和实验室认可

第一节 概述

一、计量认证和实验室认可的作用和意义

计量认证是指省级以上政府计量行政部门依据《中华人民共和国计量法》的规定对产品质量检验机构的计量检定、测试能力和可靠性、公正性进行考核，证明其是否具有为社会提供公正的数据的资格。认证的对象可分为计量检定机构，产品质量检验机构和计量器具生产企业三种。

计量认证的目的是要监督考核有关技术机构的计量检测工作质量，促进有关技术机构提供准确、可靠的检测数据，保证计量检测数据一致准确，保护国家、消费者和生产厂的利益，同时也是为了帮助有关技术机构提高工作质量，树立起检测机构的信誉，为在国际上相互承认检测数据，促进商品出口创造条件。为促进检测工作的提高，保证检测数据的公正性、科学性、权威性，必须要通过有关主管部门的计量认证工作，才能使检测站的检测工作得到社会的承认乃至与国际上的承认，出具的检测报告才具有法律效力，才能用于贸易出证、产品质量评价、成果及司法鉴定。目前，计量认证已成为诸多行业，尤其是关系到百姓切身利益的行业评价检测机构检测能力的一种有效手段；同时也是检测机构进入市场的准入证。计量认证具有非常严格的科学性和严肃性，它是我国通过计量立法，对为社会出具公正数据的检验机构（实验室）进行强制考核的一种手段，也可以说是具有中国特点的政府对实验室的强制认可。为实施计量认证，国家技术监督局制定了中华人民共和国国家计量技术规范 JJF 1021—90《产品质量检验机构计量认证技术考核规范》。该规范提出了通过计量认证要进行的标准及计量认证考核的标准，它也说明了计量行政部门组织计量认证考核评审时，判断能否通过计量认证的具体要求和考核办法。制定该规范时还参考了 ISO/IEC 17025：2005《检测和校准实验室能力的通用要求》等国外有关实验室认证文件。该规范适用于产品质量检验机构的计量认证，也适用于自愿申请计量认证的其他类型的实验室。

为了使检测质量得到社会认可，参与国内外竞争，实验室除了申请计量认证之外，还有必要申请实验室认可。实验室认可是指"权威机构对实验室有能力进行规定类型的检测和（或）校准所给予的正式承认"。这句话包含了三种含义：第一，认可的实施组织是权威机构；第二，具备法律地位或能够承担法律责任的实验室可根据需要自愿申请认可；第三，由有资质的评审员和专家进行评审。我国统一负责校准和检测实验室资格认可以及承担已获认可实验室日常监督的国家认可机构是中国实验室国家认可委员会。

实验室认可的依据为 CNAS-CL01：2006《检测和校准实验室能力认可准则》。这个准则等同采用国际标准 ISO/IEC 17025《检测和校准实验室能力的通用要求》，与国际标准要求相同。通过实验室国家认可有如下几方面的益处：

① 表明实验室具备了按有关国际认可准则开展校准和检测服务的技术能力；
② 增强实验室的市场竞争能力，赢得政府部门、社会各界的信任；
③ 获得与 CNAS 签署互认协议方国家和地区实验室认可机构的承认；
④ 参与国际间实验室认可双边、多边合作，得到更广泛的承认；
⑤ 通过实验室认证可以规范实验室内部管理。

中国合格评定国家认可制度已经融入国际认可互认体系，并在国际认可互认体系中有着重要的地位，发挥着重要的作用。CNAS 是中国合格评定国家认可委员会（China National Accreditation Service for Conformity Assessment）的缩写。CNAS 由原中国认证机构国家认可委员会（英文简称为 CNAB）和原中国实验室国家认可委员会（英文简称为 CNAL）合并而成。原中国认证机构国家认可委员会（CNAB）为国际认可论坛（IAF）、太平洋认可合作组织（PAC）正式成员并分别签署了 IAF MLA（多边互认协议）和 PAC MLA，原中国实验室国家认可委员会（CNAL）是国际实验室认可合作组织（ILAC）和亚太实验室认可合作组织（APLAC）正式成员并签署了 ILAC MRA（多边互认协议）和 APLAC MRA。目前我国已与其他国家和地区的 35 个质量管理体系认证和环境管理体系认证认可机构签署了互认协议，已与其他国家和地区的 54 个实验室认可机构签署了互认协议。中国合格评定国家认可委员会（CNAS）将继续保持原 CNAB 和原 CNAL 在 IAF、ILAC、APLAC 和 PAC 的正式成员和互认协议签署方地位。

二、计量认证和实验室认可的标志

1. 计量认证的标志

取得计量认证合格证书的产品质量检验机构，可按证书上所限定的检验项目，在其产品检验报告上使用计量认证标志。标志由 CMA 三个英文字母形成的图形和检验机构计量认证书编号两部分组成。CMA 分别由英文 China Metrology Accreditation 三个词的第一个大写字母组成，意为"中国质量认证"。国家级检验机构计量认证证书编号为（ ）量认（国）字（ ）号；省级以下检验机构计量认证证书编号为（ ）量认（省）字（ ）号，见图 2-1。

2. 产品质量检验机构考核合格符号

该标志分为省级和国家级。

根据《中华人民共和国产品质量法》的规定，产品质量检验机构必须经省级以上质量监督管理部门或其授权的部门考核合格后，方可承担产品质量检验任务。凡考核合格的检验机构，应在其发出的考核合格范围内的检验报告上及有关工作文件上使用统一的考核合格符号。印有考核合格符号的检验报告，具有法律效力，可作为判定产品质量的依据。

考核合格符号由 CAL 三个英文字母形成的图形和检验机构考核合格证书编号两部分组成。CAL 分别是"中国考核合格检验实验室"相应英文单词（China Accredited Laboratory）的字头，证书编号是省级以上质量监督管理部门，按技监函（1994）04 号文向其考核合格的产品质量检验机构颁发的证书的编号。国家级质检机构的编号为国质监认字（ ）号；省级以下检验机构的编号为（ ）省质监认字（ ）号，见图 2-2。

3. 实验室认可标志

获准认可的实验室由中国合格评定国家认可委员会授予资格证书，并允许实验室在其出具的检验报告或校准证书上使用"中国合格评定国家认可委员会实验室认可证书标志"。认可标志如图 2-3 所示。

图 2-1 （ ）量认（国）字（ ）号或（ ）量认（省）字（ ）号　　图 2-2 国质监认字（ ）号或（ ）省质监认字（ ）号　　图 2-3 中国合格评定国家认可委员会实验室认可证书标志

具有了 CNAS 标识表明该机构已经通过了中国合格评定国家认可委员会的认可。任何实验室都可以申请 CNAS 认可，只要具备相应的检测能力，通过认可就可以颁发证书，包括第一方、第二方、第三方实验室及企业甚至个人实验室等。

一般而言，只有获得国家实验室认可的检验机构，才可受托从事国家级强制抽检。总之，企业在选择检验机构时，可根据其出具的检测报告上所标示的标志和证书编号来判断其权威性。

三、基本术语

1. 计量认证相关术语

（1）量（amount）　是指现象、物体或物质的特性，其大小可用一个数和一个参照对象表示。

（2）计量（measurement）　计量是用法制和技术手段保证单位统一和量值准确可靠的测量。

（3）认证（accreditation）　认证是甄别合格和任命之意。

（4）计量基准　计量基准是国家计量基准器具的简称。用以复现和保存计量单位量值，经国务院计量行政部门批准，作为统一全国量值最高依据的计量器具。

（5）计量标准　计量标准是计量标准器具的简称，是指准确度低于计量基准的、用于检定其他计量标准或工作计量器具的计量器具。它是把计量基准所复现的单位量值逐级传递到工作计量器具以及将测量结果在允许范围内溯源到国家计量基准的重要环节。

（6）量值传递　通过对测量仪器的校准或检定，将国家测量标准所实现的单位量值通过各等级的测量标准传递到工作测量仪器的活动，以保证测量所得的量值准确一致。

（7）溯源性　指任何一个测量结果或计量标准值都能通过一条具有规定不确定度的连续比较链，与计量基准联系起来。

通过文件规定的不间断的校准链，测量结果与参照对象联系起来的特性，校准链中的每项校准均会引入测量不确定度。

（8）量值溯源　是通过一条具有规定不确定度的不间断的比较链，使测量结果或测量标准的值能够与规定的参考标准（通常是国家计量基准或国际计量基准）联系起来的特性。量值溯源是量值传递的逆过程，它使被测对象的量值能与国家计量基准或国际计量标准相联系，从而保证量值准确一致。

2. 实验室认可相关术语

（1）实验室　实验室泛指从事在科学上为阐明某种现象而创造的特定条件，以便观察它的变化和结果的机构。

（2）检测实验室　从事检测工作的实验室。

（3）校准实验室　从事校准工作的实验室。校准是指在规定条件下，为确定测量仪器或测量系统所指示的量值，或实物量具或标准物质所代表的量值，与对应的由标准所复现的量值之间关系的一组操作。

（4）认可　权威机构对某一机构或人员有能力完成特定任务作出正式承认的程序。实验室认可是对校准/检测实验室是否有能力进行指定类型的校准/检测所作的一种正式承认。

（5）实验室评审　为评价实验室是否符合规定实验室认可准则而进行的一种检查。

（6）质量手册　阐明一个组织的质量方针并描述其质量体系的文件。

（7）认可条件　申请方为获得认可资格必须满足的全部要求。

（8）申请方　正在寻求认可的机构。

（9）已认可机构　已获得认可资格的机构。

（10）检查　对产品设计、产品、服务、过程或工厂的核查，并确定其相对于特定要求的符合性，或在专业判断达到基础上，确定想对于通用要求的符合性。

（11）检查机构　从事检查活动的机构。

（12）认可范围　已认可机构获得认可委员会正式承认的特定能力范围。

（13）暂停认可　当认可委员会发现已认可机构在某些方面不能满足认可条件时，在其未采取纠正措施前，认可委员会暂时停止对该机构的全部或部分认可范围的活动。

（14）恢复认可　被暂停认可的机构，在认可委员会规定的期限内已实施了有效的纠正措施，经认可委员会确认后，恢复认可资格的活动。

（15）撤销认可　当已认可机构不能继续满足认可条件时，认可委员会终止对该机构的认可资格的活动。

（16）注销认可　已认可机构自愿提出不再维持认可、有效期满未申请继续认可、已认可机构终止认可范围内活动或倒闭，认可委员会终止对该机构的认可资格的活动。

（17）能力验证　利用实验室间比对确定实验室的校准/检测能力。

（18）实验室间试验比对　按照预先规定的条件，由两个或多个实验室对相同或类似被测物品进行校准/检测的组织、实施和评价。

（19）申请书　它是认可机构为了方便认可工作的管理专为申请认可的实验室制定的表格化文件，其中包括申请认可实验室的认可准则、认可规则程序以及认可机构希望了解的有关信息资料。申请认可实验室就其实际情况逐项如实详细填写，最后由其法定代表人签发，作为向认可机构提出申请认可的正式步骤。

（20）认可准则　它是认可机构制定的，用于认可实验室组成的要求，各国要求不尽相同，ILAC第三工作组提出了认可准则的一些要素供认可机构参考。按我国实际如下几个方面的要求基本覆盖所有要素的内容：

① ISO/IEC-17025"校准和测试实验室能力的通用要求"；实验室评审表；实验室评审细则等；

② 认可机构颁发的认可规章、条例的相应要求；

③ 实验室申请认可"标准"和"检定规程"中的相应条件等。

（21）现场评审　实验室的现场评审是认可机构所委派的专家评审组按认可准则对实验

室的能力和实际动作进行的现场检查、评价,并提出相应评审报告的过程。

(22) 现场评审报告　它是评审组对应评实验室的现场检查评审实际情况向认可机构提供书面报告,它包括结论及其缺陷的细节。

(23) 验证试验(proficiency test)　实验室认可中的验证试验是通过实验室间的比对试验检查其试验能力的一种方法,它是初始实验室评审阶段不能获得的一种附加信息,同时也是对实验室能力继续进行监督的一种手段。

第二节　计量认证和审查认可评审准则

一、计量认证过程

计量认证过程一般分为以下几个阶段。

(1) **申请阶段**　质检机构提出申请并提交有关材料。

(2) **初查阶段(必要时进行)**　按规范要求帮助质检机构建立健全质量体系,并使之正常运行。

(3) **预审阶段(必要时进行)**　按规范要求进行模拟评审,查找不符合项并要求整改。

(4) **正式评审**　主管部门组成评审组对申请认证的机构进行评审。

(5) **上报、审核、发证阶段**　对考核合格的产品质检机构由有关人民政府计量行政主管部门审查、批准、颁发计量认证合格证,并同意其使用统一的计量认证标志。不合格的发给考核评审结果通知书。

(6) **复查阶段**　质检机构每五年要进行到期复查,各机构应提前半年向原发证部门提出申请,申请时须上报的材料项目与第一次申请认证时相同。

(7) **监督抽查阶段**　计量行政主管部门对已取得计量认证合格证书的单位,在五年有效期内可安排监督抽查,以促进质检机构的建设和质量体系的有效运行。

二、计量认证的申请

申请计量认证的单位必须提供以下文件:

① 产品质量检验机构计量认证申请书;

② 产品质量检验机构仪器设备一览表;

③ 产品质量检验机构《质量手册》。

计量认证申请书除申请单位名称、主管部门、地址、电话、人员情况、技术领导人情况、机构检验任务、设备固定资产等简单栏目外,最重要的栏目为申请认证项目。

申请认证项目一定要与质量手册中检测能力表一致,不要相互矛盾,编排的方式也要一致,否则在正式评审时会给评审员造成认定认证项目的困难。

仪器设备一览表也一定要与质量手册中仪器设备一览表相一致。

三、计量认证和审查认可(验收)评审准则

由于历史原因,计量认证和审查认可(验收)工作分别由计量部门和质量监督部门实施,其考核标准基本相同,致使检验机构长期接受考核条款相近的两种考核,造成了对检验机构的重复评审。国家质量技术监督局为解决重复考核和与国际惯例接轨问题,同时又兼顾我国法律要求和具体国情,制定了"二合一"评审标准——《产品质量检验机构计量认证/审查认可(验收)评审准则》(见附录3)。该评审准则已于2000年10月24日发布,2001年12月1日实施。这将从根本上解决对检验机构的重复评审问题,也是计量认证与审查认可

发展的必然结果。

该《评审准则》包括13大要素（有56条170款），它不仅包含了GB/T 15481—2000《校准和检验实验室能力的通用要求》（等同采用ISO/IEC 17025—2005）的全部内容，同时满足了《中华人民共和国计量法》（见附录4）对检验机构计量认证的要求和《中华人民共和国标准化法》（见附录5）对检验机构审查认可（验收）的特殊要求，也参照了ISO/IEC 17025—2005《检测和校准实验室能力的通用要求》的有关规定。

《评审准则》的使用范围主要有：为社会提供公正数据的产品，质量检验机构计量认证的评审；依法设置和授权的产品质量检验机构计量认证和审查认可（验收）的评审；其他类型实验室自愿申请计量认证的评审。

第三节　质量体系文件的编写

实验室需要建立文件化的质量体系，而不只是编制质量体系的文件。建立质量体系的文件化的作用是便于沟通意图、统一行动，有利于质量体系的实施、保持和改进。所以，编制质量体系文件不是目的，而是手段，是质量体系的一种资源。因此，实验室质量体系文件的方式和程度必须结合实验室的规模、检测/校准的难易程度和员工的素质等方面综合考虑，不能找个模式照抄硬搬，也不必抄标准的条款。

质量管理体系包括组织识别其目标以及确定实现预期结果；质量管理体系管理为有关的相关方提供价值并实现结果；质量管理体系能够使最高管理者通过考虑其决策的长期；质量管理体系给出了识别在提供产品和服务方面处理预期。

一、质量管理体系

质量管理体系（QMS）包括组织识别其目标以及确定实现预期结果所需过程和资源的活动（ISO 9000—2015）。

质量管理体系管理为有关的相关方提供价值并实现结果所需的相互作用的过程和资源；能够使最高管理者通过考虑其决策的长期和短期后果而充分利用资源；给出了识别在提供产品和服务方面处理预期和非预期后果所采取措施的方法。

质量管理体系把影响报告/证书质量的各种技术、管理、资源等因素都综合在一起，使之为了一个共同的目的——在质量方针的指导下，为达到质量目标而相互配合、努力工作。质量管理体系包括硬件和软件两大部分（在ISO/IEC 17025标准中给出的是管理和技术要求两个部分）。实验室在进行质量管理时，首先要根据质量目标的需要，准备必要的条件（人员、设备、设施、仪器、环境等资源），然后通过设置组织机构、分析确定开展检测/校准所需的各项质量活动（过程），分配、协调各项活动的职责和接口，通过程序的编制给出从事各项质量活动的工作流程和方法，使各项质量活动（过程）能经济、有效、协调地进行，这样组成的有机整体就是实验室的质量管理体系。显然，质量管理体系含有质量体系的内容，但由于17025标准仍采用质量体系的称呼，因此在本书中也以质量体系给出，但内容上已包含了质量管理体系的概念。

二、质量管理体系文件及其特点

1. 质量管理体系文件的定义

质量管理体系文件是描述质量管理体系的一套文件。质量管理体系文件是实验室工作的依据，是实验室内部的法规性文件。

质量管理体系文件是对体系的描述,必须与体系的需要一致。在策划质量管理体系时,应按标准的要求结合实验室的实际需要,策划质量管理体系文件的结构(层次和数量)、形式(媒体)、表达方式(文字和图表)与详略程度。如一个较小的实验室,过程也比较简单,就可以仅在手册中对过程或要素做出描述,并不一定再需要其他文件指导操作;而一个大型实验室,检测/校准类型复杂、领域宽、管理层次多,则体系文件必须层次分明,还需要增加一些指导操作的文件。实验室不论是初次建立质量管理体系文件,还是为标准更新对体系文件进行转换,都应以原有的各类文件为基础,以实施质量管理体系和符合认可准则要求为依据进行调整、补充和删减,纳入质量管理体系的受控范围,按标准要求进行控制。

2. 质量管理体系文件的特点

质量管理体系文件的特点是具有法规性、唯一性和适用性。

(1) 法规性　质量管理体系文件一旦批准实施,就必须认真执行;文件如需修改,须按规定的程序进行;文件也是评价质量体系实际运作的依据。

(2) 唯一性　一个实验室只能有唯一的质量管理体系文件系统,一般一项活动只能规定唯一的程序;一项规定只能有唯一的理解,不能使用文件的无效版本。

(3) 适用性　质量管理体系文件的设计和编写没有统一的标准化格式,要注意其适用性和可操作性。

三、质量管理体系文件的层次和编写原则

1. 质量管理体系文件的层次

一般实验室应首先给出质量管理体系中所用文件的架构,也就是质量管理体系文件的层次。质量管理体系的文件一般包括质量手册、程序性文件、规范、作业的指导书、质量记录、表格和报告等。

图 2-4　质量管理体系文件层次

如图 2-4 所示,质量手册是第一层次的文件,是一个将认可准则转化为本实验室具体要求的纲领性文件。因为认可准则是通用要求,要照顾到各行各业的需要,而各实验室有自己的业务领域、有自身的特点,所以必须进行转换。手册的精髓就在于有自身的特色,它是供实验室管理层指挥和控制实验室使用的(质量手册的具体内容将在本章第四节中做进一步的了解)。第二层次为程序性文件,是为实施质量管理的文件,主要供职能部门使用。第三层次是规范和作业指导书,它是指导开展检测/校准的更详细的文件,是供第一线业务人员使用的。而各类质量记录等则是质量管理体系有效运行的证实性文件。显然,不同层次文件的作用是各不相同的。要求上下层次间相互衔接,不能有矛盾;下层次应比上层次文件更具体、更可操作,要求上层次文件应附有下层次支持文件的目录。

2. 质量管理体系文件的编写原则

编写质量管理体系文件要按照质量管理体系文件的编写实施计划的内容要求进行。尽管这个计划可能在实施过程中要进行必要的调整和修订。

质量管理体系文件应从检验机构的整体出发进行设计、编制。对影响检测质量的全部因素进行有效的控制,接口要严密、相互协调、构成一个有机整体。

质量管理体系文件不是对质量管理体系的简单描述,而是对照《评审准则》,结合检验工作的特点和管理的现状,做到科学合理,这样才能有效地指导检验工作。

编写质量管理体系文件的目的在于贯彻实施,指导实验室的检验工作,所以编写质量管理体系文件时始终要考虑到可操作性。便于实施、检查、记录、追溯。下面着重介绍质量体

系第三层次文件的完善和制订（质量手册和程序文件的编写在下两节中将详细地介绍）。

四、作业指导书和实验室记录文件的制订

1. 作业指导书的完善

所谓作业指导书是用以指导某个具体过程、事物所形成的技术性细节描述的可操作性文件。指导书要求制订得合理、详细、明了、可操作。实验室至少应具有以下四个方面的作业指导书。

（1）方法类　用以指导检测/校准的过程（如标准/规程、检测细则、检测大纲等）。

（2）设备类　设备的使用、操作规范（如设备制造商提供的技术说明书的细化以及自校、在线仪表的特殊使用方法等）。

（3）样品类　包括样品的准备、处置和制备规则。

（4）数据类　包括数据的有效位数、修约、异常数值的删除以及结果测量不确定度的评定表征等。

作业指导书是技术性的程序，是实验室日常工作所使用的文件。因此，只要经过整理、完善和汇编即可，不需要大量的重新编撰。在标准中明确指出："如果国际的、区域的或国家的标准，或其他公认的规范已包含了如何进行检测和/或校准的简明和充分信息，并且这些标准是以可被实验室操作人员作为公开文件使用的方式书写时，则不需要再进行补充或改写为内部程序。对方法中的可选择步骤，可能有必要制定附加细则或补充文件"。

如前所述，编制文件不是目的，但通过文件可使质量管理体系的过程增值。可以把文件看作是过程运行所需的一种资源，它是确保过程有效策划、运作和控制所需要的。一般来说，文件是策划的结果，又是运作、控制的具体要求和说明。如质量手册体现了质量管理体系策划的结果，内部审核程序能够指导内部审核的实施，方法确认程序可以保证所用新方法的正确可靠，各种作业指导书更是保证不同操作人员都能在不确定度范围内得到相同的检测/校准结果。

2. 记录

记录是文件的一种，它更多用于提供检测/校准是否符合要求和体系有效运行的证据。按照 CNAL/AC01：2006 的要求，实验室应具备以下相关记录：

① 督员对检测校准工作的日常监督记录；
② 全体员工宣传体系文件的记录；
③ 方针和目标的贯彻与实现情况的统计数据；
④ 文件的批准、发布、分发、管理、更改、归档的相关记录；
⑤ 要求、标书、合同评审中相关记录；
⑥ 检测/校准过程中使用的分包方的注册考核资料及每次分包工作完成情况的证明记录；
⑦ 采购文件的审批、供应商评价和供应品符合性检查记录；
⑧ 实验室从客户处搜集反馈资料的记录；
⑨ 实验室针对客户抱怨所开展的调查和纠正措施记录；
⑩ 不符合工作的判定、标识、分析、处置的记录；
⑪ 纠正措施（原因分析、实施、监控、验证）的相关记录；
⑫ 预防措施（启动、控制）的相关记录；
⑬ 内部审核（计划、检查表、不符合报告、内部报告、跟踪审核）的相关现象；

⑭ 管理评审（各种输入、会议记录、改进措施）相关记录；
⑮ 员工岗前培训和资格确认记录；
⑯ 员工教育、培训和技能的考核记录；
⑰ 实验室关键人员的当前工作描述；
⑱ 四类授权人员及员工业绩档案；
⑲ 环境条件的监控记录；
⑳ 方法偏离的理由、技术判断、客户同意和批准的记录；
㉑ 实验室选择所用检测/校准方法的记录；
㉒ 实验室自行研制新方法的策划、输入、输出、评审、验证、确认、更改等结果及必要措施的记录；
㉓ 采用非标方法时，确认的方法、内容、结果及客户同意等记录；
㉔ 评定测量不确定度的详细记录；
㉕ 数据控制记录；
㉖ 设备的校准、核查记录；
㉗ 设备（包括软件）记录；
㉘ 设备日常使用、维护、管理、校准状态、期间核查等记录；
㉙ 量值溯源（包括参考标准、标准物质）记录；
㉚ 抽（取）样及客户要求偏离抽样方案的记录；
㉛ 被测物品处置（标识系统、样品接收、管理）记录；
㉜ 实验室运用统计技术进行内部质量控制及方法评审记录；
㉝ 各种原始观测记录、报告/证书副本。

将以上记录分类，可归纳以下几类。

（1）质量记录　如人员教育培训记录，分包方的质量记录，服务与供应品的采购记录，纠正和预防设施记录，内部审核与管理评审记录等。

（2）技术记录　如环境控制记录，合同或协议，使用参考标准的控制记录，设备使用管理记录，样品的制取、接收、制备、传递、留样记录，原始观测记录，检测报告/校准证书副本，结果验证活动记录，客户反馈意见等。

（3）各种证书　如设备及计量器具的校准/检定合格证书，标准物质的合格证书，人员技能资格证明等。

（4）各种标识　如设备的唯一性标识，样品的唯一性标识，检测状态标识，标准物质（溶液、试剂、药品等）标签，设备校准状态标识，试验区标识等。

记录既是检测/校准符合要求和体系有效运行的证据，也是实验室改进工作量、追踪活动的依据。

第四节　质量手册

一、质量手册的作用

按照 ISO 9000：2015 中的定义，质量手册是"规定组织质量管理体系的文件，是阐明一个组织的质量方针，并描述其质量体系的文件。"定义还有一个注解："为适应组织的规模和复杂程度，质量手册在其详略程度和编排格式方面可以不同"。可以看出，质量手册是说明质量检验机构或检测实验室的测试能力、工作范围和检验公正性的文件，它如实地反映了该机构或该实验室的测试水平和管理水平。质量检验机构或检测实验室通过质量手册阐明它所从事的检验项目、应用的产品标准或卫生标准、标准方法、拥有的检测仪器和设备的功能、测量范围、测量不确定度及保持其准确度的措施、检测人员的技术水平和工作能力、检测环境与所从事检验工作要求的符合程度、所采用的保证检验工作质量的措施。除此以外，还应公开声明对所有用户提供相同质量的服务，保证公正地从事检验工作。

质量手册为全体工作人员提供了一套完整的工作规范和工作制度，使他们有章可循。因此，它是一个指导检测工作的文件，是控制检测工作质量，最大限度地发挥检测能力的有力工具。

由于质量手册全面地、系统地反映了机构的检验测试能力和管理水平，因而也反映了它的工作质量。因此它是计量认证评审中判断质检机构或检测实验室能否完成其所申请的检验项目，能否通过计量认证的重要依据之一。

当质量手册用于管理的目的时，可称为质量管理手册，质量管理手册仅为内部使用；当质量手册用于质量保证的目的时，可称为质量保证手册，质量保证手册可用于外部目的；论述同一体系的质量管理手册，质量管理手册和质量保证手册在内容上没有矛盾。

二、质量手册的编写

1. 编写原则

产品质量检验机构或检测实验室的工作质量优劣的最终体现是检测报告的质量。因此，编写质量手册时应把整个检验过程看作为一个系统工程，对影响检测质量的全部因素进行有效的控制。

质量手册应能充分体现产品质量检验机构或检测实验室检测工作的公正性、科学性和先进性。

公正性是指机构对所有检测工作都提供相同质量的服务，不受行政干预、严格为用户保守技术秘密，检验人员不参加所从事检测项目的技术咨询或技术开发工作，在管理制度上从采样、样品编码等方面保证检测的公正性。

科学性是指一系列保证检测工作质量的规章制度应能真正起到控制检测工作质量的作用，检测方法、检测程序正确，充分使用质量控制各要素和质量评定的各种技术，保证检测数据正确可靠。

先进性是指检测工作能按现行产品标准和规范进行，能体现当代科学技术的发展水平。

质量手册应真实地反映产品质量检验机构或检测实验室的测试能力和实际情况。

质量手册应简要明了，通俗易懂，切实可行。

质量手册应对计量认证"评审内容及评定方法"中 6 个方面 50 条的全部要求都订出相应的措施。

2. 质量手册的结构和编码

（1）质量手册的常见结构　质量手册一般由以下几部分组成：封面、批准页、手册说明（适用范围）、手册目录、修订页、发效控制页、定义部分（如需要）、组织概况（前言页）、组织的质量方针和目标、质量体系要素描述或引用、质量体系程序文件、质量手册阅读指南（如需要）、支持性资料附录（如需要）。

（2）质量手册的编码　质量手册应按章、节、条款数字编写，编码亦以章、节、条款、页来编码。为了方便今后的修改，不能采用连续页数的总页数来编码，装订时还应装成活页。手册的编码样张见表 2-1。

表 2-1 手册的编码样张

中华人民共和国 监督检验中心 质 量 手 册	第 × 章 目录 共 × 页 第 0-0 页 第 A 版第 次修订
节的题目:目录	发布日期:× ×××-××-×× 发布人:

3. 质量手册的编写内容

质量手册的编写目录如表 2-2 所示。

表 2-2 质量手册目录实例

中华人民共和国 监督检验中心 质 量 手 册	第 1 章 概述 共 × 页 第 1-1 页 第 1 版 第 0 次修订
主题:目录	颁发日期:2006 年 12 月 12 日 发布人:

第 1 章 概述	
1.1 简介	1-1
1.2 公正性声明	1-2
第 2 章 质量方针和目标	
2.1 质量方针	2-1
2.2 质量目标	2-2
第 3 章 术语与缩略语	
3.1 术语(定义)	3-1
3.2 缩略语(仅适用于本手册)	3-2
第 4 章 组织与管理	
4.1 总则	4-1
4.2 组织机构	4-2
4.3 质量监督网和权利委派	4-3
4.4 保护委托人机密和所有权	4-4
4.5 比对和能力验证	4-5
第 5 章 质量体系、审核与评审	
5.1 总则	5-1
5.2 职责	5-2
5.3 质量体系保证框图	5-3
5.4 质量体系主件的组成和维持	5-4
5.5 质量体系审核	5-5
第 6 章 人员	
第 7 章 设施和环境	
第 8 章 仪器设备和标准物质	
第 9 章 量值溯源和校准	
第 10 章 校准和检测方法	
第 11 章 检验样品的处置	
第 12 章 记录	
第 13 章 证书和报告	
第 14 章 检验的分包	
第 15 章 外部协助和供给	
第 16 章 抱怨	

质量手册应按照质量手册目录编写。

第 1 章 "概述"中，简要介绍实验室名称、地址、通讯方式、经历和背景、规模、性质等，对社会的各项承诺（如公正性声明）以及对本质量手册适用于哪些检测领域（包括种类、范围）、服务类型、质量手册采用的质量体系标准（如评审准则等）以及规定的所适用的质量体系要素。

在公正性声明中体现出对所有客户能保证同样的检测服务水平；检测人员不得从事与检测业务有关的开发工作，不得将客户提供的技术资料、技术成果用于开发；对客户要求保密的技术资料和数据要能做到保密；检测工作不受各级领导机构的干扰等内容。

第 2 章 "质量方针和目标"陈述质量方针和质量目标，并说明质量方针和目标如何为实验室全体人员所熟悉理解和执行。

第 3 章 "术语与缩略语"对质量手册中出现的新定义和术语以及缩写进行定义和说明，并指出手册使用的其他术语所符合的标准。在本章中也可对质量手册的管理，即质量手册保存、分发、评审、修订以及是否保密等作出规定。

"评审准则"中的质量体系要素要在质量手册及其配套的质量文件中以文件化的形式表示出来。第 4 章～第 16 章是根据"评审准则"对各要素的要求分章编写，每章即为一大要素。质量手册一般只做原则性的描述，内容包括：目的范围；负责和参与部门，达到要素要求所规定的程序；开展活动的时机、地点及资源保证；支持文件。

第 4 章 "组织与管理"中应陈述高层管理人员（包括技术、质量主管）的任职条件、职责、权利、相互关系及权利委派等；检验质量有关部门其他人员的职责、权利和相互关系（包括监督人员）。

画出能表示实验室的内外部关系和内部组织关系组织机构框图；当实验室不是独立的法人实体时，要清楚地表示实验室与母体法人单位及其平行机构之间的关系。

在第 4 章中要体现参加比对和验证实验的组织措施，以便检验本实验室的检验或校准能力。

第 5 章 "质量体系、审核与评审"主要规定了质量体系的相关文件，并对质量体系的审核和评审做出了要求。同时对质量体系的有效运行，保证检验结果的可靠性，提出建立内部质量控制方案。

第 6 章 "人员"中应该对实验室的技术主管和质量主管的资格做出要求，并规定实验室的其他人员要有相应的技术知识和经验，经培训后持证上岗。

第 7 章 "设施和环境"陈述实验室的能源、照明、采暖和通风等设施以及环境（细菌、灰尘、电磁干扰、湿度、温度、噪声、电压和振动等）可以保证检验工作的正常进行，并有应急设施。

第 8 章 "仪器设备和标准物质"应阐明实验室已配备了全部的仪器设备（包括标准物质），仪器设备的购置、验收、流转受控。每台仪器设备都有明确的标识表明其状态，而且建立相应的仪器设备档案。

第 9 章 "量值溯源和校准"要求对检验准确性和有效性有影响的仪器设备，用前必须进行校准和/或检定，校准或检定必须能溯源到国家计量基准。

第 10 章 "校准和检测方法"中规定实验室应使用适当的方法和程序进行所有检验工作以及职责范围内的其他有关的业务活动（抽样、样品处置、传送、制备测量不确定度的评价和检验数据的分析等）。

第 11 章 "检验样品的处置"中应对样品的标识、接收、传送、状态的记录、保管及试验样品的处理等做出规定。

第12章"记录"——实验室所有的活动都应有记录可寻。如样品收发及保管登记表、分析测试原始记录、仪器设备安装记录和使用记录等。各类记录都必须按规则填写,而且还应规定记录的保存期限、记录的要求、记录的保管等。

第13章"证书和报告"中详细规定了对检验报告或检验证书的要求。检验报告/证书应按照检验方法中的规定准确、清晰、明确、客观地表述检验结果。在检验报告/证书中应包括为说明检验结果所必需的各种信息以及采用方法所要求的全部信息。检验报告/证书中至少应包括如下信息:标题——检验报告或检验证书;实验室名称和地址;检验报告/证书标号,每页和总页码标识;委托方的名称和地址;检验样品的特性和状态以及标识;样品接收和检验日期;检验方法的标识或说明,检验的环境条件,主检、审核、批准人的签字;不得部分复制检验报告/证书的说明。

本章中还应对检验报告/证书的修改做出规定。若有分包,在报告或证书中应注明。

第14章"检验的分包"中可以规定,对于使用频次低或较昂贵的仪器设备涉及的检测项目可以分包。分包检验应征得委托方的同意,并有相应的记录。

第15章"外部协助和供给"中应规定外部支持服务和供给应有质量保证,且有外部支持服务和供应商的记录。

第16章"抱怨"中规定如何处理委托方或其他单位对实验室工作提出的抱怨。

支持性资料目录:包括质量手册所需列出的附录(如实验室平面布置图)和支持性文件目录(如程序性文件、技术标准等)。

在质量手册的编写过程可以根据实际情况对格式进行适当的调整。质量主管负责质量手册的维护工作,并确保其现行有效地实施。

手册的格式样张见表2-3。

表2-3 手册的格式样张

中华人民共和国 监督检验中心 质 量 手 册	第 × 章 目录 共 × 页 第 × 页 第 A 版 第 次修订
节的题目:目录	发布日期:× ×××-××-×× 发布人:

三、关于发布和实施质量手册的通知

该通知由该质量检验机构的站长(或主任等)签署发布,与国际接轨最好是签字而不是打印,同时要有日期。

其内容主要是阐明该机构所承担的检测工作的重要性,责任重大,为加强并完善该机构的质量管理体系,保证检测工作的公正性、科学性、权威性,根据国际有关的法律和法规,编制本质量手册,质量手册是开展工作的指导性文件,自发布之日起全体人员必须遵循执行。在执行过程中发现手册的内容需要修改或补充时,应按规定程序进行修订或换版。

第五节 程序文件的编写

一、制定程序文件的作用

程序的定义是:"为进行某项活动或过程所规定的途径"。程序这个概念的应用很广,因

为从活动（或过程）的内涵来看，大至检测/校准的全过程，小至一个具体的作业都可称为一项活动，而活动所规定的方法都可称为"程序"。对质量体系的程序来说，都要形成文件。CNZS/CL01：2006❶ 的 4.2.1 规定"实验室应建立、实施和保持与其活动范围相适应的管理体系；应将其政策、制度、计划、程序和指导书制定成文件，并达到确保实验室检测和/或校准结果质量所需的要求。体系文件应传达至有关人员，并被其理解、获取和执行"。形成文件的目的是便于对质量体系要素所涉及的关键活动进行连续而适当的控制。程序不仅仅是实施一项活动的步骤和顺序，还包括对活动产生影响的各种因素。内容有活动（或过程）的目的、范围以及由谁做，在什么时间、什么地点做，怎么样做以及其他相关的物质保障条件等。一个程序文件对以上诸因素做出明确规定，也就是规定了活动（或过程）的方法。因此，在质量体系的建立和运行过程中，要通过程序文件的制定和实施，对质量体系的直接和间接质量活动进行连续适当的控制，以此手段保证质量体系能持续有效地运行，最终达到实现实验室的质量方针和质量目标的目的。

程序文件是质量手册的基础，是质量手册的支持性文件，是手册中原则性要求的展开与落实。因此，编写程序文件时，必须以手册为依据，要符合手册的规定与要求。程序文件应具有承上启下的功能，上承质量手册，下接作业文件，应能控制作业文件并把手册纲领性的规定具体落实到作业文件中去，从而为实现对报告/证书质量的有效控制创造条件。

质量体系涉及的要素都应形成书面程序。在编制程序文件时要注意内容与质量手册的规定相统一。强调程序文件的协调性、可行性和可检查性。程序文件对质量体系所涉及的各个部门的职能活动做出了具体的规定。

二、程序文件的格式和内容

1. 程序文件的格式

程序文件的格式通常包括：封面、刊头、刊尾、修改控制页、正文等。

（1）封面　程序文件的封面包括实验室的名称和标志、文件名称、文件编号、拟制人、批准人及日期、颁布日期、生效日期、修改状态/版号、修改记录（可设修改页）、受控状态/保密等级及发放登记号（见表 2-4）。

表 2-4　程序文件封面简例

××××××程序文件	文件编号：QM/C-13-2001
例外情况下对允许偏离方针、程序或标准的程序	第 2 版　第 0 次修订
	第 8 页　共 2 页

（2）刊头　在每页件的上部加刊头，便于文件控制和管理。程序文件的刊头包括实验室的名称和标志、文件名称、文件编号、生效日期、版次号、页码。

（3）正文　正文描述开展质量活动的目的、适用范围、职责、工作程序、相关文件。

① 目的和适用范围　简要说明开展此项活动的作用和重要性以及涉及的范围。

② 职责　明确实施此项工作的有关部门的职责和关系。

③ 工作程序　列出活动（或过程）顺序和细节，明确各环节的"输入-转换-输出"。即应明确活动（或过程）中资源、人员、信息和环节等方面应具备的条件，与其他活动（或过程）接口处的协调和措施；明确每个环节的转换过程中各项因素由谁干？什么时间干？什么

---

❶ CNAS/CL01：2006《检测和校准实验室能力认可准则》等同 ISO/IEC 17025：2005《检测和校准实验室能力的通用要求》。

场合干？干什么？干到什么程度？怎么干？如何控制？及所要达到的要求，所需形成的记录、报告和相应签发手续。注明需要注意的任何例外或特殊情况，必要时辅以流程图。

④ 引用文件和表格　开展此项活动（或过程）涉及的文件，引用标准/规程以及使用的表格等。

（4）刊尾　在必要时说明有关情况（如文件编制或修订的说明）。

① 目的　在不影响检验结果的公正性及准确性的情况下，为满足客户或其他单位要求而采取偏离方针、程序或标准的措施，特制定本程序。

② 范围　适用于在例外情况下偏离方针、程序或标准。主要包括：检验工作所依据的检验标准规定不详细或有印刷错误或有效版本由于出版、印刷、发行的延误致使标准实施日期已过仍未得到时；由于检验工作的急迫或无法中断，仪器检定无法按计划安排，设备超过检定周期；抽样或外部现场试验工作人员的例外情况下与执行程序规定的不相符等。

③ 职责　主要包括三方面：质量负责人以此项工作负责；技术负责人对技术问题负审批把关责任；发生例外情况部门的相关人员负责提出并实施。

④ 程序　包括以下几点。

当检验不能按正规条件进行，而且中心还需为客户或其他单位提供服务时，中心有关人员应以书面形式说明偏离原因，填写例外情况审批表，出现例外情况的相关人员应填写：原检验应……现检验只能……交质量负责人审核。

由质量负责人组织中心质量保证小组讨论研究并确定处置方案和工作细则，并由质量负责人报技术负责人审核、批准。

由发生例外情况部门负责按处置方案或工作细则和检验程序执行。

批准后的处置方案和工作细则由综合管理室归档，保存期为三年。

（5）引用文件　检验程序；相关表格；例外情况审批表。

2. 程序文件的内容

在质量管理体系文件中，程序文件是最重要的组成部分，它是全体员工的行为规范和工作准则。根据 ISO/IEC 17025 标准的要求，包括下述内容：

（1）《保证公正性管理程序》

（2）《文件控制程序》

（3）《实验室人员管理程序》

（4）《保密工作管理程序》

（5）《人员培训工作管理程序》

（6）《设施和环境条件的管理程序》

（7）《实验室内务管理程序》

（8）《检测设备管理程序》

（9）《测量溯源性管理程序》

（10）《不符合工作控制程序》

（11）《标准物质管理程序》

（12）《测量设备和标准物质期间核查管理程序》

（13）《合同评审管理程序》

（14）《分包工作管理程序》

（15）《采购服务和供应品管理程序》

（16）《服务客户管理程序》

(17)《处理客户投诉管理程序》
(18)《内部审核程序》
(19)《纠正措施管理程序》
(20)《预防措施管理程序》
(21)《持续改进管理程序》
(22)《记录管理程序》
(23)《管理评审程序》
(24)《检测方法管理程序》
(25)《制定检测方法的管理程序》
(26)《测量不确定度评定管理程序》
(27)《检测数据控制程序》
(28)《计算机管理程序》
(29)《抽样工作管理程序》
(30)《样品管理程序》
(31)《检测工作管理程序》
(32)《内部和外部质量控制管理程序》
(33)《检测报告管理程序》
(34)《检验检测机构的风险评估和风险控制管理程序》
(35)《检验检测机构的年度报告和自我声明管理程序》

如果管理部门对某些技术领域有特定要求，认可实验室和资质认定机构应该依据管理部门发布的认可准则的"应用说明"和评审准则的"补充要求"编写相应的管理程序。上述所列的35个程序也可根据实际情况加以删减；也可将几个程序合并，只要覆盖了标准的要求，都是可以接受的。

第六节　计量认证的评审程序

检验机构计量认证的正式评审是执行《中华人民共和国计量法》和《计量法实施细则》有关条款的关键步骤，评审结论是国家计量行政部门决定是否批准发给认证合格证书的主要依据，因此必须形成完整的计量认证评审文件。

评审是一个执法过程，要保证评审过程的严肃性，严格坚持检验机构计量认证评审内容及评定方法中规定的要求，不得随意降低标准。为保证评审工作的严肃性、公正性和认证质量的一致性，评审工作必须做到规范和程序化。

一、正式评审前的工作

1. 认证的咨询

通常计量行政部门把认证的咨询工作交给计量协会或计量测试学会等民间组织去做。这些组织可以组织一些这方面的专家进行咨询，帮助检验机构改进工作。

必须要注意的是参与认证咨询的专家或评审员在正式认证时要回避，也就是说不能参加正式评审工作，这样做的目的是为了保证评审的公正性。

2. 指定评审组长及评审组长的前期工作

检验机构提出认证申请并交齐申报材料，计量行政部门接受申请后，可先指定一位评审员任组长，对申报材料进行文件审查，如审查结果不符合要求，可退回文件，修改后再报。

如文件审查中有不清楚的地方，可到现场去查看。若文件审查无原则性问题，评审组长写出一份报告，投交给计量行政部门，就可以进一步做现场正式评审工作并通知申请单位。

3. 评审组的组成

评审组由取得有效期内国家或者省局颁发的《评审员证》的人员和专家组成。

他们是受省级以上人民政府技术监督部门聘任，为社会提供公证数据的各类检测机构的计量检定、测试的能力和可靠性进行执法考核及评定的专业技术人员和管理人员。

评审员的职责是根据检验机构计量认证评审内容及考核办法中规定，对被认证单位申请认证的业务范围进行评审。评审组成员的数量视被认证检验机构规模大小、申请项目多少及其技术上难易程度而定，一般不多于8人。

二、计量认证现场评审

1. 计量认证现场正式评审的作用

① 核对检验机构所提供的资料。

② 发现所提交文件中没有提到的问题。

③ 由于评审组由各方面的专家组成，能够从各个角度观察、考虑问题，有利于研究全面情况，正确做出评价，保证认证工作本身的公正性、准确性。

④ 帮助检验机构提高检测水平，完善管理制度，使检验工作更科学、准确，从而树立权威性。

2. 预备会议

① 召开预备会议的目的　主要是安排评审日期；说明计量认证评审的工作方法，并对检验机构如何配合评审提出要求；确定评审员分工；确定在实验室现场考核的检验项目；分发评审记事，说明使用方法；组织评审员熟悉计量认证《评审内容及评定方法》及《条文说明》。

② 会议时间　在评审会代表报到的当天下午或晚上举行，报到的日子就是评审正式开始的前一天。

③ 参加人员　预备会议参加人员有全体评审员，检验机构的有关人员，如认证办公室来人或检验机构主管部门来人的话也应参加预备会议。

预备会议不是必备程序，是否开预备会，由评审组长根据实际情况相机决定。

3. 第一次联席会

① 会议由会议主持人主持，并简要说明计量认证的目的和意义。

对应邀出席计量认证评审会的各位评审员及他们的单位对计量认证工作的支持表示感谢。对检验机构在准备认证工作中始终得到主管部门的全力支持和协助，代表计量认证办公室表示感谢。

宣布评审组成员和评审组组长。

a. 对评审组提出要求　评审员在认证评审会议期间，通过听、问、查、看、考等方式行使职权，要求做到公正、准确、客观、谦虚、认真。评审组长全权主持评审工作的进行，副组长协助组长工作。当评审员之间在评审条件的掌握上有分歧时，由评审组长裁决，并将分歧意见上报认证办公室。

b. 对检验机构提出要求　检验机构的一切人员在认证会议期间应主动积极配合。提供审查的一切资料应放在便于评审员查阅的地方，尽可能为评审员的工作提供方便。检验机构对评审组的评审意见和结论可以提出不同意见，有申辩权利。检验机构可以对评审员的工作提出批评，并可直接向认证办公室反映。

② 评审组长主持正式评审工作；宣布评审员分工情况；宣布正式评审日程；确定并宣布被认证单位的陪同人员。

③ 由被认证机构的负责人介绍结构的概况及保证公正性和检测结果可靠性所采取的措施，介绍认证的准备情况。

④ 宣布现场实际操作考核的检验项目；确定考核样品；决定具体操作人员。

4. 全面参观检验机构各部门

① 各部门的介绍要简单明了。

② 参观的目的是使评审组全体成员对检验机构的检测能力和管理状况有一个完整的印象，了解检验机构面上的问题，发现一些具有共性的问题。

③ 在现场参观中，评审员应根据分工有意识地按照6个方面50项（见附录3）的内容，有目的地进行抽查。

5. 评审员现场评审

① 评审工作分成两个小组进行评审。

② 评审员应采取听、问、查、看、考等方式按6个方面50项要求进行评审。第一小组在第一天基本完成审查工作，第二天上午要指定机构部分人员参加基础理论笔试，其试题通常由技术监督部门提供，当天启封，标准答案亦在其中，第一小组还要召开部分人员座谈会，对法律法规、质量手册等方面提出问题，了解该机构对这方面知识的熟悉程度。第二小组在第一天应基本完成审查工作，第二天上午重点核对其申报的检测能力是否得当以及现场实际操作考核的全部资料审查并作出考核评价。每位评审员应在评审记事本上记录自己的意见。

6. 评审员会议

由评审组长主持，召开评审员会议，检验机构人员回避。两个小组交流意见，在综合评审员意见的基础上完成下列工作。

① 对50项作出评价，通过为"Y"，不通过为"N"，无此项内容为"免"，统一意见后在评审记事本上评审员签字认可。

② 现场实际操作考核报告：考核的检验项目、考核样品、操作者姓名、考核评价等。

③ 评审意见：根据申请的认证业务范围，按计量认证评审内容及评定方法规定的要求，对哪些方面的内容进行了评审及各个方面评审的基本情况，包括正面的肯定意见，需要改进的地方及否定意见，也可写建议意见。

④ 评审结论：应明确写出对申请认证的项目是否可以通过认证的结论。

7. 评审组向检验机构通报情况

评审组长向检验机构主要负责人通报评审意见和评审结论的内容，征求检验机构的意见，检验机构可在会议上解释与申辩。评审组依据检验机构提出的意见，再次讨论，形成正式的评审意见和评审结论。

通报程序不是必要程序，由评审组长根据实际情况而定。

8. 第二次联席会议

① 会议由评审组长主持，参加人员有评审组全体成员、认证办公室人员、检验机构有关人员和上级主管部门的领导。

② 由评审组长代表全体评审员口头传达评审过程中发现的所有问题，这些问题包括记录在评审记事中的以及没有书面记录的。评审组长应从组织机构、仪器设备、检测工作、人

员、环境、工作制度等 6 个方面有系统的讲解。

③ 宣读现场实际操作考核的结论。

④ 由评审组长宣读评审意见和结论，评审组长和检验机构负责人在评审表上签字认可。

⑤ 由会议主持人主持结束仪式。

在整个评审会议期间，检验机构成员中可能存在一些疑问，没有机会说出来，另外对如何保证检测质量，改进检测工作，到会的评审专家有许多好的建议，若有可能，在评审活动结束后安排一次机会，让双方在平等的基础上自由对话，以交流情况，增强评审效果。

第七节　实验室认可

一、概述

1. 实验室认可的发展历程

1947 年，澳大利亚建立了世界上第一个国家实验室综合认可体系，即国家检测机构协会（NATA）。20 世纪 60 年代，英国建立了类似的实验室认可机构。继而，欧洲组成了区域性的"欧洲实验室认可合作组织"（EAL）。20 世纪 70 年代，美国、法国等国也开始了实验室认可活动；20 世纪 80 年代，东南亚建立了区域性的"亚太实验室认可合作组织"（APLAC）；20 世纪 90 年代，包括中国在内的许多发展中国家加入了实验室认可行列。1977 年，"国际实验室认可论坛"成立，并于 1996 年成立了"国际实验室认可合作组织"（ILAC）。目前全球约有 70 个国家和地区成立了实验室认可机构，它们遵循国际统一的认可规则、准则、程序和原则，从事实验室认可工作，并在国际实验室认可合作组织的统一框架下促成了多边互认协议的签署，促进了实验室认可工作在各国的发展和国际间的双边与多边相互承认。

我国的实验室认可活动可以追溯到 20 世纪 80 年代。1994 年，原国家技术监督局成立中国实验室国家认可委员会（CNACL）。1996 年，原国家进出口商品检验局成立中国进出口商品检验实验室认可委员会（CCIBLAC）。2002 年，CNACL 和 CCIBLAC 合并组建新的中国实验室国家认可委员会（CNAL），实现我国统一的实验室认可体系。CNAL 经国家认证认可监督管理委员会授权，开展实验室国家认可工作。2006 年 3 月 31 日正式成立了中国合格评定国家认可委员会（CNAS），它是在原中国认证机构国家认可委员会（CNAB）和原中国实验室国家认可委员会（CNAL）基础上整合而成的，是由国家认证认可监督管理委员会批准设立并授权的国家认可机构，统一负责对认证机构、实验室和检查机构等相关机构的认可工作。CNAS 通过评价、监督合格评定机构（如认证机构、实验室、检查机构）的管理和活动，确认其是否有能力开展相应的合格评定活动（如认证、检测和校准、检查等）、确认其合格评定活动的权威性，发挥认可约束作用。截至 2014 年 11 月，累计认可各类合格评定机构 6813 家，认可的合格评定机构数量约占全球国际互认认可合格评定机构总量的八分之一，在世界上处于领先位置。其中，认证机构 136 家，实验室及相关机构 6279 家，检查机构 398 家，有效认可状态各类认证证书 82 万余份，认可的管理体系认证证书连续 11 年位居世界第一。

2. 实验室认可的目的与意义

实验室质量保证体系是保证一个实验室检测质量的有力武器。为了使检测质量得到社会的认可，参与国内乃至国际竞争，有必要对实验室检测质量体系进行认证，使实验室的运行符合国际标准 ISO 17025 的要求。各国政府、地区合作组织、国际组织投以巨资实施实验室

第二章　计量认证和实验室认可

认可这个庞大的系统工程，表明实验室认可对国家、对社会有着重大的意义，ILALC 第 3 工作组经全面调查归纳，认为有以下九大益处。

（1）向社会各方提供可靠、有效的检测/校准数据　这是最重要、最大的作用。一个国家、一个社会的科学研究与设计、生产制造与安装，小至某个产品，大至系统工程，乃至人类社会的衣食住行的运作，都需要正确地配合、配接、相互联系的数据。这些数据的准确性和可靠性将直接导致严重的后果，如一个载人飞行器几乎需要所有工业、科学领域的配合，有上亿个数据的衔接，其中任何一个数据出现问题，都会造成灾难性的后果，这有无数的教训和经验。

（2）促进国家、国际贸易的发展　认可实验室的检测数据为贸易双方的数据互认创造了条件，可以减少重复检测，消除贸易壁垒，促进国家、国际贸易的发展。例如过去的广播电视产品，作为欧洲、美国市场准入条件的安全认证检测，差不多要半年到一年的时间，往往产品拿到认证合格证书、标志，产品也快被淘汰了，而现在我国加入了 IECEE/CB❶ 体系后，通过结果互认，在三周左右的时间内就能拿到欧洲的认证合格标志、证书。

（3）促进更多的服务对象接受、使用其检测"数据"　由于实验室认可，其检测数据的可靠性、有效性的提高，显然会有更多领域更容易接受。使用其出具的"数据"，扩大其服务领域，拥有更多更广泛的用户。

（4）协调多方检测能力，充分利用有限的设施、条件、人力等资源　由于认可实验室，对同类项目产品检测/校准能力是处于同等水平，检测"数据"的可靠性、有效性也处于相同水平，因而结果可以互认。某些投资大、要求高、使用频率又不太高的设施、条件（如研究院、所的某实验室资源）由于可以互认结果，就可以为社会服务，可以为那些不具备这些能力的实验室进行分包检测业务，条件是只要他们经过认可。

（5）提高认可实验室的可信度　ISO/IEC 导则 58 中规定，认可机构对实验室实行非歧视原则，不管实验室大小、经济实力、社会背景，都要一视同仁。这样，实验室只要能通过认可后，可以提高其可信度，使某些需要服务的部门放心选用，而不必重复建设。

（6）提高认可实验室的地位　认可实验室的能力确认后，进入认可机构名录，公布其被确认的能力。

（7）提高认可实验室的工作质量　这是显而易见的。认可实验室经过认可机构评审认可及认可后的能力维持机制，其工作质量都有明显的提高，并有足够的保证。

（8）改进认可实验室的检测方法　认可实验室，一方面在体系运行中对检测/校准方法要进行正确的选用，并经认可机构评审组专家评审确认，确保方法的适宜性；另一方面，实验室在实践中还应不断向标准制定机构反馈标准方法的适宜性。后一点在国际组织中已经很普遍。如 IECEE/CB 体系的实验室委员会，就定期向相应标准委员会反馈标准在实施中的适应性。

（9）使认可实验室更方便地获取认可机构的各种技术信息　来自各方的信息会使实验室服务及体系运作不断地持续改进、提高，以适应社会需求。

实验室究竟是要"计量认证"还是要"实验室认可"，或者两者都要，这不仅取决于实验室自身的总体需要以及顾客、管理者或其他相关方面的要求，而且取决于这种要求是希望保证实验室的特定技术能力，还是注重其质量管理体现的符合性。根据现阶段我国实验室的

---

❶ CB 体制是 IECEE（国际电工委员会）建立的一套全球互认制度，全球有 49 个国家和 55 个认证机构参加这一互认制度。它是 IEC 会员国 NCB 认可的实验室之间互相认可检验报告的优越的制度。

现状和我国对外贸易越来越频繁的实际情况，实验室认可应该更加符合实验室未来的发展趋势。

二、实验室认可的程序

1. 认可条件

根据国家有关法律法规和国际规范，实验室认可采取自愿的原则，不考虑实验室的规模，由专家评审，行政上不干预，但国家级的质检机构必须通过实验室认可。经过实验室认可的实验室表明该实验室能按照国际认可准则开展检测/校准，提高了在检测市场的竞争力，提供的数据在国际可以互认。但申请实验室认可的实验室必须满足下列条件方可获得认可：

① 具有明确的法律地位，具有承担法律责任的能力；
② 符合 CNAL 颁布的认可准则；
③ 遵守 CNAL 认可规则、认可政策的有关规定，履行相关义务。具体要求详见 CNAS-RL01—2016《实验室认可规则》或至中国合格评定国家认可委员会官网（https://www.cnas.org.cn/index.shtml）查询。

2. 认可流程

实验室认可流程如图 2-5 所示。

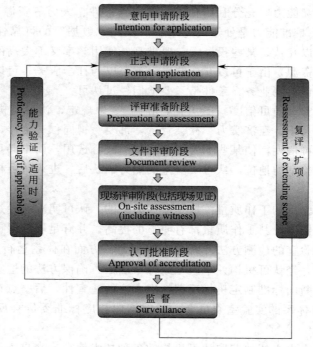

图 2-5 实验室认可流程

3. 初次认可

（1）意向申请　申请方可以用任何方式向认可委员会（CNAL）认可评审处表示认可意向，如来访、电话、传真以及其他电子通信方式。认可委员会秘书处将会同申请方提供最新版本的认可规则和其他有关文件。

（2）正式申请　申请方应按 CNAL 认可评审处的要求提供申请资料，并交纳申请费用。具体做法是：先下载有效版本的认可申请书、认可申请须知、认可领域分类等申请资料，然后按照申请书要求正确填写申请书内容，并准备好提交申请书上所要求的全部所需资料以及质量手册和程序文件各一套。最后将准备好的资料交（寄）至 CNAL 认可评审处，并交（汇）认可申请费用。

（3）受理申请　CNAL 认可评审处在接到申请方的申请资料，并确认已经提交认可申请费后，开始对资料进行登记和初步审查，若申请方提交的资料齐全、填写清楚、正确；对 CNAL 的相关要求基本了解；满足认可条件要求；质量体系正式运行超过 6 个月，且进行了完整的内审和管理评审，则可予以正式受理，并在受理后 3 个月内对申请方安排现场评审，若申请方不能在 3 个月内接受评审，则应暂缓正式受理评审。

在资料审查、协商或初访过程中 CNAL 认可评审处会将所发现的与认可条件不符合之处通知申请方，以便其采取相应的措施。

当申请方申请进行检测、校准或其他能力的认可，并得到正式受理后，只要可能，将要求申请方必须参加适宜的能力验证计划。

4. 评审准备

① CNAL 认可评审处指定评审组并征得申请方同意，如申请方基于公正性理由对评审组的任何成员表示拒绝时，认可评审处经核实后应给予调整。

② 评审组审查申请方提交的质量体系文件和相关资料，当发现文件不符合要求时，评审组长应以书面方式通知申请方采取纠正措施。认可评审处根据评审组长的提议，认为需要时，可与申请方协商进行预评审。预评审只对资料审查中发现的问题进行核实或做进一步了解，不做咨询，也不发表评价意见，但须向认可评审处提交书面的预评审报告。在申请方采取有效纠正措施解决发现的主要问题后，评审组长方可进行现场评审。

③ 文件审查通过后，评审组长与申请方商定现场评审的具体时间安排和评审计划，报 CNAL 认可评审处批准后实施。

④ 需要时，认可委员会可派观察员参加评审。

5. 现场评审

现场评审的目的是评价实验室的实际运作和实验室认可准则的符合性，其过程有评审组预备会、首次会议、实施现场评审（包括必要的现场试验人、评审组分析、评议现场评审结果、向实验室负责人通报现场评审结果、末次会议、宣布评审结果）。现场评审着重进行以下工作。

① 评审组依据认可委员会的认可准则及有关标准对申请方申请范围内的技术能力和质量管理进行现场评审。

② 在对申请方的检测、校准或其他能力进行现场评审时，应利用参与能力验证活动的情况及结果，必要时要安排测量审核。CNAL 将把申请方在能力验证中的表现作为 CNAL 决定是否认可的重要依据。除此之外，评审组还要对申请方的授权签字人进行考核，CNAL 要求授权签字人必须具备以下资格条件。

a. 有必要的专业知识和相应的工作经历，熟悉授权签字范围内有关检测、校准、检查标准、检测、校准、检查方法及检测、校准、检查程序，能对检测、校准、检查结果作出正确的评价。

b. 熟悉认可规则、认可条件，特别是已认可机构义务，以及带认可标志检测、校准、检查报告的使用规定。

c. 在对检测、校准、检查结果的正确性负责的岗位上任职，并有相应的管理职权。

③ 在对检查机构进行现场评审时，应对申请方的检查活动进行现场见证。

④ 现场评审结论分为符合、基本符合、不符合三种，由评审组在现场评审结束时给出。
⑤ 评审组长应在现场评审末次会议上，将现场评审报告复印件交给被评审方。
⑥ 被评审方在明确整改要求后应拟订并提交纠正措施计划，提交给评审组长，并在规定的期限内完成。评审组长应对纠正措施的有效性进行验证。
⑦ 待纠正措施验证后，评审组长将确认意见连同现场评审资料报 CNAL 认可评审处。

6. 评定
① CNAL 认可评审处负责将评审报告及其意见提交给评定委员会，评定委员会对申请方与认可要求的符合性进行评价并作出决定。对经评定有异议的，将退回 CNAL 认可评审处处理。
② 对经评定合格的申请方，由 CNAL 认可评审处办理批准手续。

7. 批准发证
① 认可委员会主任签发认可证书。
② 认可委员会向已认可机构颁发认可证书和认可决定通知书，阐明批准的认可范围和授权签字人。认可证书有效期 5 年。
③ 认可委员会秘书处负责将获得认可的机构及其被认可范围列入已认可机构名录，予以公布。
④ 未获得认可的申请方，自被通知起 6 个月之内不得再向认可委员会秘书处提出申请。

三、检验检测机构资质认定评审准则

检验检测实验室管理工作紧跟国际标准发展要求，不断完善体系，以一流的技术和一流的质量管理来保证检测的准确性、公正性，以客户要求为目标，做到一流的服务。按照 ISO/IEC 17025—2005 要求建立质量保证体系并有效运行。坚持"依据明确、标识清楚、设备正常、工作规范、检测快速、结果准确"的工作原则，保证工作高质量，达到在国际上相互认可。

为规范检验检测实验室的管理，有必要按照国际标准规定的测试/校准实验室能力的通用要求（包括使用标准方法、非标准方法和实验室制定方法所进行的测试和校准），制定规范的实验室质量管理体系文件，作为实验室质量体系运行的依据。实验室认可按照规范的《检验检测机构资质认定评审准则》进行实验室认可工作。具体《检验检测机构资质认定评审准则》如下：

检验检测机构资质认定评审准则

1 总则
1.1 为实施《检验检测机构资质认定管理办法》相关要求，开展检验检测机构资质认定评审，制定本准则。
1.2 在中华人民共和国境内，向社会出具具有证明作用的数据、结果的检验检测机构的资质认定评审应遵守本准则。
1.3 国家认证认可监督管理委员会在本评审准则基础上，针对不同行业和领域检验检测机构的特殊性，制定和发布评审补充要求，评审补充要求与本评审准则一并作为评审依据。

2 参考文件
《检验检测机构资质认定管理办法》
GB/T 27000《合格评定 词汇和通用原则》

GB/T 19001《质量管理体系　要求》
GB/T 31880《检验检测机构诚信基本要求》
GB/T 27025《检测和校准实验室能力的通用要求》
GB/T 27020《合格评定 各类检验机构能力的通用要求》
GB 19489《实验室 生物安全通用要求》
GB/T 22576《医学实验室质量和能力的要求》
JJF1001《通用计量术语及定义》

3　术语和定义

3.1　资质认定

国家认证认可监督管理委员会和省级质量技术监督部门依据有关法律法规和标准、技术规范的规定，对检验检测机构的基本条件和技术能力是否符合法定要求实施的评价许可。

3.2　检验检测机构

依法成立，依据相关标准或者技术规范，利用仪器设备、环境设施等技术条件和专业技能，对产品或者法律法规规定的特定对象进行检验检测的专业技术组织。

3.3　资质认定评审

国家认证认可监督管理委员会和省级质量技术监督部门依据《中华人民共和国行政许可法》的有关规定，自行或者委托专业技术评价机构，组织评审人员，对检验检测机构的基本条件和技术能力是否符合《检验检测机构资质认定评审准则》和评审补充要求所进行的审查和考核。

4　评审要求

4.1　依法成立并能够承担相应法律责任的法人或者其他组织。

4.1.1　检验检测机构或者其所在的组织应有明确的法律地位，对其出具的检验检测数据、结果负责，并承担相应法律责任。不具备独立法人资格的检验检测机构应经所在法人单位授权。

4.1.2　检验检测机构应明确其组织结构及质量管理、技术管理和行政管理之间的关系。

4.1.3　检验检测机构及其人员从事检验检测活动，应遵守国家相关法律法规的规定，遵循客观独立、公平公正、诚实信用原则，恪守职业道德，承担社会责任。

4.1.4　检验检测机构应建立和保持维护其公正和诚信的程序。检验检测机构及其人员应不受来自内外部的、不正当的商业、财务和其他方面的压力和影响，确保检验检测数据、结果的真实、客观、准确和可追溯。若检验检测机构所在的单位还从事检验检测以外的活动，应识别并采取措施避免潜在的利益冲突。检验检测机构不得使用同时在两个及以上检验检测机构从业的人员。

4.1.5　检验检测机构应建立和保持保护客户秘密和所有权的程序，该程序应包括保护电子存储和传输结果信息的要求。检验检测机构及其人员应对其在检验检测活动中所知悉的国家秘密、商业秘密和技术秘密负有保密义务，并制定和实施相应的保密措施。

4.2　具有与其从事检验检测活动相适应的检验检测技术人员和管理人员。

4.2.1　检验检测机构应建立和保持人员管理程序，对人员资格确认、任用、授权和能力保持等进行规范管理。检验检测机构应与其人员建立劳动或录用关系，明确技术人员和管理人员的岗位职责、任职要求和工作关系，使其满足岗位要求并具有所需的权力和资源，履行建立、实施、保持和持续改进管理体系的职责。

4.2.2　检验检测机构的最高管理者应履行其对管理体系中的领导作用和承诺：负责管

理体系的建立和有效运行；确保制定质量方针和质量目标；确保管理体系要求融入检验检测的全过程；确保管理体系所需的资源；确保管理体系实现其预期结果；满足相关法律法规要求和客户要求；提升客户满意度；运用过程方法建立管理体系和分析风险、机遇；组织质量管理体系的管理评审。

4.2.3 检验检测机构的技术负责人应具有中级及以上相关专业技术职称或同等能力，全面负责技术运作；质量负责人应确保质量管理体系得到实施和保持；应指定关键管理人员的代理人。

4.2.4 检验检测机构的授权签字人应具有中级及以上相关专业技术职称或同等能力，并经资质认定部门批准。非授权签字人不得签发检验检测报告或证书。

4.2.5 检验检测机构应对抽样、操作设备、检验检测、签发检验检测报告或证书以及提出意见和解释的人员，依据相应的教育、培训、技能和经验进行能力确认并持证上岗。应由熟悉检验检测目的、程序、方法和结果评价的人员，对检验检测人员包括实习员工进行监督。

4.2.6 检验检测机构应建立和保持人员培训程序，确定人员的教育和培训目标，明确培训需求和实施人员培训，并评价这些培训活动的有效性。培训计划应适应检验检测机构当前和预期的任务。

4.2.7 检验检测机构应保留技术人员的相关资格、能力确认、授权、教育、培训和监督的记录，并包含授权和能力确认的日期。

4.3 具有固定的工作场所，工作环境满足检验检测要求。

4.3.1 检验检测机构应具有满足相关法律法规、标准或者技术规范要求的场所，包括固定的、临时的、可移动的或多个地点的场所。

4.3.2 检验检测机构应确保其工作环境满足检验检测的要求。检验检测机构在固定场所以外进行检验检测或抽样时，应提出相应的控制要求，以确保环境条件满足检验检测标准或者技术规范的要求。

4.3.3 检验检测标准或者技术规范对环境条件有要求时或环境条件影响检验检测结果时，应监测、控制和记录环境条件。当环境条件不利于检验检测的开展时，应停止检验检测活动。

4.3.4 检验检测机构应建立和保持检验检测场所的内务管理程序，该程序应考虑安全和环境的因素。检验检测机构应将不相容活动的相邻区域进行有效隔离，应采取措施以防止干扰或者交叉污染，对影响检验检测质量的区域的使用和进入加以控制，并根据特定情况确定控制的范围。

4.4 具备从事检验检测活动所必需的检验检测设备设施。

4.4.1 检验检测机构应配备满足检验检测（包括抽样、物品制备、数据处理与分析）要求的设备和设施。用于检验检测的设施，应有利于检验检测工作的正常开展。检验检测机构使用非本机构的设备时，应确保满足本准则要求。

4.4.2 检验检测机构应建立和保持检验检测设备和设施管理程序，以确保设备和设施的配置、维护和使用满足检验检测工作要求。

4.4.3 检验检测机构应对检验检测结果、抽样结果的准确性或有效性有显著影响的设备，包括用于测量环境条件等辅助测量设备有计划地实施检定或校准。设备在投入使用前，应采用检定或校准等方式，以确认其是否满足检验检测的要求，并标识其状态。

针对校准结果产生的修正信息，检验检测机构应确保在其检测结果及相关记录中加以利用并备份和更新。检验检测设备包括硬件和软件应得到保护，以避免出现致使检验检测结果失效的调整。检验检测机构的参考标准应满足溯源要求。无法溯源到国家或国际测量标准时，检验检测机构应保留检验检测结果相关性或准确性的证据。

当需要利用期间核查以保持设备检定或校准状态的可信度时，应建立和保持相关的程序。

4.4.4 检验检测机构应保存对检验检测具有影响的设备及其软件的记录。用于检验检测并对结果有影响的设备及其软件，如可能，应加以唯一性标识。检验检测设备应由经过授权的人员操作并对其进行正常维护。若设备脱离了检验检测机构的直接控制，应确保该设备返回后，在使用前对其功能和检定、校准状态进行核查。

4.4.5 设备出现故障或者异常时，检验检测机构应采取相应措施，如停止使用、隔离或加贴停用标签、标记，直至修复并通过检定、校准或核查表明设备能正常工作为止。应核查这些缺陷或超出规定限度对以前检验检测结果的影响。

4.4.6 检验检测机构应建立和保持标准物质管理程序。可能时，标准物质应溯源到 SI 单位或有证标准物质。检验检测机构应根据程序对标准物质进行期间核查。

4.5 具有并有效运行保证其检验检测活动独立、公正、科学、诚信的管理体系。

4.5.1 检验检测机构应建立、实施和保持与其活动范围相适应的管理体系，应将其政策、制度、计划、程序和指导书制订成文件，管理体系文件应传达至有关人员，并被其获取、理解、执行。

4.5.2 检验检测机构应阐明质量方针，应制定质量目标，并在管理评审时予以评审。

4.5.3 检验检测机构应建立和保持控制其管理体系的内部和外部文件的程序，明确文件的批准、发布、标识、变更和废止，防止使用无效、作废的文件。

4.5.4 检验检测机构应建立和保持评审客户要求、标书、合同的程序。对要求、标书、合同的偏离、变更应征得客户同意并通知相关人员。

4.5.5 检验检测机构需分包检验检测项目时，应分包给依法取得资质认定并有能力完成分包项目的检验检测机构，具体分包的检验检测项目应当事先取得委托人书面同意，检验检测报告或证书应体现分包项目，并予以标注。

4.5.6 检验检测机构应建立和保持选择和购买对检验检测质量有影响的服务和供应品的程序。明确服务、供应品、试剂、消耗材料的购买、验收、存储的要求，并保存对供应商的评价记录和合格供应商名单。

4.5.7 检验检测机构应建立和保持服务客户的程序。保持与客户沟通，跟踪对客户需求的满足，以及允许客户或其代表合理进入为其检验检测的相关区域观察。

4.5.8 检验检测机构应建立和保持处理投诉的程序。明确对投诉的接收、确认、调查和处理职责，并采取回避措施。

4.5.9 检验检测机构应建立和保持出现不符合的处理程序，明确对不符合的评价、决定不符合是否可接受、纠正不符合、批准恢复被停止的工作的责任和权力。必要时，通知客户并取消工作。该程序包含检验检测前中后全过程。

4.5.10 检验检测机构应建立和保持在识别出不符合时，采取纠正措施的程序；当发现潜在不符合时，应采取预防措施。检验检测机构应通过实施质量方针、质量目标，应用审核结果、数据分析、纠正措施、预防措施、管理评审来持续改进管理体系的适宜性、充分性和有效性。

4.5.11 检验检测机构应建立和保持记录管理程序，确保记录的标识、贮存、保护、检索、保留和处置符合要求。

4.5.12 检验检测机构应建立和保持管理体系内部审核的程序，以便验证其运作是否符合管理体系和本准则的要求，管理体系是否得到有效的实施和保持。内部审核通常每年一次，由质量负责人策划内审并制订审核方案。内审员须经过培训，具备相应资格，内审员应独立于被审核的活动。检验检测机构应：

  a) 依据有关过程的重要性、对检验检测机构产生影响的变化和以往的审核结果，策划、制订、实施和保持审核方案，审核方案包括频次、方法、职责、策划要求和报告；

  b) 规定每次审核的审核准则和范围；

  c) 选择审核员并实施审核；

  d) 确保将审核结果报告给相关管理者；

  e) 及时采取适当的纠正和纠正措施；

  f) 保留形成文件的信息，作为实施审核方案以及做出审核结果的证据。

4.5.13 检验检测机构应建立和保持管理评审的程序。管理评审通常12个月一次，由最高管理者负责。最高管理者应确保管理评审后，得出的相应变更或改进措施予以实施，确保管理体系的适宜性、充分性和有效性。应保留管理评审的记录。管理评审输入应包括以下信息：

  a) 以往管理评审所采取措施的情况；

  b) 与管理体系相关的内外部因素的变化；

  c) 客户满意度、投诉和相关方的反馈；

  d) 质量目标实现程度；

  e) 政策和程序的适用性；

  f) 管理和监督人员的报告；

  g) 内外部审核的结果；

  h) 纠正措施和预防措施；

  i) 检验检测机构间比对或能力验证的结果；

  j) 工作量和工作类型的变化；

  k) 资源的充分性；

  l) 应对风险和机遇所采取措施的有效性；

  m) 改进建议；

  n) 其他相关因素，如质量控制活动、员工培训。

管理评审输出应包括以下内容：

  a) 改进措施；

  b) 管理体系所需的变更；

  c) 资源需求。

4.5.14 检验检测机构应建立和保持检验检测方法控制程序。检验检测方法包括标准方法、非标准方法（含自制方法）。应优先使用标准方法，并确保使用标准的有效版本。在使用标准方法前，应进行证实。在使用非标准方法（含自制方法）前，应进行确认。检验检测机构应跟踪方法的变化，并重新进行证实或确认。必要时检验检测机构应制定作业指导书。如确需方法偏离，应有文件规定，经技术判断和批准，并征得客户同意。当客户建议的方法不适合或已过期时，应通知客户。

非标准方法（含自制方法）的使用，应事先征得客户同意，并告知客户相关方法可能存在的风险。需要时，检验检测机构应建立和保持开发自制方法控制程序，自制方法应经确认。

4.5.15 检验检测机构应根据需要建立和保持应用评定测量不确定度的程序。

4.5.16 检验检测机构应当对媒介上的数据予以保护，应对计算和数据转移进行系统和适当地检查。当利用计算机或自动化设备对检验检测数据进行采集、处理、记录、报告、存储或检索时，检验检测机构应建立和保持保护数据完整性和安全性的程序。自行开发的计算机软件应形成文件，使用前确认其适用性，并进行定期、改变或升级后的再确认。维护计算机和自动设备以确保其功能正常。

4.5.17 检验检测机构应建立和保持抽样控制程序。抽样计划应根据适当的统计方法制订，抽样应确保检验检测结果的有效性。当客户对抽样程序有偏离的要求时，应予以详细记录，同时告知相关人员。

4.5.18 检验检测机构应建立和保持样品管理程序，以保护样品的完整性并为客户保密。检验检测机构应有样品的标识系统，并在检验检测整个期间保留该标识。在接收样品时，应记录样品的异常情况或记录对检验检测方法的偏离。样品在运输、接收、制备、处置、存储过程中应予以控制和记录。当样品需要存放或养护时，应保持、监控和记录环境条件。

4.5.19 检验检测机构应建立和保持质量控制程序，定期参加能力验证或机构之间比对。通过分析质量控制的数据，当发现偏离预先判据时，应采取有计划的措施来纠正出现的问题，防止出现错误的结果。质量控制应有适当的方法和计划并加以评价。

4.5.20 检验检测机构应准确、清晰、明确、客观地出具检验检测结果，并符合检验检测方法的规定。结果通常应以检验检测报告或证书的形式发出。检验检测报告或证书应至少包括下列信息：

a) 标题；

b) 标注资质认定标志，加盖检验检测专用章（适用时）；

c) 检验检测机构的名称和地址，检验检测的地点（如果与检验检测机构的地址不同）；

d) 检验检测报告或证书的唯一性标识（如系列号）和每一页上的标识，以确保能够识别该页是属于检验检测报告或证书的一部分，以及表明检验检测报告或证书结束的清晰标识；

e) 客户的名称和地址（适用时）；

f) 对所使用检验检测方法的识别；

g) 检验检测样品的状态描述和标识；

h) 对检验检测结果的有效性和应用有重大影响时，注明样品的接收日期和进行检验检测的日期；

i) 对检验检测结果的有效性或应用有影响时，提供检验检测机构或其他机构所用的抽样计划和程序的说明；

j) 检验检测检报告或证书的批准人；

k) 检验检测结果的测量单位（适用时）；

l) 检验检测机构接受委托送检的，其检验检测数据、结果仅证明所检验检测样品的符合性情况。

4.5.21 当需对检验检测结果进行说明时，检验检测报告或证书中还应包括下列内容：

a) 对检验检测方法的偏离、增加或删减，以及特定检验检测条件的信息，如环境条件；

b) 适用时,给出符合(或不符合)要求或规范的声明;

c) 适用时,评定测量不确定度的声明。当不确定度与检测结果的有效性或应用有关,或客户的指令中有要求,或当对测量结果依据规范的限制进行符合性判定时,需要提供有关不确定度的信息;

d) 适用且需要时,提出意见和解释;

e) 特定检验检测方法或客户所要求的附加信息。

4.5.22 当检验检测机构从事抽样检验检测时,应有完整、充分的信息支撑其检验检测报告或证书。

4.5.23 当需要对报告或证书做出意见和解释时,检验检测机构应将意见和解释的依据形成文件。意见和解释应在检验检测报告或证书中清晰标注。

4.5.24 当检验检测报告或证书包含了由分包方出具的检验检测结果时,这些结果应予以清晰标明。

4.5.25 当用电话、传真或其他电子或电磁方式传送检验检测结果时,应满足本准则对数据控制的要求。检验检测报告或证书的格式应设计为适用于所进行的各种检验检测类型,并尽量减小产生误解或误用的可能性。

4.5.26 检验检测报告或证书签发后,若有更正或增补应予以记录。修订的检验检测报告或证书应标明所代替的报告或证书,并注以唯一性标识。

4.5.27 检验检测机构应当对检验检测原始记录、报告或证书归档留存。保证其具有可追溯性。检验检测原始记录、报告或证书的保存期限不少于6年。

4.6 符合有关法律法规或者标准、技术规范规定的特殊要求。

特定领域的检验检测机构,应符合国家认证认可监督管理委员会按照国家有关法律法规、标准或者技术规范,针对不同行业和领域的特殊性,制定和发布的评审补充要求。

习 题

1. 解释下列名词:计量认证、实验室认可、量值溯源、质量手册、实验室间试验比对、认可准则、验证试验、质量体系、质量手册、程序、程序文件。
2. 实验室认可的标志有何含义?
3. 计量认证有何意义?
4. 实验室认可的意义是什么?
5. 计量认证必须遵循怎么样的过程?
6. 质量体系文件由哪些部分组成?各部分之间的关系如何?
7. 如何编写一个合格的作业指导书?
8. 归纳来说,实验室记录最少需由哪些部分组成?
9. 质量手册常见的结构应该包括哪些部分?
10. 计量认证的评审组成员由哪些人组成?有何要求?职责是什么?
11. 计量认证在现场评审中,评审组成员需要完成哪些工作?
12. 实验室必须满足哪些条件后才可能通过认可?
13. 实验室认可的现场评审主要完成哪些工作?

第三章
标准化和标准知识

人类自从学会制造工具并用以从事社会生产以来，不断地改变自身的生存环境，创造出很多奇迹。一座现代化企业的投产，一枚卫星的发射，一次宇宙航行的成功，无一不是成千上万的人和企业相互配合的结果。为了使各个部门之间相互提供的条件符合各自的要求，为了使人类的经济技术活动遵循共同的准则，为了把整个社会生活中的各个环节协调起来，为了把人们的成功经验加以肯定和推广，使复杂的工作简单化、规范化、系统化，为了在人类生活和经济技术活动中建立起正常的秩序使社会生产更好地满足人类生活的需要，标准化诞生并且逐渐发展起来。早在公元前 3000 年，古埃及人在修建金字塔时就利用了标准的概念来保证测量结果的统一性。他们把法老前臂加上手掌的长度用一根木棒来复现腕尺，这成了长度测量中的第一个长度工作的基准，在金字塔建造现场使用。在我国古代由于最初的生产品的交换一开始就遵循等价交换的客观原则，出现了最初的计量器具——度、量、衡，它在本质上也是起着标准的作用。最初人们建立的标准比较简单和粗糙，在不同时期麦粒、竹筒、手指、脚、两臂等都做过计量标准。

随着工业化和贸易的不断发展，标准化的重要性逐渐被人们日益重视。1898 年美国成立了材料试验协会（ASTM），开展材料、燃料等方面的标准化工作；1901 年英国成立了标准学会（BSI），它是世界上第一个国家标准化团体；1906 年英国成立了国际电工委员会（IEC），这是世界上最早的国际性标准化团体；1947 年成立的国际标准化组织（ISO），它是目前世界上最大的国际性标准化组织。我国 1978 年批准成立了国家标准总局，1979 年 7 月 31 日国务院批准颁发了《中华人民共和国标准化管理条例》。1988 年 12 月 29 日，由第七届全国人民代表大会常务委员会第五次会议通过了《中华人民共和国标准化法》，并于 1989 年 4 月 1 日发布实施。这样我国的标准化工作就被纳入了法制管理的轨道。

第一节 标准化和标准的基本概念

一、标准化的基本概念

1. 标准化的定义（definition of standardization）

中华人民共和国国家标准《GB/T 20000.1—2014 标准化工作指南 第 1 部分：标准化和相关活动的通用术语》中把标准化定义为：为了在既定范围内获得最佳秩序，促进共同利益，对现实问题或潜在问题确立共同使用和重复使用的条款以及编制、发布和应用文件的活动。其中，标准化活动确立的条款，可形成标准化文件，包括标准和其他标准化文件。标准化的主要效益在于为了产品、过程或服务的预期目的改进它们的适用性，促进贸易、交流以及技术合作。

2. 标准化的特点（characteristic of standardization）

① 标准化不是一件孤立的事物，而是一个活动过程，主要是制定标准、贯彻标准进而修订标准的过程。这个过程也不是一次就完结了，而是一个不断循环、螺旋式上升的运动过程。每完成一个循环，标准的水平就提高一步。

② 标准是标准化活动的核心。标准化的目的和作用，都是要通过制定和贯彻具体的标准来体现的。所以，标准化活动不能脱离制定、修订和贯彻标准，这是标准化的基本任务。

③ 标准化的效果，只有当标准在社会实践中实施以后，才能表现出来。绝不是制定一个标准就可以了。标准本身再好，如果不运用于实践中，也是没有实际应用价值的。标准化的全部活动中，贯彻标准是个非常重要的环节。如果这个环节中断了，那就谈不上标准化了。

④ 标准化是一个相对的概念。其中包含有两层意思，一个是深度上的；一个是广度上的。一方面，对一件事物的标准化，不能是绝对的，在深度上有程度的差别。譬如，一种产品，对它标准化就可能有不同的深度：可以只规定技术要求和实验方法，可以只规定这种产品的基本参数，也可以只规定精度等。这些规定（标准）对这种产品来说只是局部的统一规定。随着实践经验的积累和标准化的不断深入，就可以制定这种产品完整的标准。并且随着社会的发展，科技的进步，还要逐步完善和提高这些标准。也就是说，标准在深度上是没有止境的。另一方面，标准化在广度上也是这样的，人们制定一种产品的完整标准，并不表示标准化的目的就达到了，标准化的程度就很高了。因为只有一项孤立的产品标准，标准化的目的是不容易实现的。有了产品标准后，还必须把与其相关的一系列标准都建立起来。譬如，与该产品密切相关的原材料标准、零配件标准、工艺装备标准、配套产品标准、生产过程中的工艺标准以及大量的基础标准等。没有这一系列标准的配合，产品标准制定得再好，也不可能生产出好的产品。每一项标准都不可能孤立地存在，都要向深度和广度扩展。于是标准之间便形成了一个非常复杂的大型系统。标准化的过程就是这个系统建立和发展的过程。标准之间要保持一个水平上的平衡，才能使各种标准之间协调发展，互相适应。

⑤ 标准化概念的相对性，还包含标准与非标准的互相转化。实现了标准化的事物，经过一段时间会突破原先的规定，成了非标准的，于是又要再对它制定标准。

3. 标准化的对象（subject of standardization）

标准化的对象是指需要标准化的主题。由于标准化的主要作用在于为了其预期目的改进产品、过程或服务的适应性，其中的"产品、过程或服务"的表述，含有对标准化对象的广义理解，宜等同理解为包括如材料、元件、设备、系统、接口、协议、程序、功能、方法或活动，标准化可以限定在任何对象的特定方面。

制定标准的对象是"重复性的事物和概念"。它既包括"事物"，又包括"概念"。对"事"制定的标准，一般属于管理标准和方法标准。对"物"制定的标准，一般属于产品标准；对"概念"制定的标准，一般属于名词、术语、代号、符号等标准。

二、标准的基本概念

同一种产品，生产的单位很多，产品的质量如何应该有一个衡量的尺度，这就是所谓的标准。标准是标准化活动的成果，也是标准化系统的最基本要素和标准化学科中最基本的企业标准化概念,必须首先弄清它及依据不同分类方法而产生的各类标准的涵义。

什么是标准?近百年来,各国标准工作者一直力图作出科学、正确的回答,其中有代表性的定义有以下几种。

1. 盖拉德定义

J.盖拉德在1934年著的《工业标准化——原理与应用》一书中,把标准定义为:"是对计量单位或基准,物体、动作、程序、方式、常用方法、能力、职能、办法、设置、状态、义务、权限、责任、行为、态度、概念和构思的某些特性给出定义,作出规定和详细说明,它是为了在某一时期内运用,而用语言、文件、图样等方式或模型,样本及其他表现方法所做出的统一规定。"显然,这个定义比较全面而明确地概括了20世纪30年代时,标准化对象与活动领域内产生的标准化成果在标准化历史上起到重要的引导作用。

2. 桑德斯定义

桑德斯在1972年发表的《标准化的目的与原理》一书中给出标准定义为"是经公认的权威机构批准的一个个标准化工作成果",它可以采用以下形式:

① 文件形式,内容是记述一系列必须达成的要求;

② 规定基本单位或物理常数,如安培、米、绝对零度等。

这个定义强调标准是标准化工作的成果,要经权威机构批准,由于该书由ISO出版,因此也被广泛流传,具有较大的影响。

3. 中国标准的定义(definition of chinese national standard)

中华人民共和国国家标准《GB/T 20000.1—2014标准化工作指南 第1部分:标准化和相关活动的通用术语》中把标准定义为:通过标准化活动,按照规定的程序经协商一致制定,为各种活动或其结果提供规则、指南或特性,供共同使用和重复使用的文件。

该定义具体地说明下列四个方面含义。

(1)制定标准的对象是重复性事物或概念 虽然制定标准的对象,早已从生产、技术领域延伸到经济工作和社会活动的各个领域,但并不是所有事物或概念,而是比较稳定的重复性事物或概念。

(2)标准产生的客观基础是"科学、技术和经验的综合成果" 这就是说一是科学技术成果,二是实践经验的总结,并且这些成果与经验都要经过分析、比较、选择和综合,反映其客观规律性的"成果"。

(3)标准在产生过程中要"经有关方面协商一致" 这就是说标准不能凭少数人的主观意志,而应该发扬民主、与各有关方面协商一致,"三稿定标"。如产品标准不能仅由生产、制造部门来决定,这样,制定出来的标准才能考虑各方面尤其是使用方的利益,才更具有权威性、科学性和使用性,实施起来也较容易。

(4)标准的本质特征是统一 这就是说标准"由标准主管机构批准以特定形式发布,作为共同遵守的准则和依据"的统一规定。不同级别的标准是在不同适用范围内进行统一,不同类型的标准是从不同侧面进行统一,此外,标准的编写格式也应该是统一的,各种各类标准都有自己统一的"特定形式",有统一的编写顺序和方法,"标准"的这种编写顺序、方法、印刷、幅面格式和编号方法的统一,既可保证标准的编写质量,又便于标准的使用和管理,同时也体现出"标准"的严肃性和权威性。

4. 国际标准的定义(denifition of international standard)

国际标准是指由国际标准化组织或国际标准组织(international standardizing organization)

通过并公开发布的标准。国际标准化组织（ISO）的标准化原理委员会（STACO）一直致力于标准化基本概念的研究，先后以"指南"的形式给"标准"的定义做出统一规定。1991年，ISO 与 IEC 联合发布第 2 号指南《标准化与相关活动的基本术语及其定义（1991 年第六版）》，该指南给"标准"定义如下："标准是由一个公认的机构制定和批准的文件，它对活动或活动的结果规定了规则、导则或特性值，供共同和反复使用，以实现在预定结果领域内最佳秩序的效益"。并指出，标准应建立在科学技术和实践经验的综合成果基础上，并以促进最佳社会效益为目的。该定义明确告诉人们制定标准的目的、基础、对象、本质和作用。由于它具有国际权威性和科学性，无疑应该是世界各国，尤其是 ISO 和 IEC 成员应该遵循的。

第二节 标准的分类与分级

一、标准分类的原则

标准的分类与分级是科学管理和信息交流所要求的。因为标准的类别很多，分类繁杂，不能只用一种分类法对所有的标准进行分类。所以可以按照标准的目的和用途分类，也可以按层次和属性分类。

为了不同的目的，可以从各种不同的角度，对标准进行不同的分类（见图 3-1）。目前，人们常用的分类方法有以下五种：层级分类法、对象分类法、性质分类法、属性分类法和专业分类法。

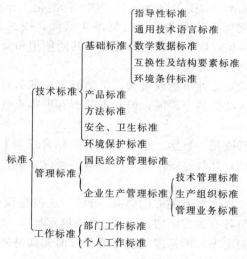

图 3-1　标准分类方法

二、标准的分类

1. 层级分类法

按照标准化层级标准作用和有效的范围，可以将标准划分为不同层次和级别的标准，如国际标准、区域标准、国家标准、行业标准、地方标准和企业（公司）标准。

（1）国际标准（international standard）　由国际标准化或标准组织制定，并公开发布的标准是国际标准（ISO/IEC 第 2 号指南）。因此，ISO 和 IEC 批准、发布的标准是目前主要的国际标准，ISO 认可即列入《国际标准题内关键词索引》的一些国际组织如国际计量局

(BIPM)、食品法典委员会（CAC）、世界卫生组织（WHO）等组织制定、发布的标准也是国际标准。

（2）区域标准（regional standard） 区域标准是"由世界某一区域标准或标准组织制定，并公开发布的标准"（ISO/IEC 第 2 号指南）。这里"区域"是指世界上按地理、经济或政治划的区域，它是为了某一区域的利益建立的标准。如欧洲标准化委员会（CEN）发布的欧洲标准（EN）就是区域标准。

（3）国家标准（national standard） 国家标准是"由国家标准团体制定并公开发布的标准"（ISO/IEC 第 2 号指南）。如 GB、ANSI、BS、NF、DIN、JIS 等是中国、美国、英国、法国、德国、日本等国家标准的代号。

（4）行业标准（trade standard） 由行业标准化团体或机构通过并发布在某行业的范围内统一实施的标准是行业标准，又称为团体标准。如美国的材料试验协会标准（ASTM）、石油学会标准（API）、机械工程师协会标准（ASME）、英国的劳氏船级社标准（LR），都是国际上有权威性的团体标准，在各自的行业内享有很高的信誉。我国的行业标准是"对没有国家标准而又需要在全国某个行业范围内统一的技术要求所制定的标准"，如 JB、QB、FJ、TB 等就是机械、轻工、纺织、铁路运输行业的标准代号。

（5）地方标准（provincial standard） 地方标准是"由一个国家的地方部门制定并公开发布的标准"（ISO/IEC 第 2 号指南）。我国的地方标准是"对没有国家和行业标准而又需要在省、自治区、直辖市范围内统一的产品安全、卫生要求、环境保护、食品卫生、节能等有关要求"所制定的标准，它由省级标准化行政主管部门统一组织制定、审批、编号和发布。

（6）企业标准（enterprise standard） 企业标准（有些国家又称公司标准）是由企事业单位自行制定、发布的标准，也是"对企业范围内需要协调和统一的技术要求、管理要求和工作要求"所制定的标准。美国波音飞机公司、德国西门子电器公司、新日本钢铁公司等企业发布的企业标准都是国际上有影响的先进标准。

2. 对象分类法

按照标准对象的名称归属分类，可以将标准划分为产品标准、工程建设标准、方法标准、工艺标准、环境保护标准、过程标准、数据标准等。

产品标准（product standard）是指为保证产品的使用性，对一个或一组产品应达到的技术要求作出规定的标准（ISO/IEC 第 2 号指南）。产品技术要求中除了适用性方面的技术要求外，可以直接包括引用，如术语、抽样、试验方法、包装和标签方面的规定。有时，还可包括工艺方面的要求。

工程建设标准（engineering construction standard）是指对基本建设中各类工程的勘察、规划、设计施工、安装、验收等需要协调同意的事项所制定的标准。

方法标准（method standard）是指以试验、检查、分析、抽样、统计、计算、测定、作业等各种方法为对象制定的标准。把一切属于方法、程序规程性质的标准都归入这一类。例如，试验方法、检验方法、分析方法、测定方法、抽样方法、设计规程、工艺规程、生产方法、操作方法等。这里所讲的"方法""规程"是指那些通用性的方法规程，而具体产品的有关方法性的规定则常常包括在具体的产品标准中。

安全标准（safety standard）是指以保护人和物的安全为目的而制定的标准。如电气安全、核电站安全、安全操作规程、消耗品安全等。它是保护性标准的一种。

卫生标准（hygienic standard）是指为保护人的健康，对食品、医药及其方面的卫生要求制定的标准。

环境保护标准（environment protection standard）是指为保护环境和有利于生态平衡，对大气、水、土壤、噪声、振动等环境质量和污染源等检测方法以及其他事项制定的标准。

服务标准（service standard）又称服务规范，是指为某项服务工作要达到的要求所制定的标准，它们一般在交通运输、饭店宾馆、邮电、银行等服务部门中制定和使用。

包装标准（packaging standards）是指为保障物品在贮藏、运输和销售中的安全和科学管理的需要，以包装的有关事项为对象所制定的标准。

数据标准（data standard）是指包含有特性值和数据表的标准。它对产品、过程或服务的特性值或其他数据作出了规定（ISO/IEC 第 2 号指南）。

过程标准（process standard）是对一个过程应满足的要求作出规定，以实现其适用性的标准（ISO/IEC 第 2 号指南）。此外，还有文件格式标准、接口标准等，都是以对象分类的标准，就不一一叙述了。

3. 属性分类法

按照标准的属性分类，可以把标准划分为基础标准、技术标准、管理标准和工作标准等。

基础标准（basic standard）是在一定范围内作为其他标准的基础并普遍使用，具有广泛指导意义的标准。例如术语标准（terminology standard）、符号、代号、代码标准、量与单位标准等都是目前广泛使用的综合性基础标准。

技术标准（technical standard）是指对标准化领域中需要协调统一的技术事项所制定的标准。因此，产品的技术标准仅仅是很多标准中的一种。技术标准反映了国家在一定时间内生产和检测某产品的能力和水平。技术标准不是一成不变的，它随着科学技术的发展不断更新其内容。当生产工艺有所改进，发现了更加快速准确的分析方法，或者产品用户对其性能、技术指标提出了新的要求时，就会诞生新的、更加进步的技术标准，此时原有的标准即行废止。

管理标准（administrative standard）是指对标准化领域中需协调统一的管理事项所制定的标准。显然，对企业标准化领域中需要协调统一的管理事项（如技术、生产、质量、能源、计量、工艺、设备、安全、卫生、环保、物资等与实施技术标准有关的重复性事项）所制定的标准是企业管理标准（GB/T 13017—2008）。

工作标准（duty standard）是指对企业标准化领域中需要协调统一的工作事项（即在执行相应技术标准和管理标准时，与工作岗位的工作范围、责任、权限、方法、质量与考核等以及工作程序有关的事项）所制定的标准（GB/T 13017—2008）。

4. 其他分类方法

除了以上三种主要分类法，还可用其他分类方法对标准进行分类。如根据标准实施的强制程度，可以把标准分为强制标准、暂行标准和推荐性标准。根据法律或法规规定，应强制实施的标准称为强制性标准。

暂行标准是由一个标准化团体暂时制定并公开发布的文件，以使其作为一个标准，在应用中获得必要的经验（ISO/IEC 第 2 号指南）。暂行标准一般应规定一个试行期限，试行期内达不到的某些要求和指标，可呈报有关部门酌情放宽执行。

推荐采用、自愿执行标准是推荐性标准，推荐性标准的对象一般是具有指导意义，但又不宜强制执行的技术和管理要求。

三、标准的分级

我国对实施应用的标准进行了分级，把标准分为国家标准、行业标准、地方标准和企业标准四级。

1. 国家标准

由国务院标准化行政主管部门，即国家质量监督检验检疫总局，对需要在全国范围内统一的技术要求制定的标准，称为国家标准。国家标准是指对全国经济技术发展有重大意义而必须在全国范围内统一的标准。国家标准的对象一般包括：基本原材料；有关人民生活的、量大面广的、跨部门生产的重要的工农业产品；有关人民安全、健康和环境保护的对象；有关互换配合、通用技术语言；通用零件、部件（元件、配件和工具量具）；通用的试验和检验方法等。

国家标准在我国是最高形式的标准，其他标准均不得与国家标准相抵触。但这并不意味着国家标准的指标是最高的，其余标准都比国家标准低，恰恰相反，国家标准所规定的指标是必须达到的起码要求，企业根据用户和市场需要，制定比国家标准更高、更严的企业标准，生产出高档优质品。这不仅不算与国家标准相抵触，而且正是应该提倡的做法。

2. 行业标准

由国务院有关行政主管部门对没有国家标准而又需要在全国某个行业内统一技术要求制定的标准，称为行业标准。行业标准需报国务院标准化行政主管部门备案，当公布了相关的国家标准后，该项行业标准即行废止。

行业标准是指全国性的各专业部门范围内统一的标准。对没有国家标准而又需要在全国某个行业范围内统一的技术要求，可以制定行业标准，又称专业标准。

3. 地方标准

由省、自治区、直辖市标准化行政主管部门对没有国家标准和行业标准而又需要在省、自治区、直辖市范围内统一的工业产品安全、卫生的要求制定的标准，称为地方标准。

地方标准需报国务院标准化行政主管部门和国务院有关行政主管部门备案，当公布了相关的国家标准或者行业标准后，该项地方标准即行废止。

4. 企业标准

企业生产的产品没有国家标准和行业标准的，应当制定企业标准，作为组织生产的依据。企业的产品标准须报当地政府标准化主管部门和有关行政主管部门备案。已有国家标准或行业标准的，国家鼓励企业制定严于国家标准或行业标准的企业标准，在企业内部适用。

第三节　标准的代号和编号

一、国家标准的代号和编号

1. 国家标准的代号

国家标准由国务院标准化行政主管部门（国家技术监督局）批准发布。

强制性国家标准的代号为"GB"，推荐性国家标准的代号为"GB/T"。代号为"GB/T"中T是"推荐"一词汉语拼音的第一个字母，按照规定，自1992年起发布的国家标准，凡属推荐性的，代号均使用"GB/T"。国家标准代号含义及管理部门见表3-1。

表3-1　国家标准代号

序号	代号	含义	管理部门
1	GB	中华人民共和国强制性国家标准	国家标准化管理委员会
2	GB/T	中华人民共和国推荐性国家标准	国家标准化管理委员会
3	GB/Z	中华人民共和国国家标准化指导性技术文件	国家标准化管理委员会

2. 国家标准的编号

国家标准的编号由国家标准的代号、国家标准发布的顺序号和国家标准发布的年号构成。标准编号中的标准发布年号，以前都只用 2 位数字（发布年号的后两位数字），自 1995 年起发布的标准，年份一律采用 4 位数字，格式如下。

GB（强制性国家标准代号）××××（顺序号）—××××（年号）

GB/T（推荐性国家标准代号）××××（顺序号）—××××（年号）

如 GB 3100—93《国际单位制及其应用》，其中 GB 表示该标准为强制性国家标准，3100 为该国家标准的顺序号，93 表示该标准是 1993 年发布的；GB/T 601—2002《化学试剂 标准滴定溶液的制备》其中 GB/T 表示该标准为推荐性国家标准，601 为该国家标准的顺序号，2002 表示该标准是 2002 年发布的。

对于一些等同采用 ISO 国际标准的系列国家标准，则标准号的"发布顺序号"一项，往往含有 ISO 标准顺序号，而不仅只是国家标准的发布顺序号。例如：GB/T 19000—2000 idt ISO 9000：2000《质量管理体系 基础和术语》。

二、行业标准的代号和编号

1. 行业标准的代号

行业标准也分为强制性行业标准和推荐性行业标准两类，标准编号中的代号因行政主管部门不同而异。例如化工行业标准代号为 HG，纺织行业标准代号 FZ，教育行业标准代号为 JY。各行业的标准代号见表 3-2。

表 3-2 行业标准代号

序号	代号	含义	主管部门
1	BB	包装	中国包装工业总公司包改办
2	CB	船舶	国防科工委中国船舶工业集团公司、中国船舶重工集团公司(船舶)
3	CH	测绘	国家测绘局国土测绘司
4	CJ	城镇建设	建设部标准定额司(城镇建设)
5	CY	新闻出版	国家新闻出版广电总局印刷业管理司
6	DA	档案	国家档案局政法司
7	DB	地震	国家地震局震害防预司
8	DL	电力	中国电力企业联合会标准化中心
9	DZ	地质矿产	国土资源部国际合作与科技司(地质)
10	EJ	核工业	国防科工委中国核工业总公司(核工业)
11	FZ	纺织	中国纺织工业协会科技发展中心
12	GA	公共安全	公安部科技司
13	GY	广播电影电视	国家新闻出版广电总局科技司
14	HB	航空	国防科工委中国航空工业总公司(航空)
15	HG	化工	中国石油和化学工业联合会质量部(化工、石油化工、石油天然气)
16	HJ	环境保护	环境保护部科技标准司
17	HS	海关	海关总署政法司
18	HY	海洋	国家海洋局海洋环境保护司
19	JB	机械	中国机械工业联合会
20	JC	建材	中国建筑材料工业协会质量部
21	JG	建筑工业	建设部(建筑工业)
22	JR	金融	中国人民银行科技与支付司
23	JT	交通	交通运输部科教司
24	JY	教育	教育部基础教育司(教育)
25	LB	旅游	国家旅游局质量规范与管理司
26	LD	劳动和劳动安全	人力资源和社会保障部劳动工资司(工资定额)

第三章　标准化和标准知识

续表

序号	代号	含义	主管部门
27	LY	林业	国家林业局科技司
28	MH	民用航空	中国民用航空局规划科技司
29	MT	煤炭	中国煤炭工业协会
30	MZ	民政	民政部人事教育司
31	NY	农业	农业部市场与经济信息司（农业）
32	QB	轻工	中国轻工业联合会
33	QC	汽车	中国汽车工业协会
34	QJ	航天	国防科工委中国航天工业总公司（航天）
35	QX	气象	中国气象局检测网络司
36	SB	商业	中国商业联合会行业发展部
37	SC	水产	农业部（水产）
38	SH	石油化工	中国石油和化学工业联合会质量部（化工、石油化工、石油天然气）
39	SJ	电子	工业和信息化部科技司（电子）
40	SL	水利	水利部科教司
41	SN	商检	国家质量监督检验检疫总局
42	SY	石油天然气	中国石油和化学工业联合会质量部（化工、石油化工、石油天然气）
43	SY(>10000)	海洋石油天然气	中国海洋石油总公司
44	TB	铁路运输	中国铁路总公司科教司
45	TD	土地管理	国土资源部（土地）
46	TY	体育	国家体育总局体育经济司
47	WB	物资管理	中国物资流通协会行业部
48	WH	文化	文化部科教司
49	WJ	兵工民品	国防科工委中国兵器工业总公司（兵器）
50	WM	外经贸	商务部科技司
51	WS	卫生	卫生部卫生法制与监督司
52	XB	稀土	国家发展和改革委员会稀土办公室
53	YB	黑色冶金	中国钢铁工业协会科技环保部
54	YC	烟草	国家烟草专卖局科教司
55	YD	通信	工业和信息化部科技司（邮电）
56	YS	有色冶金	中国有色金属工业协会规划发展司
57	YY	医药	国家食品药品监督管理总局医药司
58	YZ	邮政	国家邮政局计划财务部

注：行业标准分为强制性和推荐性标准。表中给出的是强制性行业标准代号，推荐性行业标准的代号是在强制性行业标准代号后面加"/T"，例如农业行业的推荐性行业标准代号是NY/T。

2. 行业标准的编号

行业标准编号是由行业标准代号、行业标准发布顺序号和行业标准发布年号组成，格式如下。

ZB（行业标准代号）××××（顺序号）—××××（年号）

例如，HG/T 3475—1999《化学试剂　葡萄糖》行业标准，其中HG/T表示该标准为化工行业标准，3475为该标准的顺序号，1999表示该标准是1999年发布的。HJ 810—2016《水质　挥发性有机物的测定　顶空气相色谱-质谱法》其中HJ表示该标准为环境保护行业标准，810为该标准的顺序号，2016表示该标准是2016年发布的。

三、地方标准的代号和编号

1. 地方标准的代号

汉语拼音字母"DB"加上省、自治区、直辖市行政区划代码前两位数再加斜线，组成强制性地方标准代号，再加"T"，组成推荐性地方标准代号，具体见表3-3。省、自治区、直辖市代码见表3-4。

表 3-3　地方标准代号

序号	代号	含义	管理部门
1	DB+＊	中华人民共和国强制性地方标准代号	省级质量技术监督局
2	DB+＊/T	中华人民共和国推荐性地方标准代号	省级质量技术监督局

注：＊表示省级行政区划代码前两位。

表 3-4　省、自治区、直辖市代码

名称	代码	名称	代码
北京市	110000	湖南省	430000
天津市	120000	广东省	440000
辽宁省	210000	广西壮族自治区	450000
吉林省	220000	海南省	460000
黑龙江省	230000	四川省	510000
上海市	310000	贵州省	520000
江苏省	320000	云南省	530000
浙江省	330000	西藏自治区	540000
安徽省	340000	陕西省	610000
福建省	350000	甘肃省	620000
江西省	360000	青海省	630000
山东省	370000	宁夏回族自治区	640000
河南省	410000	新疆维吾尔自治区	650000
湖北省	420000	台湾省	710000
河北省	130000	重庆市	500000
山西省	140000	香港特别行政区	810000
内蒙古自治区	150000	澳门特别行政区	820000

格式示例如下。

山西省强制性地方标准代号：DB14/。

山西省推荐性地方标准代号：DB14/T。

如果属于省、自治区、直辖市以下的地方（如地、市、县等）标其行政区代码则用前四位数字表示，格式示例为：山西省太原市推荐性地方标准代号为 DB1401/T。

2. 地方标准的编号

地方标准的编号，由地方标准代号、地方标准顺序号和地方标准发布年号三部分组成。

格式示例1：DB××/×××—××××。

格式示例2：DB××/T×××—××××。

格式示例3：DB11/105—1998《轻型汽车排气污染物排放标准》即为北京市地方标准。

四、企业标准的代号和编号

1. 企业标准代号

企业标准的代号为"Q"，字母Q表示"企业"汉语拼音的第一个字母。某个企业的企业标准的代号由企业标准代号Q加斜线，再加上企业代号组成，格式为：Q/×××。

其中的企业代号可以用汉语拼音或阿拉伯数字或两者兼用组成。企业代号按中央所属企业和地方企业分别由国务院有关行政主管部门和省、直辖市、自治区标准化行政主管部门会同同级有关行政主管部门规定。

2. 企业标准编号

一般企业标准编号由企业标准代号、企业标准顺序号和企业标准发布年号表示，格式如下。

Q（企业标准代号）/×××（企业标准代号）×××（企业标准顺序号）—××××（发布年号）。

有些企业按照 GB/T 13017—2008 的规定，将其企业标准分为技术标准、管理标准和工作标准，并在其企业标准代号后又加标准类别代号，其中技术标准加"/J"，管理标准加"/G"，工作标准加"/Z"。格式如下：

Q（企业标准代号）/×××（企业标准代号）/×（标准类别代号）×××（企业标准顺序号）—××××（发布年号）

例，津 Q/YQ 27—89 表示天津市一轻系统企业标准。

Q/HS 13008—2010《海上油气田工程设计节能技术规范》表示的是中国海洋石油总公司企业标准。

第四节 标 准 方 法

一、概述

1. 标准方法概念

标准方法（reference method）是经过系统的研究，确切而清晰地描述了准确测量特定化学成分量所必需的条件和过程的方法。

为使测量按同样的方法进行，测量方法应标准化。所有测量都应该根据规定的标准方法进行。这意味着必须要有一个书面的文件，规定有关如何进行测量的所有的细节，最好还要包括如何获得和准备试样的内容。有关测量方法文件的存在意味着有一个负责研究测量方法机构的存在。

2. 标准方法特点

标准方法应是一个标准化的方法。这样一个方法应是稳健的，即测量结果对测量过程中的微小变动不会产生意外的大变动。若测量过程真有较大的变化，应有适当的预防措施或发出警告，在制定一个标准测量方法中，应该尽一切努力力求消除或减少偏倚。也可以用一些相似的测试程序来对已经建立的测量方法和最新标准化的测量方法的准确度和精密度进行测试。在后一种情况下，所得到的结果宜被看作是初始估计值，因为准确度和精密度随着实验室经验的积累而改变。建立测量方法的文件应该是明确的和完整的。所有涉及该程序的环境、试剂和设备、设备的初始检查以及测试样本的准备的重要操作都应该包括在测量方法中，这些方法尽可能地参考其他的对操作人员有用的书面说明。说明中宜精确标明测试结果和计算方法以及应该报告的有效数字位数。

标准方法是经过科学实验证明为准确的测量方法。其准确度和精密度能满足评价其他方法准确度和给一级标准物质赋值的要求。标准方法常用来研究和评价现场测量方法，为工作级标准物质定值。作为一种测量方法，绝对准确、没有任何系统误差存在是很难达到的。人们研究标准方法，首先要弄清楚方法原理，找到主要系统误差所在，进而加以修正或使其

---

❶ 一级标准物质是指其特值采用绝对测量法或其他准确、可靠的测量方法，测量准确度达到国内最高水平并附有证书的标准物质，此类标准物质由国家最高计量行政部门批准、颁布并授权生产。

限定在允许的范围内,从而提高测量方法的准确度和可靠性。

标准方法在技术上并不一定是先进的,准确度也可能不是最高的方法,而是在一般条件下简便易行、具有一定可靠性、经济实用的成熟方法。标准方法经过充分试验,获得广泛认可,不需要额外工作即可获得有关精密度、准确度和干扰等整体知识。发展一个标准方法需要经过较长的过程,要花费大量的人力、物力,在进行充分试验的基础上,推广使用,最后才能成为标准方法。现代化的仪器分析较化学分析更复杂,研究仪器分析的标准方法需要更大的投资和更长的时间,要多个实验室共同合作才能完成。

3. 标准方法的应用

化验室对某一样品进行分析检验,必须依据以条文形式规定下来的分析方法进行。为了保证分析检验结果的可靠性和准确性,推荐使用标准方法。国际标准化组织(ISO)颁布了上万种标准方法。美国材料协会(ASTM)也颁布了超过12000个标准,其中大部分为标准方法。美国化学协会(AOAC),在食品、药物、肥料、农药、化妆品、有害物质等领域颁布了数以千计的标准方法。国家质量监督检验检疫总局也颁布了数以千计的标准方法,包括化工、食品、农林、地质、冶金、医药卫生、材料、环保等领域的分析测试类的标准方法。

二、标准方法的分类

1. 基本单位测量法

基本单位测量法是指能通过写出一个描述测量等式,并采用 SI 单位来描述等式中的其他值,将测量的结果与 SI 的基本单位联系起来的测量方法。基本单位测量法具有极高的准确度,如温度、质量、时间等基本单位的测量,通常准确度可达 10^{-13}。它的不确定度可以用 SI 单位表述,测量结果不依赖测量的测量标准。例如,通过写出一个描述测量等式,并采用 SI 单位来描述等式中的其他值,物质的量的 SI 单位为摩尔(mol),就能表示出来。这样就将测量的结果与 SI 的基本单位联系了起来。例如,在库仑法中(对于一价物质)描述测量的等式为

$$n = \frac{It}{F} \tag{3-1}$$

式中 I——电流,A;

t——时间,s;

F——法拉第常数,9.648×10^4 C/mol;

n——物质的量,mol。

这样,在讨论化学测量溯源性问题时,就没有必要强调复现摩尔的问题。使用正确的测量等式并且等式中的其他量或常数以 SI 单位表示,摩尔的复现就会自然地发生。

2. 权威方法(definitive methods)

权威方法一般指绝对测量法,这类测量法与质量、时间等基本量或导出量直接相关,测定的数值为绝对值,即是绝对量而不是相对量。绝对测量法的最好准确度可达 10^{-6},通常可达 10^{-4}。在化学测量中重量法和库仑法都属绝对测量法。绝对测量法是通过测量一个或几个基本量(或导出量)确定被测对象量值的方法。绝对测量法应满足几个基本条件:有理论基础,可以用数字公式表述;主要的测量参数是独立的,精密度和稳定度已加以论证;进行了系统误差分析,给出测量结果的准确度。

3. 标准参考方法(reference methods)

绝对测量法具有很高的准确度,但在化学分析测试领域,绝对方法是有限的,所以在测量过程中不可能都采用绝对测量法,而经常采用标准参考方法。

标准参考方法是指采用通过与标准相对比较才能得出结果的方法。它是论述实验确定的精密度和准确度，并由国家主管部门、有关学术团体和一些国际性组织等权威机构颁布的。一个标准参考方法必须确切地给出实验条件与实验过程。标准参考方法不但直接可用于高准确度测量，还可用于评价其他方法的准确度，也可用于二级标准物质的定值。标准参考法是相对测量法，它是以标准物质或基准物质的含量为标准来确定被测对象量值的。它通常没有系统误差，即使有，也是已知的，是可以校正的。这类测量法的准确度为：

常量分析——$10^{-3} \sim 10^{-2}$；

痕量分析——$2\% \sim 3\%$；

超痕量分析——$\geqslant 5\%$。

4. 现场方法（field methods）

现场方法是指例行分析实验室、监测站、车间中控实验室实际使用的分析检验方法。此类方法种类较多，灵活采用，不同现场可采用不同的分析方法。现场方法往往比较简单、快速，便于操作者使用，能满足现场的实际要求。

三、选择分析方法的原则

选择分析方法的原则是：优先使用标准方法，如无标准方法时，可使用经验证和审批的非标准方法。检测的标准方法包括国际或地区性国际标准方法、国家标准方法、行业标准方法。

检测的非标准方法包括权威技术组织制定的经过验证的方法、实验室验证的在有关科技文献和期刊上发表的方法、实验室自行研制的方法、客户要求的方法。但不论选用何种方法，都必须满足两个条件：一是所选方法必须满足所要求的检测限度；二是所选方法必须具有足够小的随机误差和系统误差，使得分析结果的准确度能满足允许误差的要求。

四、各类标准方法的关系

基本单位测量方法是具有确定的不确定度的方法，不确定度可以由 SI 单位确定，基本单位测量方法有时可以用来作为权威方法，但是权威方法不一定都是基本单位测量法。权威方法也称仲裁方法，其测量的准确度是经过论证可以忽略不计的。权威方法可以用来评价现场方法。当没有合适的基本单位测量方法时，可以采用标准参考方法。

五、对方法的评定

要达到准确测量的目的，必须了解所用方法的可靠性与适用性。熟练运用并严格控制测定条件，应对分析方法的准确度、精密度、检测下限、分析空白、基体效应、环境因素影响等方面作出评定。

1. 方法的准确度

GB/T 6379 用两个术语"正确度"与"精密度"来描述一种测量方法的准确度，正确度指大量测试结果的（算术）平均值与真值或接受参照值之间的一致程度；而精密度指测试结果之间的一致程度。

当已知或可以推测所测量特性的真值时，测量方法的正确度即为人们所关注。尽管对某些测量方法，真值可能不会确切知道，但有可能知道所测量特性的一个接受参照值。例如，可以使用适宜的标准物料或者通过参考另一种测量方法或准备一个已知的样本来确定该接受参照值。通过把接受参照值与测量方法给出的结果水平进行比较就可以对测量方法的正确度进行评定。正确度通常用偏倚来表示。例如，在化学分析中，如果所用的测量方法不能测出某种元素的全部，或者由于一种元素的存在而干扰了另一种元素的确定，就会产生偏倚。

ISO 5725 中使用的一般术语"准确度",既包含正确度也包含精密度。"准确度"这一术语在过去一段时间只用来表示现在称为正确度的部分。但是对很多人来说,它不仅包括测试结果对参照(标准)值的系统影响,也应包括随机的影响。

准确度是测定值与真实值之间相符的程度,以不确定度表示(不确定度的确定参阅本书第一章、第二节中"三、测量不确定度与置信区间")。

以化学试剂试验方法准确度的评定为例,给出目前常用的几种方法。

(1) 不确定度的确定　该方法适用于基准试剂含量测定、标准滴定溶液浓度标定及用滴定法测定化学试剂主体含量,计算公式如下。

$$u_x = \sqrt{u_0^2 + u_{测量}^2} \tag{3-2}$$

式中　u_x——被测样品含量(或标准滴定溶液浓度)在一定概率下的不确定度;
　　　u_0——上一级基准试剂含量(或标准滴定溶液浓度)在一定概率下的不确定度;
　　　$u_{测量}$——整个测定过程中,每个环节在一定概率下的不确定度。

测量过程不同环节的不确定度可以设法消除或修正,使其降至最小,甚至可以忽略。例如,容量工作基准试剂含量测定,须对砝码进行校正、对称量进行空气浮力修正;标准滴定溶液浓度标定,须对砝码进行校正、对称量进行空气浮力修正;标准滴定溶液浓度标定,需对砝码进行校正、对滴定管读数进行校正、对滴定体积进行温度校正;化学试剂主体含量测定(滴定法),需对砝码进行校正,对滴定管、容量瓶、单标线吸管的读数进行校正,对滴定体积进行温度补正等。

基准试剂含量、标准滴定溶液浓度及用滴定法测定化学试剂主体含量一般能达到表 3-5 的不确定度。

表 3-5　不同测定项目对应不确定度

测定项目	u_x/%	测定项目	u_x/%
容量第一基准试剂含量	±0.02	标准滴定溶液浓度	±0.1
容量工作基准试剂含量	±0.05	化学试剂主体含量	±0.2

(2) 对比法　制定或修订标准时,所制定的试验方法与被采用的国际标准、国外先进标准方法(或修订后的试验方法与原方法)可能存在待测成分的分离和测定原理的差异,这种试验方法的评定方法是:先用两种方法同时分析相同的一个(或若干个)样品,然后用 t 检验法检验两种方法的结果有无显著性差异。若置信概率取 95% 时无显著差异,则认为制定或修订的试验方法的系统不确定度可以忽略不计。以随机不确定度作为该方法结果的不确定度。若有显著性差异,必须查明原因。

(3) 回收率　测定杂质的方法绝大部分用相对法。通常用回收率来判断方法的可靠性。该方法先配含有待测杂质的标准溶液,向四份以上相同体积的样品溶液中,一份不加,其余各份分别按比例加入上述标准溶液,其中一份加入的量应等于样品溶液中待测杂质的量,然后分别测定各溶液中所含杂质的量,回收率按下式计算。

$$Y = \frac{m_1 - m_2}{m_3} \times 100 \tag{3-3}$$

式中　Y——回收率,%;
　　　m_1——样品溶液中加入待测杂质后测得的杂质总量;
　　　m_2——样品中待测杂质的量;
　　　m_3——加入待测杂质的量。

2. 方法的精密度

（1）方法精密度基本概念　精密度（precision）指在规定条件下，独立测试结果间的一致程度。精密度仅仅依赖于随机误差的分布而与真值或规定值无关，精密度的度量通常以精密度表达，其量值用测试结果的标准偏差来表示，精密度越低，标准偏差越大。"独立测试结果"指的是对相同或相似的测试对象所得的结果不受以前任何结果的影响。精密度的定量的测量严格依赖于规定的条件，重复性和再现性条件为其中两种极端情况。

（2）方法精密度的影响因素　考虑精密度的原因主要是因为假定在相同的条件下对同一或认为是同一的物料进行测试，一般不会得到相同的结果。这主要是因为在每个测量程序中不可避免地会出现随机误差，而那些影响测量结果的因素并不能完全被控制在对测量数据进行实际解释过程中，必须考虑这种变异。例如，测试结果与规定值之间的差可能在不可避免的随机误差范围内，在此情形，测试值与规定值之间的真实偏差是不能确定的。类似的，当比较两批物料的测试结果时，如果它们之间的差异是来自测量程序中的内在变化，则不能表示这两批物料的本质差别。

很多不同的因素（除假定相同的样品之间的差异外）都能够引起测量方法的结果变异，它们包括：

① 操作员；
② 使用的设备；
③ 设备的校准；
④ 环境（温度、湿度、空气污染等）；
⑤ 不同测量的时间间隔。

由不同操作员所做的测量和在不同设备上进行的测量通常要比在短时间内由同一个操作员使用相同的设备进行测量产生的变异大。

描述重复测量结果之间的变异的一般术语是精密度。精密度的两个条件，即重复性和再现性条件对很多实际情形是必需的，对描述测量方法的变异是有用的。在重复性条件下，上面所列的因素①～⑤皆保持不变，不产生变异；而在再现性条件下，它们是变化的，能引起测试结果的变异。因此重复性和再现性是精密度的两个极端情况：重复性描述变异最小情况，而再现性则描述变异最大情形。当因素①～⑤的一个或多个允许变化时，位于精密度的上述两个条件的其他中间条件也是可以想像的，它们可用于某些特定的环境。

也就是说，精密度是指在确定的条件下，将测试方法实施多次所得结果之间的一致程度。影响测试结果的随机误差越小，测试的精密度就越高。

3. 方法的灵敏度

评价方法时，仅仅评价准确度和精密度是不够的，必须要考虑方法的灵敏度。方法的灵敏度常用工作曲线的斜率（即当样品浓度或者含量有很小变化时，测量信号值的变化）来表示，斜率越大，方法灵敏度越高。斜率随测定条件的变化而变化。研究方法灵敏度就是要选择提高灵敏度的最佳试验条件以及控制试验条件以减少斜率的波动性。

一般而言，高灵敏度的分析方法，其精密度也高。灵敏度的稳定性不但影响测定方法的精密度，而且还引起工作曲线斜率的变化，产生测定的系统误差。只有当灵敏度固定不变时，相应值才与被测样品含量有定量的关系。实际上，要求灵敏度固定不变是不可能的，但可以通过严格控制测定条件，使灵敏度的变化减小到可以接受的程度。

4. 方法的检测下限

测定方法的检测限是在一定置信概率下，能检出被测组分的最小含量（或浓度）。此最小含量产生的信号在一定置信概率下能与空白值或仪器噪声区分开。通常把相当于 10 倍空白的标准偏差相应的浓度定为方法的定量检测下限。

检测下限有三种常用的表示方式。

(1) 仪器检测下限　可检测仪器的最小讯号，通常用信噪比来表示，当信号与噪声之比大于等于 3 时，相当于信号强度的试样浓度，定义为仪器检测下限。

(2) 方法检测下限　即某方法可检测的最低浓度。通常用低浓度曲线外推法可求得方法检测下限。

(3) 样品检测下限　即相对于空白可检测的样品最小含量。样品检测下限定义为：其信号等于测量空白溶液的信号的标准偏差的 3 倍时的浓度。

检测下限是选择分析方法的重要因素。样品检测下限不仅与方法检测下限有关，而且与空白样品中空白含量以及空白波动情况有关。只有当空白含量为零时，样品检测下限等于方法检测下限。然而，空白含量往往不等于零，空白含量常受环境样品的污染、实际纯度、容器的质地及操作等因素的影响。因此，由外推法求得的方法下限可能很低，但由于空白含量的存在以及空白含量的波动，样品检测下限可能要比方法检测下限大得多。从实用中考虑，样品检测下限较为有用和切合实际。

5. 方法的适用范围

分析测试方法是对工业产品、农产品、进出口产品进行产品质量检验的主要手段。

在环境检测中，对大气和居室内空气中的有毒、有害物质的检测；对饮用水、地表水、海水中污染物的检测；对固体废物中严重污染环境的多氯联苯、多环芳烃的检测，都需使用高灵敏度的分析测试方法。

对超纯半导体生产过程的实时检测分析，对镧-钡-铜-氧超导陶瓷的晶相结构测定，对纳米材料的尺寸、形貌、结构的测定要使用电子显微镜、X 射线衍射、扫描隧道显微镜等表面分析测试方法。

在临床医疗诊断、生物工程产品检验、生命科学中对人类基因和蛋白组的分析中，要使用毛细管电泳、化学免疫测定和利用生物芯片的微全分析系统等生物分析测试方法。

对复杂组成的无机样品可使用原子发射光谱、X 射线荧光光谱确定其元素组成，对有机化合物可使用紫外吸收光谱、红外吸收光谱、核磁共振波谱和质谱来确定其分子结构，这些确定元素组成和分子结构的分析测试方法还可以与气相色谱、高效液相色谱等分离分析测试方法组合构成气相色谱-质谱（GC-MS）、气相色谱-傅里叶变换红外吸收光谱（GC-FTIR）、气相色谱-原子发射光谱（GC-NMR）等一系列联用分析测试方法，其在解决未知物的剖析任务时发挥了重要的作用。

分析测试方法的多样性是由被测定样品自身具有的特性和分析目的提出的要求所决定的。

如欲测定样品中的主体成分，对无机物要使用化学分析法中的重量分析方法、滴定分析法和气体分析法；电化学分析法中的电化学滴定法、库仑分析法等。对有机物要使用有机官能团容量分析法、元素定量分析法、气相色谱法和高效液相色谱法。

如欲测定样品中的微量或痕量组分，对无机物要使用可见及紫外吸收光谱法、极谱分析法和伏安分析法。对有机物要使用具有高灵敏度检测器的气相色谱法（氢火焰离子化检测器、电子捕获检测器、火焰光度检测器等）和高效液相色谱法（荧光检测器、电化学检测器等）。

无论成分分析、结构分析、表面分析、环境分析、生化分析，它们使用的分析测试方法都来自分析化学的基本原理和测定方法，只是在解决实际分析任务时，完善了取样、样品预处理、干扰测定杂质的分离、单组分或多组分的单独或同时测定、分析结果计算等步骤，并对测定方法的灵敏度、准确度、精密度、重复性作出了符合质量保证的限定，因而更能满足对实际样品的分析的要求。

分析测试方法效能的提高还与分析化学的发展密切相关。分析化学的发展不仅提高了分析测试的速度，也提高了分析测定的灵敏度，同时扩大了分析测定适用样品的使用范围。

6. 基体效应与测量方式

当一个方法确定之后，应用该方法时，对于不同的测定对象，要考虑基体（基体是指分析试样中的主体组分）的影响。基体对预测组分的影响称为基体效应。常用的工作曲线测量法只在基体效应小至不影响测量结果的情况应用。如果基体效应影响测定结果，影响不是太大时，可采用标准加入测量法来消除存在的基体效应。若基体效应严重影响结果，只能用预先分离基体的测量方法。

六、采用国际标准和国外先进标准

1. 国际标准和国外先进标准

（1）国际标准　国际标准是指国际标准化组织（ISO）、国际电工委员会（IEC）和国际电信联盟（ITU）制定的标准，以及国际标准化组织确认并公布的其他国际组织制定的标准，国际标准化组织确认并公布的其他国际组织见表3-6。

（2）国外先进标准　国外先进标准是指国际上有权威的区域性标准、世界主要经济发达国家的国家标准和通行的团体标准，以及其他国际上先进的标准。

国际上较有影响的区域标准有：欧洲标准化委员会颁布的标准（EN）；欧洲电器标准协调委员会颁布的标准（ENEL）；阿拉伯标准化与计量组织颁布的标准（ASMO）；泛美技术标准化委员会（COPANT）；太平洋地区标准会议颁布的标准（PASC）等。主要世界经济技术发达国家的国家标准见表3-7。

表3-6　国际标准化组织确认并公布的其他国际组织名称

序号	组织名称	名称简称	序号	组织名称	名称简称
1	国际计量局	BIPM	21	国际煤气工业联合会	IGU
2	国际人造纤维标准化局	BISFN	22	国际制冷学会	IIR
3	食品法典委员会	CAC	23	国际劳工组织	ILO
4	空间数据系统咨询委员会	CCSDS	24	国际海事组织	IMO
5	国际建筑结构研究与改革委员会	CIB	25	国际种子检验协会	ISTA
6	国际照明委员会	CIE	26	国际电信联盟	ITU
7	国际内燃机理事会	CIMAC	27	国际纯粹与应用化学联合会	IUPAC
8	国际牙科联合会	FDI	28	国际毛纺组织	IWTO
9	国际信息与文献联合会	FID	29	国际兽医局	OIE
10	国际原子能机构	IAEA	30	国际法制计量组织	OIML
11	国际航空运输协会	IATA	31	国际葡萄与葡萄酒局	OIV
12	国际民航组织	ICAO	32	材料与结构研究实验所国际联合会	RILEM
13	国际谷类加工食品科学技术协会	ICC	33	贸易信息交流促进委员会	TraFIX
14	国际排灌委员会	ICID	34	国际铁路联盟	UIC
15	国际辐射防护委员会	ICRP	35	联合国经营、交易和运输程序和实施促进中心	UN/CEFACT
16	国际辐射单位与测量委员会	ICRU	36	联合国教科文组织	UNESCO
17	国际乳品业联合会	IDF	37	国际海关组织	WCO
18	因特网工程特别工作组	IETF	38	世界卫生组织	WHO
19	国际图书馆协会联合会	IFTA	39	世界知识产权组织	WIPO
20	国际有机农业运动联合会	IFOAM	40	世界气象组织	WMO

表 3-7　主要世界经济技术发达国家的国家标准

序号	国家标准	代号	序号	国家标准	代号
1	美国	ANSI	6	法国	NF
2	德国	DIN	7	瑞士	SNV
3	英国	BS	8	意大利	UNI
4	日本	JIS	9	俄罗斯	TOCTP
5	瑞典	SIS			

2. 采用国际标准和国外先进标准的意义

（1）采用国际标准的意义

① 采用国际标准是消除贸易技术壁垒的重要基础之一　随着经济全球化趋势的加快，国际贸易的迅速发展，标准的作用则更加突出，尤其是国际标准已成为全球市场的准入证。与此同时，世界各国之间的竞争不断加剧，谁先在标准上占有优势，谁就能在国际市场上占有一席之地。国际标准化大环境给中国的经济技术发展造成巨大压力，也对我国的标准化工作提出了新的挑战。我国加入WTO的有关承诺表示，中国技术法规的制定将以国际标准为基础，并使以国际标准为基础制定的技术法规的比例在5年内增加10%（我国"九五"末期国家标准中采用国际标准和国外先进标准的比率为43.5%）。截至2013年年底，我国现行有效国家标准共30680项，其中12753项由国际国外标准转化而来，占现行有效国家标准总数的41.6%。

国际标准反映了国际上已经普遍达到的比较先进的科学技术和生产水平，是反映全球工业界、研究人员、消费者和法规制定部门经验的结晶，包含了各国的共同需求。因此，采用国际标准是消除贸易技术壁垒的重要基础之一。这一点已在世界贸易组织的"贸易中的技术壁垒协定"（WTO/TBT协定）中被明确认可。为了发展对外贸易，尽量采用和使用国际标准，并且尽快废止与国际标准有冲突的国家标准和其他标准是十分重要的。

② 采用国际标准有利于提高我国技术法规的科技水平　积极采用国际标准有利于提高我国技术法规的科技水平，使我国技术法规能与国际接轨，尽量提高我国技术法规的科技水平，与国际接轨。

③ 提高了我国在采用国际标准上与各国和各地区的一致性　GB/T 2000.9—2014 的部分采用了 ISO/IEC 指南 21-2：2005 的主要规定对于国家标准与国际标准一致性程度和差异采用国际上的统一方法进行标识，将避免模糊混乱，有助于与世界各国、各地区之间的贸易与交流。

为了对国家标准与相应的国际标准进行比较，迅速了解它们之间的关系，对它们的一致性程度进行标识十分重要。由于采用国际标准时情况各异，过分详细地划分一致性程度是不合理的，把一致性程度划分为等同、修改和非等效三类已足够使用。

等同采用国际标准可使透明度得到保证，这是促进国际贸易的基本条件。因为即使两个标准化团体在采用国际标准时各自仅做了一些他们认为很小的修改，这些修改也可能会叠加在一起从而导致两个采用同一国际标准的国家标准相互不可接受。而等同采用国际标准则可以避免这些问题。

即使出于正当理由，也宜尽一切努力把采用国际标准的国家标准与相应国际标准的差异减到最小。当两者存在差异时，清楚地标识这些差异并说明产生这些差异的理由是十分重要的。如果不标识这些差异，那么由于采用国际标准的国家标准与相应国际标准表述不同或文本结构不同，技术性差异很难被识别出来。清楚标出的差异随时能提醒起草者考虑这些差异是否仍有存在的必要，而没有标识的差异，即使证明其已没有存在的必要了，也可能因被忽视而仍保留在标准中。

为了发展对外贸易，尽量采用和使用国际标准，并且尽快废止与国际标准有冲突的国家标准和其他标准是十分重要的。但是由于国家安全、保护人身健康和安全、保护环境以及基本气候、地理或技术问题的原因，在任何情况下完全采用国际标准是不切合实际的。WTO/TBT 也承认这些是区域或国家标准与相应的国际标准存在差异的正当理由。因此在积极采用国际标准的同时需要根据上述正当理由考虑我国国情，但需注意不要任意扩大正当理由的范围。

（2）采用国外先进标准的意义　国外的先进标准特别是美国和欧盟等发达国家的标准是国际标准化组织制定国际标准的重要参考文献，因此要及时了解和掌握国外标准的发展动态，积极采用国外的先进标准有效地缩短与发达国家的差距，吸取发达国家在技术法规建设过程中得到的教训。

3. 采用国际标准和国外先进标准的程度划分和表示方法

（1）采用国际标准和国外先进标准的程度划分　国家质量监督检验检疫总局 2001 年 11 月 21 日发布的《采用国际标准管理办法》中规定，我国标准采用国际标准的程度，分为等同采用和修改采用。

① 等同采用　等同采用是指与国际标准在技术内容和文本结构上相同，或者与国际标准在技术内容上相同，只存在少量编辑性修改。

国家标准与相应国际标准的一致性程度是"等同"时，应符合下列条件。

a. 国家标准与国际标准在技术内容和文本结构方面完全相同。

b. 国家标准与国际标准在技术内容上相同，但可以包含下述小的编辑性修改：

（a）用小数点符号"."代替小数点符号"，"；

（b）对印刷错误的改正或页码变化；

（c）从多语种出版的国际标准的版本中删除其中一种或几种语言文本；

（d）把国际标准的技术勘误或修正案并入文本中；

（e）为了与现有的系列标准一致而改变标准名称；

（f）用"本标准"代替"本国际标准"；

（g）增加资料性内容（例如资料性附录，这样的附录不应变更、增加或删除国际标准的规定）；典型的资料性内容包括对标准使用者的建议、培训指南或推荐的表格或报告；

（h）删除国际标准中资料性概述要素（包括封面、目次、前言和引言）；

（i）如果使用不同的计量单位制，为了提供参考，增加单位换算的内容；

（j）"反之亦然原则"适用。

其中，文件版式的改变（例如，有关页码、字体和字号等的改变）尤其在使用计算机编辑的情况下均不影响一致性程度。

② 修改采用　修改采用是指与国际标准之间存在技术性差异，并清楚地标明这些差异以及解释其产生的原因，允许包含编辑性修改。修改采用不包括只保留国际标准中少量或者不重要的条款的情况。修改采用时，我国标准与国际标准在文本结构上应当对应，只有在不影响与国际标准的内容和文本结构进行比较的情况下才允许改变文本结构。

国家标准与相应国际标准的一致性程度是"修改"时，应符合下列条件。

a. 国家标准与国际标准之间允许存在技术性差异，这些差异应清楚地标明并给出解释。国家标准在结构上与国际标准对应只有在不影响对国家标准和国际标准的内容及结构进行比较的情况下，才允许对文本结构进行修改。

b. 一个国家标准应尽可能仅采用一个国际标准。个别情况下，在一个国家标准中采用几个国际标准可能是适宜的。但这只有在使用列表形式对所做的修改做出标识和解释并很容易与相应国际标准做比较时，才是可行的。"修改"还可包括"等同"条件下的编辑性修改。

c. "反之亦然原则"不适用。

d. "修改"可包括如下情况。

（a）国家标准的内容少于相应的国际标准 例如，国家标准不如国际标准的要求严格，采用国际标准中供选用的部分内容。

（b）国家标准的内容多于相应的国际标准 例如，国家标准比国际标准的要求更加严格，增加了内容或种类，包括附加试验。

（c）国家标准更改了国际标准的一部分内容 国家标准与国际标准的部分内容相同，但都含有与对方不同的要求。

（d）国家标准增加了另一种供选择的方案 国家标准中增加了一个与相应的国际标准条款同等地位的条款。作为对该国际标准条款的另一种选择。

其中，国家标准可能包括相应国际标准的全部内容，还包括不属于该国际标准的一部分附加技术内容。在这种情况，即使没有对所包含的国际标准做任何修改，其一致性程度也只能是"修改"或是"非等效"。至于是"修改"，还是"非等效"，这取决于技术性差异是否被清楚地标识和解释。

③ 非等效 我国标准与国际标准的对应关系除等同、修改外，还包括非等效。非等效不属于采用国际标准，只表明我国标准与相应国际标准有对应关系。非等效指与相应国际标准在技术内容和文本结构上不同，它们之间的差异没有被清楚地标明。非等效还包括在我国标准中只保留了少量或者不重要的国际标准条款的情况。非等效（not equivalent）代号为 NEQ。

国家标准和国际标准之间的关系见表 3-8。

表 3-8　国家标准与国际标准一致性程度及代号

一致性程度	含　义	代号
等同（identical）	国家标准"等同"于国际标准，即：国家标准与国际标准在技术内容和文本结构上完全相同；或者国家标准与国际标准在技术内容上完全相同，但可以包含小的编辑性修改。"反之亦然原则①"适用	IDT
修改（modified）	国家标准"修改"了相应的国际标准，即允许国家标准与国际标准存在技术性差异，并对技术性差异进行清楚地标识和解释，国家标准在结构上与相应国际标准相同，但如不影响对两个标准的内容进行比较，允许改变文本结构。"修改"的标准还可包括"等同"条件下的编辑性修改的内容。"反之亦然原则"不适用	MOD
非等效（not equivalent）	国家标准"非等效"于国际标准，即国家标准与相应国际标准在技术内容和文本结构上不同，它们之间的差异也没有进行清楚地标识。这种一致性程度不属于采用国际标准	NEQ

① 反之亦然原则（vice versa principle）是指国际标准可以接受的内容在国家标准中也可以接受。反之，国家标准可以接受的内容在国际标准中也可以接受。因此，符合国家标准就意味着符合国际标准。

（2）采用国际标准和国外先进标准的表示方法 我国标准采用国际标准程度的具体标注方法应遵守《标准化工作指南 第 2 部分：采用国际标准》（GB/T 20000.2—2009）。

我国标准采用国际标准的程度代号为：

IDT：等同采用（identical）；

MOD：修改采用（modified）。

根据国际标准制定的我国标准应当在封面标明和前言中叙述该国际标准的编号、名称和采用程度；在标准中引用采用国际标准的我国标准，应当在"规范性引用文件"一章中标明对应的国际标准编号和采用程度，标准名称不一致的，应当给出国际标准名称。

在采用国际标准的我国标准中，应当说明或者标明技术性差异和编辑性修改，具体说明或者标注方法应遵守《标准化工作指南 第 2 部分：采用国际标准》（GB/T 20000.2—2009）。

采用国际标准的我国标准的编号表示方法如下。

① 等同采用国际标准的我国标准采用双编号的表示方法。具体方法是：将国家标准编号和国际标准编号排为一行，两者之间用斜杠分开。

如：GB×××××—××××/ISO×××××：××××。

示例：GB/T 7939—2008/ISO 6650：2002

② 修改采用国际标准的我国标准，只使用我国标准编号，不允许使用双编号方法。

在采用国际标准时，应当按《标准化工作导则 第 1 部分：标准的结构和编写》（GB/T 1.1—2009）的规定起草和编写我国标准。在等同采用 ISO/IEC 以外的其他组织的国际标准时，我国标准的文本结构应当与被采用的国际标准一致。采用国际标准的我国标准，在编制说明中，应当详细地说明采用该标准的目的、意义和标准的水平，我国标准同被采用标准的主要差异及其原因等。

（3）在国家标准上标识与国际标准的一致性程度方法　与国际标准的一致性程度在国家标准中应标识在：

① 标准封面上的国家标准英文名称的下面；

② "规范性引用文件"一章所列标准一览表中与国际标准有对应关系的国家标准名称后面；

③ 有关"附录"所列标准一览表中与国际标准有对应关系的国家标准名称后面；

④ "参考文献"所列标准一览表中与国际标准有对应关系的国家标准名称后面。

在文中引用与国际标准有对应关系的国家标准时只使用国家标准编号。在国家标准名称下面（封面上）或后面标识与国家标准对应的国际标准编号、该国际标准英文名称（仅在国家标准的英文名称与被采用的国际标准名称不一致时才标出）和一致性程度代号，并用圆括号括起（见例 3-1、例 3-2）。在"规范性引用文件"和"参考文献"所列的标准中，对于注日期引用文件之间的代替，一致性程度标识见例 3-3、例 3-4；对于不注日期引用的标准，应在其随后的括号中标识当前最新版本的该国家标准的编号、对应的国际标准编号、该国际标准英文名称（仅在国家标准的英文名称与被采用的国际标准名称不一致时才标出）和一致性程度代号（见例 3-5）。

【例 3-1】

质量管理体系 基础和术语

Quality management systems—Fundamentals and vocabulary

（ISO 9000：2005，IDT）

【例 3-2】

滚动轴承 钢球

Rolling bearing—Balls

（ISO 3290：1998，Rolling bearings—Balls—Dimensions and tolerances，NEQ）

【例 3-3】　GB/T 11021—2007 电气绝缘 耐热性分级（IEC 60085：2004，IDT）

【例 3-4】　GB/T 10893.2—2006 压缩空气干燥器 第 2 部分：性能参数（ISO 7183-2：1996，MOD）

【例3-5】 GB/T 15140 航空货运集装单元（GB/T 15140—2008，ISO 8097：2001，MOD）

4. 采用国际标准和国外先进标准的原则和有关规定

国家质量监督检验检疫总局2001年11月21日发布的《采用国际标准管理办法》中规定采用国际标准的原则如下。

① 采用国际标准，应当符合我国有关法律、法规，遵循国际惯例，做到技术先进、经济合理、安全可靠。

② 制定（包括修订，下同）我国标准应当以相应国际标准（包括即将制定完成的国际标准）为基础。

对于国际标准中通用的基础性标准、试验方法标准应当优先采用。

采用国际标准中的安全标准、卫生标准、环保标准制定我国标准，应当以保障国家安全、防止欺骗、保护人体健康和人身财产安全、保护动植物的生命和健康、保护环境为正当目标；除非这些国际标准由于基本气候、地理因素或者基本的技术问题等原因而对我国无效或者不适用。

③ 采用国际标准时，应当尽可能等同采用国际标准。由于基本气候、地理因素或者基本的技术问题等原因对国际标准进行修改时，应当将与国际标准的差异控制在合理的、必要的并且是最小的范围之内。

④ 我国的一个标准应当尽可能采用一个国际标准。当我国一个标准必须采用几个国际标准时，应当说明该标准与所采用的国际标准的对应关系。

⑤ 采用国际标准制定我国标准，应当尽可能与相应国际标准的制定同步，并可以采用标准制定的快速程序。

⑥ 采用国际标准，应当同我国的技术引进、企业的技术改造、新产品开发、老产品改进相结合。

⑦ 采用国际标准的我国标准的制定、审批、编号、发布、出版、组织实施和监督，同我国其他标准一样，按我国有关法律、法规和规章规定执行。

⑧ 企业为了提高产品质量和技术水平，提高产品在国际市场上的竞争力，对于贸易需要的产品标准，如果没有相应的国际标准或者国际标准不适用时，可以采用国外先进标准。

第五节 标 准 物 质

标准物质是一种组成高度均匀、性能十分稳定和量值准确的测量标准，它们具有复现、保存和传递量值的基本作用。在物理、化学、生物与工程测定领域中用于校准测量仪器和测量过程，评价测量方法准确度和检查实验室的检测能力，确定材料或产品的特性量值，进行量值仲裁等，是进行质量管理、实施质量保证不可缺少的重要条件之一。

标准物质（reference material）缩写为RM，定义为：具有一种或多种足够均匀和很好确定了的特性值，用以校准设备、评价测量方法或给材料赋值的材料或物质。

标准物质可以是纯的或混合的气体、液体或固体。例如，校准黏度计用的纯水，量热法中作为热容校正用的蓝宝石，化学分析中校准用的溶液。

有证标准物质（certified reference material）缩写为CRM，定义为：附有证书的标准物质，其一种或多种特性值用建立了溯源性的程序确定，使之可溯源到准确复现的用于表示该特性值的计量单位，而且每个标准值都附有给定的置信水平的不确定度。

有证标准物质一般成批制备，其特性值是通过对代表整批物质的样品进行测量而确定，并具有规定的不确定度。当标准物质与特性器件相结合时，例如，已知三相点的物质装入三相点瓶，其特性可方便而可靠地确定，则这些器件也可以认为是有证标准物质。

需要注意的是，有些标准物质和有证标准物质，它们的特性与已确定的化学结构不相关，或不能用精确的物理和化学方法确定。这类物质包括生物物质，如疫苗，其生物活性采用效价单位表示，例如，一瓶抗生素药瓶上常标有 80 万单位、100 万单位。

基准标准物质（primary reference material）缩写为 PRM，是指具有最高计量学特性，用基准方法确定特性量值的标准物质，简称基准物质。基准物质一般是指有国家计量实验室研制，量值可以追溯到 SI 单位，并经国家计量组织国际比对验证，取得了等效度的。

标准样品（reference material）缩写为 RM，定义为：具有足够均匀的一种或多种化学的、物理的、生物学的、工程技术的或感观的性能特征，经过技术鉴定，并附有说明有关性能数据证书的一批样品。

标准样品可以是纯的或混合的气体、液体或者固体，也可以是一件制品或图像。多数标准样品是批量鉴定的，也就是在一批物料中任意抽取少量能满足要求的一部分，它能够代表整批物料在规定的不确定度限内的性能数值；少数标准样品是逐个鉴定的单个制品；还有些标准样品由于它们的特性不能用已建立的化学结构和其他原因进行说明，因此，它们的性能不能用成分、质量或数量来表示，也不能用严格定义的测试方法测定，这些标准样品包括某些生物性质的、工程技术或感官的标准样品。

有证标准样品（certified reference material）缩写为 CRM，定义为：具有一种或多种性能特性，经过技术鉴定附有说明上述性能特征的证书，并经国家标准化管理机构批准的标准样品。

通过比较可知：标准物质与标准样品，有证标准物质与有证标准样品，其英文名称及缩写完全相同，定义上略有差异，主要在于对其特性值不确定度的要求不同，因此，其用途也有差异。不过，在要求不是十分严格的测定中，常可用标准样品代替相应的标准物质。

一、标准物质的分类

1. 标准物质的分级

我国将标准物质分为两个级别：一级标准物质和二级标准物质。

（1）一级标准物质　代号为 GBW，是指采用绝对测量方法或其他准确、可靠的方法测量标准物质的特性量值，其测量准确度达到国内最高水平的有证标准物质。一级标准物质由国务院计量行政部门批准、颁布并授权生产。一级标准物质主要用于研究与评价标准方法，对二级标准物质定值。

（2）二级标准物质　代号 GBW(E)，是指采用准确、可靠的方法，或直接与一级标准物质相比较的方法定值的标准物质。二级标准物质常称为工作标准物质，主要用于评价分析方法以及同一实验室内或不同实验室间的质量保证。

2. 标准物质的分类

我国生产使用的标准物质多达千种以上。参照国际上常用的分类方式，我国将标准物质分为 13 类。标准物质分类及举例见表 3-9。

可见标准物质种类极多，涉及领域也很广，但按照检测特性考虑，基本上可分为三种，即化学成分标准物质，工程技术特性标准物质，物理学和物理化学特性标准物质。

二、标准物质的用途

1. 方法的研制和评价

在研究和发展新的测试方法时，常用标准物质作为已知物，对新方法进行验证，以考核和评定新方法的准确度和可信度。过去常用不同原理的方法或与标准方法进行对比试验，以检验测试方法是否可靠。如果得到相同的结果，一般判断新方法是可靠的；如果用不同原理的两种方法得到的结果不同，到底是哪个方法有问题，难以作出肯定的回答。而采用标准物质核验，就可以得出是与否的确切回答。

表 3-9 标准物质的分类及举例

标准物质的类型	举 例
钢铁成分分析	生铁、铸铁、碳素钢、低合金钢、工具钢、不锈钢……中、低合金钢
有色金属及金属中气体分析	铁黄铜、铝黄铜、锌白铜、精铝、合金中气体
建筑材料成分分析	黏土、百乐岩、石膏、硅质砂岩、钠钙硅玻璃、高岭土、长石
核材料分析与放射性测量	铀矿石、产铀岩石、八氧化三铀、六氟化铀、放射源氢同位素水样
高分子材料	
化工产品成分分析	基准化学试剂、农药、纯化学试剂、空气中气体成分
地质矿产成分分析	岩石、磷矿石、铜矿石、矿石中金银、化探金、土壤、水系沉积物
环境化学分析	气体、河流沉积物、污染农田土壤、水、面粉成分、茶树叶成分
临床化学及药品成分分析	人发、冻干人尿、牛尿、血清、化妆品胆红素、氰化铁(Ⅲ)、血红蛋白溶液、牛血清
食品	
煤炭石油成分分析和物理性质	煤物理性质和化学成分、冶金焦炭
工程技术特性测量	微粒、玻璃球粒度
物理学与物理化学特性	pH基准试剂、KCl电导率溶液、苯甲酸热量标准物质

注：标准物质的全名称为类型栏目名称后加"标准物质"四字。

标准物质可以用来评价分析方法。利用与被测样品组成相似的标准物质，以相同的分析方法处理，测定回收率，比用加入纯品测定回收率的方法更为可靠、准确。具体操作过程是：选择含量水平、化学组成和物理形态与样品尽可能相近的标准物质，与样品同时作平行测定。如果标准物质的测定值与证书上所给的保证值一致，则表明该分析方法可行，不存在明显的系统误差，样品分析结果数据可靠，可近似地将测量精密度作为结果的准确度对待。

2. 建立测量的溯源性

溯源性是指通过具有规定的不确定度的连续比较链，使测量结果或标准的量值能够与规定的参比基准，通常是国家基准或国际基准联系起来的特性。在这个基准中首先应该明确参比基准是什么？它可以是SI的基本单位或其导出单位，也可以是某一习惯用标度，还可以是用国家或国际标准中描述的方法所得到的值为基础而建立的。

在化学、生物化学和其他工艺学中,很多特性仅由方法、检测过程或特定装置来确定,例如酶活性的测定,金属粉末流动性的测定。这些测定取决于特定方法或特定装置,由于文字标准中的方法过程描述不一定包含全部必要的细节,而且操作者也无法证实它的理解和应用的方式是正确的,故需要此类型的标准物质。这种标准物质是能溯源到由有关文字标准所建立的测量标度。

为了确保测定的溯源性,实验室应控制和验证多种参数,但是完成其全部细节是非常艰巨的工作。使用已建立溯源性的标准物质可使这项工作大为简化。采用的标准物质与被分析的实际样品的基体足够相似,使测定中可能引起误差的所有分析问题都包括在内。并且用户对标准物质和未知样品应使用相同分析程序。

当实验室使用这样的标准物质,如果发现与标准值差异可忽略时,表明结果准确,而且能溯源到基本测量标度。假若差异不可接受,则表明测量程序中包含必须验明并予以消除的误差。容易产生误差的最关键步骤可能是样品处理和校正是否匹配。因此标准物质的作用可与在工业计量实验室所使用的传递标准相比较,因为它的工作也允许具有特定不确定度。

要有可靠的质量保证体系,要在广泛的范围内进行量值比对,在可能的情况下进行国际间量值比对,所有标准物质都应经国家计量主管部门的严格审查,所有这些都是保证量值有溯源性的重要措施。

3. 测量可比性的保证

目前大量国外临床检验用分析仪器进入我国,由于缺乏相应的标准物质,许多检验数据都缺乏可比性。使用标准物质后,能使各实验室之间的检测数据有更好的可比性。

近 20 多年来,高纯材料、环境科学、食品卫生、临床分析与资源的深度开发推动着痕量分析技术的发展。由于痕量分析过程的复杂性,分析结果的可靠性遇到了严重的挑战。痕量分析专家们深切地感到,痕量分析技术的发展在很大程度上依赖于痕量组分标准物质的发展。

三、使用标准物质的注意事项

1. 标准物质的一般使用原则

标准物质已广泛用于不同场合,服务于不同的目的,有多种应用方法,概括起来可归纳为五种主要类型:做校准标准,做评价标准,做工作标准,做仲裁标准,做质量标准。标准物质的使用应当以保证测量的可靠性为原则。

实验室在检测工作中,凡需要使用标准物质的,必须使用有证的标准物质,且在有效期内。附有证书的标准物质,某一种或多种特性值建立了溯源性的程序确定,使之可溯源到准确复现的表示该特性值的测量单位,每一种出证的特性值都附有给定置信水平的不确定度。

标准物质同仪器设备一样,也需要有明显的标志表明其校准或检定状态,标准物质可以重新赋值。

2. 标准物质使用注意事项

(1) 标准物质作为"盲样"时的误用　在质量控制中经常将 CRM 作为未知的"盲样"使用时,有可能误用。如果在某一专业技术领域仅有少量 CRM,那么容易被认可,有可能达不到预期的目的。此外,同一专业 CRM 绝不能在一个测量过程中既用于校正目的又作为未知检验的"盲样"。

(2) CRM 的均匀性　CRM 的均匀性不仅取决于标准物质本身的均匀性,还取决于均匀性检验时所用方法的重复性和均匀性的统计设计。对于某些 CRM 来说，均匀性检验只是在质量、物理尺寸、测量时间等确定的一个试验部分才是有效的。用户应当注意到，如果使用的测试部分不符合或超出技术条件的规定，会增加 CRM 的不均匀性对定值特性不确定度的影响，导致定值的统计参数不再有效。在评价基础就有问题，无法达到评价其方法的目的。

（3）CRM 的不确定度

① CRM 的不确定度的水平　当用户没有充分考虑 CRM 的定值特性的不确定度时，也可能造成 CRM 的误用。CRM 定值特性的合成标准不确定度可能来自标准物质的不均匀性、定值方法以及实验室内、实验室间的不确定度，还包括标准物质有效期内的变化，是标准物质最佳估计值的不确定程度。无论是评定方法的准确度和精密度，或者是进行仪器校准，选择 CRM 需要考虑的一个重要的方面是该方法最终使用要求的不确定度水平。显然，用户不应当选用不确定度超过最终使用要求的 CRM。

② CRM 不确定度的正确使用　在测量标准物质过程中，其测量的不确定度应是所使用的标准物质的不确定度和测量过程（测量方法）的不确定度之和，不能简单地以标准物质的不确定度代替测量过程（测量方法）的不确定度。如在进行仪器分析时，不能以标准物质的不确定度来判断其仪器分析的测量误差。

（4）测量条件的最优化　在评价测试方法、校准仪器等应用中，使用标准物质进行测定时，其测量的条件（仪器、人员、环境等）应处于最佳的状态，否则，有可能因这些条件的变化而影响评价或测定结果的准确度。

（5）采购和使用标准物质人员的水平　标准物质的正确使用与否与采购和使用者有着密切的关系。在许多企业，常常是使用者和采购者不能统一，采购者通常是非专业的管理者，这样可能会不能准确采购到使用者所要求的标准物质，还需要使用单位注意。

（6）对标准物质应用的宣传　在保证标准物质研制质量的前提下，作为标准物质的管理者、研制者和销售者有责任和义务加大对标准物质应用的宣传。目前，这种宣传力度不够，还需要加强。要使用户能了解标准物质的研制情况、发展动态、如何应用等，只有在此基础上，才能真正使标准物质达到其应用的目的。

3. 选择有证标准物质的注意事项

① 要选择并使用经国家批准、颁布的有证标准物质。
② 要全面了解标准物质证书上所规定的各项内容并严格执行。
③ 要选择与待测样品的基体组成和待测成分含量水平相似的有证标准物质。
④ 要根据预期用途和不确定度水平要求选择不同级别的有证标准物质。
⑤ 要在有证标准物质的有效期限内使用标准物质。
⑥ 要注意标准物质的最小取样量，当小于最小取样量使用时，标准物质的特性量值和不确定度等参数有可能不再有效。
⑦ 应在分析方法和操作过程处于正常稳定状态下及处于统计控制中使用标准物质，否则会导致错误。

四、使用进口标准物质的条件

使用国内不能生产的进口标准物质时，必须满足以下条件：

① 在有效期内，并且有合格证书；
② 经过分析测试，证明性能符合要求；
③ 使用新批号时，必须进行比对测试；

④ 分析测试和比对测试的数据，必须归档保存，以便审查。

第六节 标准的制定和修订

制定标准是标准化工作过程中的首要环节，也是标准化管理的起点。推行标准化管理，首先要有先进的标准，要有科学合理的标准体系，这是标准化工程的物质基础。因此，首先要重视和做好各类标准的制定（修订）、审定和发布工作。

我国的国家标准由国务院标准化行政主管部门制定；行业标准由国务院有关行政主管部门制定；地方标准由省、自治区和直辖市标准化行政主管部门制定；企业标准由企业自己制定。

一、标准制定和修订的原则和一般程序

1. 制定与修订标准的一般原则

(1) 系统原则 系统原则是指在制定与修订标准时，以系统分解和组合为指导，不只对个别事物加以分析，也要对与个别事物有关的各体系进行分析，从中提炼出体系所共有的特性及要求，保持体系的一致性，以保证体系的最佳综合效益。

(2) 标准的先进性和合理性原则 标准的先进性，就是采用国际标准和国外先进标准。这些标准综合了当今许多先进的科技成果，反映了目前世界上较先进的技术水平。采用这样的标准，将促进我国科学技术水平的提高，增强我国产品在国际市场上的竞争能力，对扩大外贸出口会发挥重要的作用。

制定和修订标准时，不仅要考虑到技术的先进性，还应当注重经济的合理性，即应当在提高产品质量的前提下，力求降低成本。

(3) 优化原则 优化原则是指要达到最佳的标准化效益。为此，在制定、修订标准时，应尽可能使之达到简化、统一化、组合化和系列化的要求。

① 简化 简化的目的是使标准化的对象的功能增加，性能提高。其实施方法是在制定标准时有意识地控制产品的品种规格，减少不必要的重复和功能低下的产品品种，使产品形式和结构更加合理精炼，同时也为开发新型产品创造条件。它一般是在标准化对象发展到一定规模后，为防止形成复杂的产品品种和规格而进行的。

② 统一化 统一化的本质是使标准化对象始终保持一致。在运用统一化工作时，要善于掌握适时和适度的原则。

所谓适时，就是在统一化工作中选择的时机要准确，既不能过早，也不能过迟。标准制定得过早，由于客观事物的矛盾还没有充分暴露，人们的实践经验也不丰富，制定出来的标准容易缺乏充分的科学依据；标准制定得过迟，由于事物向多样化的自由发展，又会出现许多不必要的不合理的品种、规格，并会使功能低劣的品种类型合法化。实践证明，制定标准的时机最好是在标准化对象的技术较稳定、经济性较好的时候。

所谓适度，就是合理确定统一的范围和水平，从我国的实际情况出发，适当地规定每项要求的定量界限，从而使标准化工作不断地向更高层次发展。

③ 组合化 组合化是设计出若干组通用性强的单元，根据实际需要从中选取一部分，组合成各种不同的产品，以满足各种条件的变化和要求。实行组合化的关键因素是提高组合单元的通用性和互换性。

④ 系列化 系列化是指按最佳数列科学排列的方法对产品进行分档或分级，防止形成杂乱无章的标准。

(4) 协调原则　协调原则是指在制定、修订标准时，使标准化对象所有相关的要素相互协调一致。协调的内容既有标准化对象的各个大的方面，也有具体参数间的协调，包括概念之间，各种有关标准之间，以及部门、企业之间的协调。

协调原则的具体体现之一是要遵循标准级别之间的从属关系。例如，企业生产的产品，凡是有强制性国家标准、行业标准以及地方标准的，必须按照相关强制性标准来组织生产；如果没有对应的强制性标准，就应当尽可能采用有关推荐性标准。其次是要保持企业内部各标准之间的协调一致，形成和谐的标准化体系。

(5) 协商原则　在制定、修订标准时，要注意协商一致。在制定、修订标准的过程中，人们会对标准的要求提出不同的要求和意见，这就需要各方面协商，求大同存小异，使标准得到很好的贯彻实施。但是，协商绝对不是无原则的妥协，必须善于发挥标准化的导向和调控作用，激励先进、带动后进，以达到普遍提高我国科学技术水平的目的。

2. 制定标准的一般程序

中国国家标准制定程序划分为九个阶段：预阶段、立项阶段、起草阶段、征求意见阶段、审查阶段、批准阶段、出版阶段、复审阶段、废止阶段。

国家标准制定程序的阶段划分及代码以及与 WTO、ISO/IEC 阶段的对应关系见表 3-10，各阶段成果的代码及缩略语见表 3-11。

表 3-10　国家标准制定程序的阶段划分及代码

阶段代码	阶段名称	阶段任务	阶段成果	完成周期/月	WTO对应阶段	ISO/IEC对应阶段
00	预阶段	提出新工作项目建议	PWI			00
10	立项阶段	提出新工作项目	NP	3	Ⅰ	10
20	起草阶段	提出标准草案征求意见稿	WD	10	Ⅱ	20
30	征求意见阶段	提出标准草案送审稿	CD	5	Ⅲ	30
40	审查阶段	提出标准草案报批稿	DS	5	Ⅲ	40
50	批准阶段	提供标准出版稿	FDS	8	Ⅳ	50
60	出版阶段	提供标准出版物	GB,GB/T,GB/Z	3	Ⅳ	60
90	复审阶段	定期复审	确认,修改,修订	60	Ⅴ①	90
95	废止阶段	废止				95

① WTO 第Ⅴ阶段的开始，即为国家标准发布时确定的实施日期。

表 3-11　各阶段成果代号与缩略语

代号与缩略语	名称	代号与缩略语	名称
PWI	新工作项目建议 preliminary work item	GB	强制性国家标准
NP	新工作项目 new work item proposal	GB/T	推荐性国家标准
WD	标准草案征求意见稿 working draft(s)	GB/Z	国家标准化指导性技术文件
CD	标准草案送审稿 committee draft(s)	FTP	快速程序 fast-track procedure
DS	标准草案报批稿 draft standard	VR	意见汇总处理表 voting report
FDS	标准出版稿 final draft standard		

(1) 预阶段（preliminary stage）　对将要立项的新工作项目进行研究及必要的论证，并在此基础上提出新工作项目建议，包括标准草案或标准大纲（如标准的范围、结构及其相互关系等）（00 阶段的成果：PWI）。

（2）立项阶段（proposal stage） 对新工作项目建议进行审查、汇总、协调、确定，直至下达《国家标准制、修订项目计划》（10阶段的成果：NP）。时间周期不超过3个月。

（3）起草阶段（preparatory stage） 项目负责人组织标准起草工作直至完成标准草案征求意见稿（20阶段的成果：WD）。时间周期不超过10个月。

（4）征求意见阶段（committee stage） 将标准草案征求意见稿按有关规定分发征求意见。在回复意见的日期截止后，标准起草工作组应根据返回的意见，完成意见汇总处理表和标准草案送审稿（30阶段的成果：CD）。时间周期不超过5个月。若回复意见要求对征求意见稿进行重大修改，则应分发第二征求意见稿（甚至第三征求意见稿）征求意见。此时，项目负责人应主动向有关部门提出延长或终止该项目计划的申请报告。

（5）审查阶段（voting stage） 对标准草案送审稿组织审查（会审或函审），并在（审查）协商一致的基础上，形成标准草案报批稿和审查会议纪要或函审结论（40阶段的成果：DS）。时间周期不超过5个月。若标准草案送审稿没有被通过，则应分发第二标准草案送审稿，并再次进行审查。此时，项目负责人应主动向有关部门提出延长或终止该项目计划的申请报告。

（6）批准阶段（approval stage）

① 主管部门对标准草案报批稿及报批材料进行程序、技术审核。对不符合报批要求的，一般应退回有关标准化技术委员会或起草单位，限时解决问题后再行审核。时间周期不超过4个月。

② 国家标准技术审查机构对标准草案报批稿及报批材料进行技术审查，在此基础上对报批稿完成必要的协调和完善工作。时间周期不超过三个月。若报批稿中存在重大技术方面的问题或协调方面的问题，一般会退回部门或有关专业标准化技术委员会，限时解决问题后再行报批。

③ 国务院标准化行政主管部门批准、发布国家标准（50阶段的成果：FDS）。时间周期不超过1个月。

（7）出版阶段（publication stage） 将国家标准出版稿编辑出版，提供标准出版物（60阶段的成果：GB，GB/T，GB/Z）。时间周期不超过3个月。

（8）复审阶段（review stage） 对实施周期达5年的标准进行复审，以确定是否确认（继续有效）、修改（通过技术勘误表或修改单）、修订（提交一个新工作项目建议，列入工作计划）或废止。

（9）废止阶段（withdrawal stage） 对于经复审后确定为无存在必要的标准，予以废止。

3. 快速程序

快速程序特别适用于变化快的技术领域。对下列情况，制定国家标准可以采用快速程序：

① 对等同采用、等效采用国际标准或国外先进标准的标准制、修订项目，可直接由立项阶段进入征求意见阶段，省略起草阶段；

② 对现有国家标准的修订项目或中国其他各级标准的转化项目，可直接由立项阶段进入审查阶段，省略起草阶段和征求意见阶段。

申请列入快速程序的标准在预阶段（00阶段）和立项阶段（10阶段）应严格协调和审查。

4. 标准化文件的制定程序

20世纪80年代末期和90年代初期，ISO的定位受到两方面的挑战：第一，欧洲统一市场初步形成，欧盟"新方法指令"出台，欧洲标准化活动有了极大的扩展，很多源于ISO的标准化活动转向了欧洲标准化委员会（CEN）；第二，挑战来自论坛标准。20世纪90年代，在传统标准的由国际标准、区域标准、国家标准和公司标准组成的标准体系中，出现了一个新的层次，即由各种论坛制定的"标准"，这类标准大多集中在技术快速发展的领域。这种文件通常是市场主导者（财团）之间达成的协议，它并不具备ISO特有的协商一致性。然而不可否认，这样的文件在市场中有着"事实上的国际标准"的地位。ISO意识到这类文件可以满足市场的特殊需要，其制定速度通常比ISO标准快，它更能反映产品的快速发展和市场周期。与此同时，绝大多数工业界仍然需要依据ISO的协商一致性和透明度的程序制定标准，以便标准更好地被广泛接受，而财团的活动由于并未纳入正规的标准化体系因而受到质疑。

各类标准化文件在标准制定程序中所对应的位置见图3-2。面临这些挑战，ISO决定改进它的程序，开发新型文件形式，让ISO技术委员会自行决定提供文件的形式和标准制定的周期。改进后的程序降低了透明度和协商一致的水平，但能很快反映市场的要求。作为现行程序改进的一部分，ISO技术委员会在某种条件下可以选择委员会阶段（发布可公开获得的文件——ISO/PAS）和最终通过阶段（发布技术规范——ISO/TS）。同时ISO还决定增加一个提供标准化文件的新机制，这个机制不依赖于传统的技术委员会，而是通过一个开放的专题研讨会形式，使市场运作者能够就专题研讨会指定的特定技术内容进行磋商，从而产生新的文件类型——国际专题研讨会协议（IWA）。此外，ISO还对原有技术报告（ISO/TR）的类型进行了相应的调整。

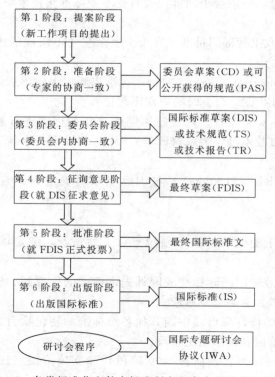

图3-2 各类标准化文件在标准制定程序中所对应的位置

作为另一个主要的国际性标准化组织，国际电工委员会（IEC）考虑到快速的技术变化以及缩短的产品生命周期，为满足市场需要也制定了新的标准化文件，逐步形成较为完善的标准体系。在 IEC 发布的标准化文件中，除了国际标准（IS），还包括技术规范（IEC/TR）、可公开获得的规范（IEC/PAS）、技术报告（IEC/TR）以及具有独特制定程序的工业技术协议（industry technical agreement，ITA）。

我国目前制定的国家层面的文件除国家标准外，仅有"国家指导性技术文件"。国家指导性技术文件自 1998 年实行以来，迄今共发布 62 项，其中一部分采用国际标准化组织的技术报告（TR），一部分是自主编制，个别的采用国际标准化组织的技术规范（TS）。现行的"国家指导性技术文件"与 ISO 新型标准化文件并不对应，且其制定程序未能达到简化及缩短文件制定周期的目的，也未能充分利用有经验的相关机构的成果，没有从程序上鼓励有经验的相关机构提供其文件。因此对我国现行的"国家指导性技术文件"的制定程序和管理需要作进一步改进，以适应市场的急需和技术发展的特殊需要。

二、标准编写的基本要求和格式

1. 标准编写的基本要求

标准是一种特定形式的技术文件，为了便于编写、审查和使用，ISO/IEC 和各国际标准化团体以及各国标准化机构对编写标准都有一套基本规定，也就是说，都有统一的编写方法。如我国标准的编写必须符合 GB/T 1.1—2000《标准化工作导则》的要求。

标准编写得是否正确，直接关系到标准的贯彻，影响到标准之间的交流。因此，应该十分重视标准的编写方法。

标准的编写要达到以下基本要求。

① 要简明、准确、无技术错误。标准内容的表述要准确、简明、通俗易懂。不要用"可能""是否"等模棱两可的术语或句子，要以肯定句方式写，是非分明，避免产生不易理解或不同理解的可能性。标准中的图样、表格、数值、公式、化学式和其他技术内容都要准确无误。

② 要与国家法律法规、有关标准协调一致。

③ 所用名词、术语、符号要统一。

④ 标准所规定的"要求"应准确。对产品标准而言，"技术要求"项目的设置及数值的高低要适当；试验方法要能推广，准确度、精密度正好能满足判定指标量值的需要。

近五十年来，GB/T 1《标准化工作导则》通过持续实施以及不断修订和完善，在我国标准制定工作中发挥了重要的指导作用。目前 GB/T 1.1 依据的主要是国际文件 ISO/IEC 导则于 2004 年修订出版的第五版进行修订的，ISO/IEC 导则是以传统制造业为代表，以产品标准为例编写的，而 GB/T 1.1 是全国各行各业在编写标准时共同遵守的基础标准，它关注的范围理应更加广泛，因此根据我国标准的自身特点，在 GB/T 1.1 中主要规定了普遍适用于各类标准的资料性概述要素，规范性一般要素和资料性补充要素以及规范性技术要素中的几个通用要素等内容的编写，而规范性技术要素中其他要素的编写在相关的基础标准（GB/T 20000、GB/T 20001 和 GB/T 20002）中进行规定。

目前，我国标准的编写必须符合 GB/T 1.1—2009《标准化工作导则》、GB/T 20000—2014《标准化工作指南》、GB/T 20001《标准编写规则》和 GB/T 20002《标准中特定内容的起草》的要求。

2. 标准编写的要素要求 （参考 GB/T 1.1—2009）

标准由各类要素构成，一项标准的要素可按下列方式进行分类。

按要素的性质划分，可分为：资料性要素和规范性要素。

按要素的性质以及它们在标准中的具体位置划分，可分为：资料性概述要素、规范性一般要素、规范性技术要素和资料性补充要素。

按要素的必备的或可选的状态划分，可分为：必备要素和可选要素。

各类要素在标准中的典型编排以及每个要素所允许的表述方式如表 3-12 所示。

表 3-12　标准中要素的典型编排

要素的类型	要素[①]的编排	要素所允许的表现形式[①]
资料性概述要素	**封面**	**文字**
	目次	文字（自动生成的内容）
	前言	**条文** 图、表、注、脚注
	引言	条文，图、表、注、脚注
规范性一般要素	**标准名称**	**文字**
	范围	**条文** 图、表 注、脚注
	规范性引用文件	文件清单（规范性应用） 注、脚注
规范性技术要素	**术语和定义** 符号、代号和缩略语 **要求** …… **规范性附录**	条文 图 表 注 脚注
资料性补充要素	资料性附录	条文，图、表、注、脚注
规范性技术要素	规范性附录	条文，图、表 注、脚注
资料性补充要素	参考文献	文件清单（资料性引用）、脚注
	索引	文字（自动生成的内容）

① 黑体表示"必备的"；正体表示"规范性的"；斜体表示"资料性的"。

注：表中各类要素的前后顺序即其在标准中所呈现的具体位置。

一项标准不一定包括表 3-12 中的所有规范性技术要素，然而可以包含表 3-12 之外的其他规范性技术要素。规范性技术要素的构成及其在标准中的编排顺序根据所起草的标准的具体情况而定。

下面具体说明标准的各主要要素的一般起草要求。

（1）封面　封面为必备要素，它应给出标示标准的信息，包括：标准的名称、英文译名、层次（国家标准为"中华人民共和国国家标准"字样）、标志、编号、国际标准分类号（ICS 号）、中国标准文献分类号、备案号（不适用于国家标准）、发布日期、实施日期、发布部门等。

如果标准代替了某个或几个标准，封面应给出被代替标准的编号；如果标准与国际文件的一致程度为等同、修改或非等效，还应按照 GB/T 20000.2 的规定在封面上给出一致性程度标识。

【例3-6】 GB/T 1.1—2009 标准化工作导则 第1部分：标准的结构和编写

ICS 01.120
A 00

中华人民共和国国家标准

GB/T 1.1—2009
代替 GB/T 1.1—2000，GB/T 1.2—2002

标准化工作导则
第1部分：标准的结构和编写

Directives for standardization—
Part 1：Structure and drafting of standards

(ISO/IEC Directives—Part 2：2004，
Rules for the structure and drafting of International Standards，NEQ)

2009-06-17 发布　　　　　　　　　　　　2010-01-01 实施

中华人民共和国国家质量监督检验检疫总局
中　国　国　家　标　准　化　管　理　委　员　会　　发　布

（2）目次　目次为可选要素。为了显示标准的结构，方便查阅，设置目次是必要的，电子文本的目次应自动生成。

（3）前言　前言为必备要素，不应包含要求和推荐，也不应包含公式、图和表。前言应视情况依次给出下列内容。

① 标准结构的说明。对于系列标准或分部分标准，在第一项标准或标准的第1部分中说明标准的预计结构；在系列标准的每一项标准或分部分标准的每一部分中列出所有已经发布或计划发布的其他标准或其他部分的名称。

标准编制所依据的起草规则，提及 GB/T 1.1。

② 标准代替的全部或部分其他文件的说明。给出被代替的标准（含修改单）或其他文件的编号和名称，列出与前一版本相比的主要技术变化。

③ 与国际文件、国外文件关系的说明。以国外文件为基础形成的标准，可在前言中陈述与相应文件的关系。与国际文件的一致性程度为等同、修改或非等效的标准，应按照

GB/T 20000.2 的有关规定陈述与对应国际文件的关系。

④ 有关专利的说明。凡可能涉及专利的标准，如果尚未识别出涉及专利，则应按照规定说明相关内容。

⑤ 标准的提出信息（可省略）或归口信息。如果标准由全国专业标准化技术委员会提出或归口，则应按下述适用的表述形式。

示例："本标准由全国××××标准化技术委员会（SAC/TC×××）提出。"

"本标准由××××提出。"

"本标准由全国××××标准化技术委员会（SAC/TC×××）归口。"

"本标准由××××归口。"

⑥ 标准的起草单位和主要起草人，使用以下表述形式：

示例："本标准起草单位：……。"

"本标准主要起草人：……。"

⑦ 标准所代替标准的历次版本发布情况。

【例3-7】 GB/T 5009.39—2003 酱油卫生标准的分析方法

前言

本标准代替 GB/T 5009.39—1996（酱油卫生标准的分析方法）。

本标准与 GB/T 5009.39—1996 相比主要修改如下：

——按照 GB/T 20001.4—2001《标准编写规则 第 4 部分：化学分析方法》对原标准的结构进行了修改；

——增加了氨基酸态氮的比色法作为第二法。

本标准由中华人民共和国卫生部提出并归口。

本标准由北京市卫生防疫站、邯郸市卫生防疫站、唐山市卫生防疫站负责起草。

本标准于 1985 年首次发布，1996 年第一次修订，本次为第二次修订。

(4) 引言 引言为可选要素。如果需要，则给出标准技术内容的特殊信息或说明，以及编制该标准的原因，引言不应包含要求。如果已经识别出标准涉及专利，则在引言中应给出专利相关内容。引言不应编号。当引言的内容需要分条时，应对条编号，编为 0.1、0.2 等。

【例3-8】 GB/T 20000.1—2014 标准化工作指南 第 1 部分：标准化和相关活动的通用术语

引言

制定 GB/T 20000 的本部分的目的在于，促进从事标准化工作的机构和人员间的相互理解。

(5) 标准名称 标准名称为必备要素，应置于范围之前。标准名称应简练并明确表示出标准的主题，使之与其他标准相区分。标准名称不应涉及不必要的细节。必要的补充说明应在范围中给出。通常，所使用的要素不多于下述三种。

① 引导要素（可选） 表示标准所属的领域。

② 主题要素（必备） 表示上述领域内标准所涉及的主要对象。

③ 补充要素（可选） 表示上述对象的特定方面，或给出区分该标准与其他标准的细节。

(6) 范围 范围为必备要素，应置于标准正文的起始位置。范围应明确界定标准化对象和所涉及的各个方面，由此指明标准或其特定部分的适用界限。必要时，可指出标准不适用的界限。

(7) 规范性引用文件 规范性引用文件为可选要素,它应列出标准中规范性引用其他文件的文件清单,这些文件经过标准条文的引用后,成为标准应用时必不可少的文件。文件清单中,对于标准条文中注日期引用的文件,应给出版本号或年号以及完整的标准名称;对于标准条文中不注日期引用的文件,则不应给出版本号或年号。规范性引用文件清单应由下述引导语引出:"下列文件对于本文件的应用是必不可少的。凡是注日期的引用文件,仅注日期的版本适用于本文件。凡是不注日期的引用文件,其最新版本(包括所有的修改单)适用于本文件。"

文件清单不应包含:不能公开获得的文件;资料性引用文件;标准标志过程中参考过的文件。

(8) 术语和定义 术语和定义为可选要素,它仅给出为理解标准中某些术语所必需的定义。术语宜按照概念层级进行分类和编排。对某概念建立有关术语和定义前,应查找在其他标准中是否已经为该概念建立了术语和定义。如果已经建立,宜引用该概念的标准,不必重复定义;如果没有建立,则"术语和定义"一章中只应定义标准中所使用的并且是属于标准的范围所覆盖的概念,以及有助于理解这些定义的附加

(9) 符号、代号和缩略语 符号、代号和缩略语为可选要素,它给出为理解标准所必需的符号、代号和缩略语清单。

(10) 规范性附录 规范性附录为可选要素,它给出标准正文的附加或补充条款。附录的规范性性质应通过下述方式加以明确:

——条文中提及的措辞方式,例如"符合附录 A 的规定""见附录 C"等;

——目次中和附录编号下方表明。

(11) 资料性补充要素

① 资料性附录 资料性附录为可选要素,它给出有助于理解或使用标准的附加信息。资料性附录可包含可选要求,例如,一个可选的试验方法可包含要求,但在声明符合标准时,并不需要符合这些要求。

② 参考文献 参考文献为可选要素。如果有参考文献,则应置于最后一个附录之后。文献清单中每个参考文献前应在方括号中给出序号。

③ 索引 索引为可选要素。如果有索引,则应作为标准的最后一个要素。电子文本的索引宜自动生成。

三、 产品标准编写的基本要求和格式

1. 产品标准的编写格式和要求

产品标准(product standard)是规定产品应满足的要求以确保其适用性的标准。产品标准除了包括适用性的要求外,还可直接地或通过引用间接地包括诸如术语、抽样、测试、包装和标签等方面的要求,有时还可包括工艺要求;产品标准根据其规定的是全部的还是部分的必要要求,可区分为完整的标准和非完整的标准。由此,产品标准又可区分为其他不同类型的标准,例如尺寸类标准、材料类标准和交货技术通则类标准。若某标准仅包括分类、试验方法、标志和标签等内容中的一项,则该标准分别属于分类标准、试验方法标准和标志标准,而不属于产品标准。

产品标准包括产品的技术条件、级别、质量指标、各项指标的检测方法、检验规则、包装即标志等项目。化学试剂、化工产品的标准均属于此类。

2. 产品标准编写的要素要求

在 GB/T 1.1—2009 中规定,一个标准的三大要素包括资料性概述要素、规范性一般要

素和规范性技术要素。根据 GB/T 20001.10—2014《标准编写规则 第 10 部分：产品标准》规定，产品标准的必备要素包括，封面、前言、标准名称、范围、技术要求等。产品标准中要素的典型编排以及每个要素所允许的表述方式见表 3-13。

表 3-13 产品标准中要素的典型编排

要素的类型	要素①的编排	要素所允许的表现形式①
资料性概述要素	**封面**	文字
	目次	文字（自动生成的内容）
	前言	条文 注、脚注
	引言	条文、图、表、注、脚注
规范性一般要素	**标准名称**	文字
	范围	条文 图、表 注、脚注
	规范性引用文件	文件清单（规范性应用） 注、脚注
规范性技术要素	术语和定义 符号、代号和缩略语 分类、标记和编码 **技术要求** 取样 试验方法 检验规则 标志、标签和随行文件 包装、运输和贮存 规范性附录	条文、图、表 注、脚注
资料性补充要素	资料性附录	条文、图、表、注、脚注
规范性技术要素	规范性附录	条文、图、表 注、脚注
资料性补充要素	参考文献	文件清单（资料性引用）、脚注
	索引	文字（自动生成的内容）

① 黑体表示"必备要素"；正体表示"规范性要素"；斜体表示"资料性要素"。
注：表中各类要素的前后顺序即其在标准中所呈现的具体位置。

根据产品的特点，一项标准不但不一定包括表 3-13 中的所有规范性技术要素，而且还可以包含表 3-13 之外的其他规范性技术要素。按照产品标准的表述需要，表 3-13 中的规范性技术要素可以合并或拆分，其标题可做相应调整。

下面具体说明产品标准中各要素的起草要求。

（1）引言　可在引言中解释标准和某些要求的目的。

（2）标准名称　产品标准包含产品的全部技术要素，可用产品名称作为标准名称，如次氯酸钠。

产品标准的规范性技术要素中如仅包括"技术要素"和"试验方法"或者还同时还包括了部分其他的技术要素，可使用"技术规范"或"规范"作为标准名称的补充要素。

示例：空气压缩机阀片用热轧薄钢板 技术规范
热塑性弹性体 低烟无卤阻燃材料规范

同类产品共同使用的"技术规范"，可使用"通用技术规范"或"总规范"作为标准名称的补充要素。

示例：复合橡胶 通用技术规范

　　　　船舶电器 总规范

（3）范围　范围应明确标准所涉及的具体产品，如必要，还应针对编制标准的目的指出技术要求所涉及的方面，还应指出标准的预期用途和适用界限，或标准的使用对象。

（4）分类、标记和编码　产品标准中分类、标记和编码为可选要素，它可为符合规定要求的产品建立一个分类（分级）、标记和（或）编码体系。根据具体情况，该要素可并入技术要求，或者编制为标准的一个部分，也可编制为单独的标准。产品分类的基本要求包括：划分的类别应满足使用的需要；应尽可能采用系列化的方法进行分类；对于系列产品应合理确定系列范围与疏密程度等。产品可根据产品的不同的特性（如来源、结构、性能或用途）进行分类，产品分类一般包括：分类原则与方法；划分的类别，如产品品种、型式（或型号）和规格及其系列；类别的识别，通常可用名称、编码或标记进行识别。

（5）技术要求

① 一般要求　产品标准中技术要求为必备要素，它包括下列内容：

a. 直接或引用方式规定的产品的所有特性；

b. 可量化特性所要求的极限值。

c. 针对每项要求，引用测定或验证特性值的试验方法，或者直接规定试验方法。

② 适用性要求

a. 可用性　为了保证可用性，需要根据产品的具体情况规定产品的使用性能、理化性能、环境适应性、人类工效学等方面的技术要求。

b. 健康、安全，环境或资源合理利用　如果保障健康、安全，保护环境或促进资源合理利用成为编制标准的目的之一，则应根据具体情况编制相应的条款。

c. 接口、互换性、兼容性或相互配合　便于接口、互换性、兼容性或相互配合等要求是编制标准的重要目的之一。具体产品的标准化可以只针对这几个方面。如果编制标准的目的是保证互换性，则关于该产品的尺寸互换性和功能互换性均应予以考虑。

（6）取样　产品标准中取样为可选要素，它规定取样的条件和方法，以及样品保存方法。该要素可位于试验方法要素的起始部分。

（7）试验方法

① 一般要求　产品标准中试验方法为可选要素，编写试验方法的目的在于给出证实技术要求中的要求是否得到满足的方法。因此，该要素中规定的试验方法应与技术要求有明确的对应关系。

由于一种试验方法往往稍加变动或原封不动就适用于几种产品或几类产品，所以试验方法最容易出现重复现象。因此在编制产品标准时，如果需要对试验方法进行标准化，应首先引用现成的试验方法。

② 试验方法的内容　试验方法的内容应包括用于验证产品是否符合规定的方法，以及保证结果再现性步骤的所有条款。如果各项试验之间的次序能够影响实验结果，标准应规定试验的先后次序。

通常情况下产品标准中的试验方法应包括试样的制备和保存、试验步骤和结果表述（包括计算方法以及试验方法的准确度或测量不确定度）。也可根据需要增加其他内容，如原理、试剂或材料、仪器、试验报告等。

如果试验方法涉及使用危险的物品、仪器或过程时，应包括总的警示用语和适宜的具体警示用语，具体参见 GB/T 20002《标准中特定内容的起草》的要求。

③ 供选择的试验方法 如果一个特性存在多种适用的试验方法，原则上标准中只应规定一种试验方法。如果因为某种原因，标准需要列入多种试验方法，为了解决怀疑或争端，应指明仲裁方法。

④ 按准确度选择试验方法 所选试验方法的准确度应能够对需要评定的特性值是否处在规定的公差范围内做出明确的判定。当技术上需要时，每个试验方法应包括其准确度范围的相应陈述。

（8）检验规则 产品的检验规则为可选要素，针对产品的一个或多个特性，给出测量、检查、验证产品符合技术要求所遵循的规则、程序或方法等内容。检验规则包含内容有：检验分类（如：型式检验、出厂检验等），检验项目、组批规则和抽样方案和判定规则。

（9）标志、标签和随行文件 产品标准中标志、标签和随行文件为可选要素，可作为相互补充的内容，只要有关应纳入标准，特别是涉及消费品的产品标准。含有产品标志和标签的标准应规定用于识别产品的各种标志内容，如生产者或总经销商，不同规格、种类、型式和等级等。如果标准要求使用标签，则标准应规定标签的类型以及拴系、粘贴或涂刷。如果需要给出有关产品的生产日期、有效期、搬运规则、安全警示等，则相应要求应纳入涉及标志和标签的章条。用作标志的符号应符合 GB 190、GB/T 191、GB/T 6388 以及其他相应的标准。

产品标准可要求提供某些随行文件，例如可包括：产品合格证、产品说明书、装箱单、随机备附件清单、安装图、试验报告、搬运说明和其他有关资料。

（10）包装、运输和贮存 产品标准中包装、运输和贮存为可选要素，需要时可规定产品的包装、运输和贮存条件等方面的技术要求，这样既可以防止因包装、运输和贮存不当引起危险、毒害或污染环境，又可以保护产品。

四、试验方法标准的编写和有关规定

1. 试验方法标准编写的一般规定

根据 GB/T 20001.10—2014《标准编写规则 第 10 部分：产品标准》规定，试验方法的内容应包括用于验证产品是否符合规定的方法，以及保证结果再现性步骤的所有条款。如果各项试验之间的次序能够影响实验结果，标准应规定试验的先后顺序。通常情况下产品标准中的试验方法应包括试样的制备和保存、实验步骤和结果表述（包括结果计算方法以及试验方法的准确度或者测量不确定度）。也可根据需要增加其他内容，如原理、试剂或材料、仪器、试验报告等。

试验方法的编写见 GB/T 20001.4—2015《标准编写规则 第 4 部分：试验方法标准》的规定，该标准的大部分内容亦适用于非化学品的产品试验方法。如果试验方法涉及使用危险的物品、仪器或过程时，应包括总的警示用语和适宜的具体警示用语。建议的警示用语见 GB/T 20000.4—2003《标准化工作指南 第 4 部分 标准中涉及安全的内容》。涉及环境的内容参见 GB/T 20002.3—2014《标准中特定内容的起草 第 3 部分：产品标准中涉及环境的内容》。

参考 GB/T 20001.4—2015，试验方法是分析方法、测量方法等的统称。试验方法标准是给出测定材料、部件、成品等的特性值、性能指标或成分的步骤以及得出结论的方式的标准。试验方法标准化是将试验方法作为标准化对象，建立测定指定特性或指标的实验步骤和结果计算规则，为试验活动和过程提供指导。试验方法标准的目的是促进相互理解。试验方法标准在文本形式上具有典型的结构，特定的要素构成以及相应的内容表述规则，其主要技术要素包括仪器设备、样品、试验步骤、实验数据处理和试验报告等。

试验方法标准的结构和编写规则及格式符合 GB/T 1.1 的规定；针对统一特性的测定，由于适用的产品不同，基于的测试技术不同等原因需要多种试验方法时，宜将每种试验方法作为单独的标准或单独的部分予以编制；试验方法应能够保证试验结果的准确度在规定的要求范围内，必要时，试验方法应包含关于试验结果准确度限值的陈述。

试验方法标准的必备要素包括：封面、前言、标准名称、范围、仪器设备、样品、试验步骤、试验数据处理。试验方法标准典型编排格式符合 GB/T 1.1 的规定，与产品标准典型编排（如表 3-13 所示）的区别在规范性技术要素栏，试验方法标准中规范性技术要素条目如表 3-14 所示。

表 3-14　试验方法标准规范性技术要素典型编排

要素的类型	要素[①]的编排	要素所允许的表现形式[①]
规范性技术要素	术语和定义 原理 试验条件 试剂或材料 **仪器设备** **样品** **试验步骤** **实验数据处理** 精密度和测量不确定度 质量保证和控制 **试验报告** 特殊情况 …… 规范性附录	条文 图 表 注 脚注 公式

① 黑体表示"必备要素"；正体表示"规范性要素"；斜体表示"资料性要素"。

当然，编写标准时，可根据试验方法的特点选择有关要素。试验方法标准还可视情况包含表 3-12、表 3-13 之外的其他规范性技术要素，例如，化学分析方法标准还可包含化学品命名、反应式等其他规范性技术要素。

2. 试验方法标准要素的起草要求（参考 GB/T 20001.4—2015、GB/T 1.1—2009 和 GB/T 20001.10—2014）

(1) **标准名称**　试验方法标准的名称通常由三种要素组成：试验方法适用对象、所测的指定特性、试验方法的性质。

示例 1：工业用氢氧化钠　碳酸盐含量的测定　滴定法（GB/T 7698—2014）

示例 2：工业用乙烯、丙烯中微量含氧化合物的测定　气相色谱法（GB/T 12701—2014）

若试验方法标准用于检测多种特性，则标准名称宜使用省略特性和试验方法的通用名称。

示例 3：电泳涂料通用试验方法（HG/T 3334—2012）

当针对同一特性，标准中包含多个独立试验方法时，标准名称中宜省略有关试验方法性质的表述。

示例 4：纺织染整助剂　密度的测定（HG/T 4435—2012）

(2) **警示**　所测试的样品、试剂或试验步骤，如对健康或者环境可能有危险或可能造成伤害，应指明所需的注意事项，以引起试验方法标准使用者的警惕。表示警示要素的文字应使用黑体字，如果危险属于一般性的或来自于所测试的样品，则应在正文首页标准名称下给出；如果危险来自于特定试剂或材料，则应在"试剂或材料"标题下给出；如果危险属于试验步骤所固有的,则应在"试验步骤"的开始给出。

化学分析中存在的不安全因素主要有:着火,爆炸,中毒。分析中不仅经常使用易燃、易爆、自燃以及强氧化剂等类药品,而且还经常加热、灼烧、蒸馏等实验操作,存在着火的危险。有些药品虽然单独存放或使用时比较稳定,但是如果与其他药品混合,就会变成易爆炸物品,比如氯酸钾和乙醇、有机物作用,会引起爆炸。还有些气体本身易燃,若与空气接触也可能引起爆炸。另外,实验室有很多药品本身具有毒性,会通过呼吸道进入人体,或者操作不当接触到操作者身体上,均可能引起中毒。比如,氰化物、砷化物等会通过伤口进入血液而导致中毒。因此,若被分析产品、试剂或分析步骤有危险,应该在相应的地方标明。

示例1:警示——使用本标准的人员应有正规实验室工作的实践经验,本标准并未指出所有可能的安全问题,使用者有责任采取适当的安全和健康措施,并保证符合国家有关法规规定的条件。

示例2:安全提示:本标准所用强酸强碱均具有腐蚀性,使用者应小心操作,如果溅到皮肤上,立即用大量水冲洗。严重者,立即治疗。

【例3-9】 GB 19106—2013 次氯酸钠

警告:次氯酸钠具有强腐蚀性,操作者应采取适当的安全和健康措施,接触人员应佩戴防护眼镜、耐酸碱手套等防护用品。

安全提示:本试验方法中部分试剂具有毒性或腐蚀性,操作时应小心谨慎!如测到皮肤上应立即用水冲洗,严重者应立即治疗。

(3) 范围 范围应简明地指明拟测定的特性,并特别说明所适用的对象。必要时,可指出标准不适用的界限或存在的各种限制。

针对同一对象的同一特性,且基于同一基本测试技术,有时需要在标准中包含不止一种试验方法。例如,由于待测成分在样品中的含量不同或对测定的准确度有不同的要求,应在"范围"中清楚地指明所列方法的各自不同的适用界限或适用的检验类型,并将每种方法安排在各自独立的章中。

如果适用,范围还应包括使用的实验技术(例如,气相色谱分析法)以及进行试验的场所(例如实验室、现场或在线等)。

【例3-10】 GB/T 5009.39—2003 酱油卫生标准的分析方法

1 范围

本标准规定了酱油各项卫生指标的分析方法。

本标准适用于以粮食和其副产品豆饼、麸皮等为原料酿造或配制的酱油各项卫生指标的分析。

本标准中氨基酸态氮第二法检出限为 $0.070 kg/mL$,线性范围 $0\sim10\mu g/mL$。

(4) 规范性引用文件 该部分应列出标准中规范性引用文件一览表。在标准编制过程中参考过的文件应列入标准最后的"参考文献"中。

【例3-11】 GB/T 5009.39—2003 酱油卫生标准的分析方法

2 规范性引用文件

下列文件中的条款通过本标准的引用而成为本标准的条款。凡是注日期的引用文件,其随后所有的修改单(不包括勘误的内容)或修订版均不适用于本标准,然而,鼓励根据本标准达成协议的各方研究是否可使用这些文件的最新版本。凡是不注日期的引用文件,其最新版本适用于本标准。

GB/T 5009.2 食品的相对密度的测定

GB/T 5009.11 食品中总砷及无机砷的测定
GB/T 5009.12 食品中铅的测定
GB/T 5009.22 食品中黄曲霉毒素 B1 的测定
GB/T 5009.29 食品中苯甲酸、山梨酸的测定

(5) 术语与定义　本部分应给出为理解标准中某些术语所必需的定义。建议引用现成的定义或术语标准。

定义是可以酌情取舍的要素。如果标准中使用了某些术语，这些术语若不给出定义，可能会使读者不理解或者产生误解时，则需要给出定义。

在定义部分开头应给导语："下列术语和定义适用于本文件"。

在编写分析方法标准时因注意：第一，普通词汇和通用技术词汇，除非是在特殊的领域有特定的含义时才需要标准化，否则不是标准化的对象。例如，密度、水等都是普通词汇，一般不要给出定义。第二，应该避免术语和定义的重复和矛盾。对一个概念术语定义之前，要查明在其他标准中对统一概念有没有其他的术语和定义。分析方法方面的词汇标准应该遵循有关国家标准。

分析方法方面的通用术语标准主要可以参考：
GB/T 20000.1—2014 标准化工作指南 第 1 部分：标准化和相关活动的通用术语
GB/T 14666—2003 分析化学术语
GB/T 6040—2002 红外光谱分析方法通则
GB/T 4470—1998 火焰发射、原子吸收和原子荧光光谱分析法术语
GB/T 4946—2008 气相色谱法术语
GB/T 8322—2008 分子吸收光谱法　术语
GB/T 9721—2006 化学试剂 分子吸收分光光度法通则（紫外和可见光部分）
GB/T 9722—2006 化学试剂 气相色谱法通则
GB/T 9008—2007 液相色谱法术语 柱色谱和平面色谱法

如果一个概念用于几个标准，最好在最通用的标准中或者在单独的术语标准中下定义。其他标准则引用这个标准。体现先通用、后专用；先术语标准后术语章节的原则。当必须要重复定义时，应先指明该定义来自哪个标准。为了使用方便，可将已有的标准化定义抄在该标准中，但是要指出引用标准的编号和名称。

【例 3-12】GB/T 4470—1998 火焰发射、原子吸收和原子荧光光谱分析法术语
3　定义
本标准采用下列定义
火焰发射光谱法：基于测量火焰中原子或分子所发射的特征电磁发射强度，测定化学元素。

(6) 原理　必要时，"原理"可用于指明试验方法的基本原理、方法性质和基本步骤。

对于化学分析法标准，原理主要是陈述方法的基本反应类型、反应式，反应条件、标准溶液、指示剂及终点颜色变化等，在方法提要中表达。

【例 3-13】GB/T 5009.39—2003 酱油卫生标准的分析方法
4.2　氨基酸态氮
4.2.1　第一法 甲醛值法
4.2.1.1　原理
利用氨基酸的两性作用，加入甲醛以固定氨基的碱性，使氨基显示出酸性，用氢氧化钠

标准溶液滴定后定量,以酸度计测定终点。

【例 3-14】 GB 19106—2013 次氯酸钠

5.3 有效氯的测定

5.3.1 方法提要

在酸性介质中,次氯酸根与碘化钾反应,析出碘,以淀粉为指示液,用硫代硫酸钠标准滴定溶液滴定,至蓝色消失为终点,反应式如下:

$$2H^+ + ClO^- + 2I^- = I_2 + Cl^- + H_2O$$

$$I_2 + 2S_2O_3^{2-} = S_4O_6^{2-} + 2I^-$$

(7) 试验条件 如果试验方法受到试验对象本身之外的试验条件的影响,如温度、湿度、气压、风速、流体速度、电压和频率等,则应在"试验条件"中明确开展试验所需的条件要求。

示例1:温度 23℃±2℃;相对湿度:25%~75%。

示例2:进行水上试验的水域,应满足下列要求:

——试验时风速不大于 5m/s;

——试验水域水温不高于 32℃。

(8) 试剂或材料

① "试剂或材料"通常包括可选的引导语和详述试验中所使用的试剂和/或材料的清单。清单中的试剂和/或材料是在试验过程中使用的试剂和/或材料,其名称后同一行上紧跟着对该试剂和/或材料主要特征的描述(例如,浓度、密度等)。如果需要,应标示试剂纯度的级别。如果有,宜给出相应的化学文摘登记号。

② 应清楚地指出以市售形态使用的试剂和/或材料,并给出识别它们所需的详细说明(例如,化学名称、浓度、化学文摘登记号等)。

③ "试剂或材料"中所列的试剂和/或材料应顺序编号,以便于标识。编排的先后次序如下:

——以市售形态使用的试剂或材料(不包括溶液);

——溶液和悬浮液(不包括标准滴定溶液和标准溶液);

——标准滴定溶液和标准溶液;

——指示剂;

——辅助材料(干燥剂等)。

④ 依照惯例,水溶液不应作为试剂和/或材料专门列出。注明"水溶液"是多余的。

⑤ 不应列出仅在制备某试剂和/或材料过程中所使用的试剂和/或材料。

⑥ 如果需要,应在单独的段中特别指明贮存这些试剂和/或材料的注意事项和贮存期。

【例 3-15】 GB 19106—2013 次氯酸钠

5.3.2 试剂

5.3.2.1 碘化钾溶液:100g/L。称取 100g 碘化钾,溶于水中,稀释到 1000mL,摇匀。

5.3.2.2 硫酸溶液:3+100。移取 15mL 硫酸,缓缓注入 500mL 水中,冷却,摇匀。

5.3.2.3 硫代硫酸钠标准滴定溶液:$c(Na_2S_2O_3)=0.1mol/L$。

5.3.2.4 淀粉指示液:10g/L。

(9) 仪器设备

① "仪器设备"应列出在试验中所使用的仪器设备的名称及其主要特性。如果适宜,应

提及有关实验室的玻璃器皿和仪器的国家标准和其他适用的标准。特殊情况下,"仪器设备"还应提出仪器、仪表的计量检定、校准要求。

示例1:"4.1 单刻度移液管,容量50mL,GB/T 12808 A类。"

示例2:"试验所用的测量仪器、仪表应经过计量检定机构的检定合格,并在有效期内。进入试验场所后进行计量复查,复查合格后给出准用证。"

② 对于非市售的仪器设备,还应包括这类仪器设备的规格和要求,以便其他各方面能进行对比试验。对于特殊类型的仪器设备及其安装方法,如果仪器设备制备要求的内容较多,则宜在附录中给出,正文中宜列出仪器设备的必要特性,并辅以简图或插图,所列的仪器设备的名称应顺序编号,以便标识。

【例3-16】 GB 19106—2013 次氯酸钠

5.4.3 仪器

一般的实验室仪器和25mL滴定管(A级,分度值:0.1mL)。

(10) 样品

① "样品"应给出制备样品的所有步骤(例如,研磨、干燥等),明确试验样品应满足的条件,例如,尺寸及数量、技术状态、特性(如粒度分布、质量或体积)、贮存条件要求等,必要时,还应给出贮存样品用的容器的特性(如材质、容量、气密性等)。当需要某特定形状的样品时,应注明包括公差在内的主要尺寸。"样品"也可辅以显示样品详细信息的示意图。

② 宜使用祈使句对人工采集样品给出必要的指导。若试验结果是针对不同样品试验的组合,则需对如何采集样品进行特别描述。如果适用,采集样品的方法宜直接引用相关现行标准。如果没有相关现行标准,"样品"可包括采集样品的方法和步骤。此外,采集样品还宜对短缺样品的保存及检测准备工作给予必要指导。

③ 如果适宜,"样品"还应陈述或用公式表示称量或量取样品的方法(例如,使用移液管)和样品的质量或体积及所需的测量准确度。

示例1:"称取5g样品,精确到1mg"。

示例2:"称取约2g样品,精确到1mg"。

示例3:"称取约1.9~2.1g样品,精确到1mg"。

示例4:"用移液管移取10mL样品溶液"。

示例5:"量取10mL±0.05mL样品溶液"。

示例6:"$m=5g±1mg$"。

示例7:"$m=(5±0.0001)g$"。

④ 实验过程中,如有必要保留某一实验步骤得到的产物(例如,沉淀或残余物)作为以后某实验步骤的"样品",则应予以明确说明,并用大写拉丁字母标识该"样品",当以后的试验过程中用到它时,偏于识别。

示例1:"保留滤液C,用于钠含量的测定。"

如果样品是其他试验步骤的产物(例如,滤液、沉淀、残余物),则应使用大写拉丁字母清楚地标识其来源。

示例2:"溶液A——由测定硫酸钙得到的滤液C"。

【例3-17】 HG/T 2573—2012 工业轻质氧化镁

6.4.3.1 试验溶液A的制备

称取约5g试样,精确至0.0002g,置于250mL烧杯中,用少量水润湿,加入约55mL盐酸溶液,搅拌至试样完全溶解,盖上表面皿,煮沸3min~5min,趁热用中速定量滤纸过滤，用热水洗涤至无氯离子（用硝酸银溶液检查）。冷却后将滤液和洗液全部移入 500mL 容量瓶中，用水稀释至刻度，摇匀。此为试验溶液 A，用于氧化镁含量、氧化钙含量、铁含量及硫酸盐含量的测定。保留滤纸和残渣用于盐酸不溶物含量的测定。

（11）试验步骤

① 通则

a. 试验步骤包括试验前的准备工作和试验中的实验步骤。要进行多少个操作或系列操作，"试验步骤"就可分为多少条，如果试验的步骤很多，可将条进一步细分，逐条给出规定的试验步骤，包括必不可少的预操作在内。

b. 试验步骤中的操作或系列操作应按照逻辑次序分组。为了便于陈述、理解和应用试验步骤，每一步操作应使用祈使句准确地陈述，并在适当的条或段中以容易阅读的形式陈述有关的试验步骤。

c. 当给出备选步骤时，应阐明与主选步骤的相互关系，即哪个是优选步骤，哪个是仲裁步骤。

d. 如果在试验步骤中可能存在危险（例如爆炸、着火或中毒），且需要采取专门防护措施，则应在"试验步骤"的开头用黑体字标出警示的内容，并写明专门的防护措施。

e. 必要时，可在附录中给出有关安全措施和急救措施的细节。

f. 试验步骤中试剂或材料名称后的括号内可写上相应的编号，以避免重复这些试剂或材料的特性。如果不会引起混淆，则不必每次重复相应的编号。

g. 试验步骤中仪器设备名称后的括号内可写上相应的编号，以避免重复这些仪器设备的特性。如果不会引起混淆，则不必每次重复相应的编号。

② 校准仪器　如果需要使用校准过的仪器，则应在"试验步骤"中适当的位置单独设立一条，以祈使句给出校准的详细步骤，并编制校准曲线或表格以及使用说明。

如果有关校准的详细步骤与试验步骤完全或部分相同时，那么校准的详细步骤应引用相应的试验步骤。

示例："……以下按 9.3.4～9.3.8 步骤进行。"

③ 试验

a. 预实验或验证试验　"预实验"或"验证试验"应陈述组装仪器后仪器功能的验证。如果必要，应对所用仪器做一次预先检查（例如，检查气相色谱仪的性能特性），或用有证书的标准物质（标准样品）、合成样品或已知纯度的天然产品验证试验方法的有效性，"预实验或验证试验"中应给出进行这一验证需要的所有细节。

b. 空白试验　如果需要空白试验，则应指明进行空白试验的所有条件。空白试验应与测试培训进行，并采用相同的试验步骤，取相同量的所有试剂，但不加样品。在某些情况下，不加样品可能导致空白试验条件与实际测试的条件不同，而影响试验方法的应用，在这种情况下，应说明这些差异以及所需进行的调整。

c. 比对试验　如果需要考虑或消除某种现象的干扰（例如，"背景"颜色、本底噪声），应给出一个适当的比对试验，包括试验步骤所有细节。

d. 平行试验　如适用，在测试的开头陈述："平行做两份试验"。

【例 3-18】　GB/T 3600—2000 肥料中氨态氮含量的测定甲醛法

4.3.3　空白试验

在测定的同时，除不加试样外，按测定完全相同的分析步骤、试剂和用量进行平行操作。

【例3-19】 SN/T 1014.1—2001 出口硅铁中硅含量的测定氟硅酸钾 容量法

8 分析步骤

8.1 试样量

称取0.1000g试样（精确至0.0002g）。

8.2 测定

8.2.1 溶解试样

将试样置于400mL聚四氟乙烯烧杯中．加硝酸10mL滴加氢氟酸5mL，用塑料棒搅拌使试样完全溶解。

8.2.2 沉淀

用15mL水吹洗杯壁，在搅拌下加硝酸钾溶液20mL，继续搅拌0.5min．放置20min，置于冷水或冰水中。

8.2.3 过滤和洗涤

试液及沉淀用中速定量滤纸于抽气过滤装置上抽气过滤，用氯化钾洗液洗涤烧杯和沉淀各三次，每次不超过5mL，将沉淀连同滤纸移到原烧杯之中，加氯化钾保护液15mL，滴加混合指示剂5滴，用氧化钠溶液中和残余酸，边中和边仔细擦洗杯壁并将滤纸捣成糊状，中和至出现鲜明紫色。

8.2.4 滴定

加沸水200mL，立即以氢氧化钠标准溶液滴定，在接近终点淡紫色时补加指示剂5滴，继续滴定至出现鲜明紫色即为终点。

8.3 空白试验

随同样品做空白试验。

（12）试验数据处理

① "试验数据处理"应列出试验所要录取的各项数据。

② "试验数据处理"应给出试验结果的表示方法或结果计算方法，应说明以下内容：

——表示结果所使用的单位；

——计算公式；

——公式中使用的物理量符号的含义；

——表示量的单位；

——计算结果表示到小数点后的位数或有效位数。

如果某种符号代表同一个量的不同含义时，应将阿拉伯数字下标（0，1，2，…）加到符号上（例如：m_0，m_1，m_2）。

【例3-20】 B/T 602—2002 乙醛（40%）质量分数的测定

乙醛（40%）的质量分数w，数值以%表示，按式（1）计算：

$$w(\%) = \frac{(V_2 - V_1)cM}{m \times 1000} \times 100 \tag{1}$$

式中：V_2——测定试料所消耗氢氧化钠标准滴定溶液的体积，mL；

V_1——测定空白所消耗氢氧化钠标准滴定溶液的体积；

c——氢氧化钠标准滴定溶液的浓度，mol/L；

m——试料的质量，g。

（13）精密度和测量不确定度

① 精密度 对于经过实验室间试验的方法，应指明其精密度数据（例如，重复性和再

现性）。精密度数据应按照 GB/T 6379 的有关部分或其他适用的标准计算。

应清楚地表明，精密度是用绝对项还是用相对项表示的。

② 测量不确定度　测量不确定度是表征使用试验方法所得的单个试验结果或测量结果的分散性的参数，适宜时，可给出测量不确定度，然而，试验方法不适于提供确切值以供使用者估算不确定度。

测定不确定度应以使用试验方法所得的实验室报告结果中收集到数据为基础估算，并可与试验结果或测量结果一起报告。

"测量不确定度"应包括用于估算试验结果或测量结果不确定度的指导内容。进行不确定度估算宜考虑不确定度的潜在影响因素、每一影响因素的变量如何计算以及如何对它们进行组合。如果仅作为参考，则有关测量不确定度的内容可在资料性附录中给出。

【例 3-21】　GB/T 5009.39—2003 酱油卫生标准的分析方法

4.3.6　精密度

在重复性条件下获得的两次独立测定结果的绝对差值不得超过算术平均值的 10%。

【例 3-22】　GB/T 3600—2000 肥料中氨态氮含量的测定　甲醛法

4.5　允许差

平行测定的绝对差值不大于 0.06%；

不同实验室测定结果的绝对差值不大于 0.08%。

（14）质量保证和控制　"质量保证和控制"应说明质量保证和控制程序，应给出有关控制样品、控制频率和控制准则等内容，以及当过程失控时，应采取的措施，使方法处于受控状态的最佳途径之一是使用控制图。

【例 3-23】　GB/T 6901.6—2004 硅质耐火材料化学分析方法　第 6 部分：EDTA 容量法测定氧化铝量

10　质量保证和控制

10.1　按 7.4 的规定做验证试验。

10.2　一般情况下，标准滴定溶液的浓度应每两个月重新标定一次；如果两个月内温度变化超过 10℃时，应及时重新标定一次。

【例 3-24】　GB/T 8151.16—2005　锌精矿化学分析方法 钴量的测定 火焰原子吸收光谱法

8　质量保证和控制

应用国家级标准样品或行业级标准样品（当两者没有时，也可用控制标样替代），每周或每两周校核一次本分析方法标准的有效性。当过程失控时，应找出原因，纠正错误后，重新进行校核。

（15）试验报告　试验报告至少应给出以下几个方面的内容：

——试验对象；

——所使用的标准（包括发布或出版年号）；

——所使用的方法（如果标准中包括几个方法）；

——结果；

——观察到的异常现象；

——试验日期。

【例 3-25】　GB/T 11213.3—2003 化纤用氢氧化钠钙含量的测定　EDTA 络合滴定法

9　试验报告

试验报告应包括以下内容：
(a) 识别样品所需的全部资料；
(b) 使用本标准；
(c) 试验结果取平行测定结果的算术平均值为测定结果；
(d) 与规定的分析步骤的差异；
(e) 在试验中观察到的异常现象；
(f) 试验日期。

(16) 特殊情况 "特殊情况"应包括测试的样品中是否因含有特殊成分而需对试验步骤作出的各种修改，每种特殊情况应给出不同的小标题。

修改试验方法的内容应包括以下方面：

——修改后试验方法的原理，包括对于一般试验步骤原理的必要修改，或陈述新试验步骤的原理。

——如果需要对一般采集样品的方法进行修改，则应说明新的采集样品的方法。

——新试验步骤或修改的说明，如果只给出修改内容，则有必要指明每个修改在一般步骤中的具体位置。简便方法为：指明未修改的步骤的最后一段（必要时重复最后一句或部分句子），然后给出修改，最后指明紧跟在修改之后的第一个未修改的段落（必要时重复其第一句或部分句子）。

——适用于修改后的或附加的试验步骤的计算方法。

(17) 附录 如果标准的详细内容便于用附录的形式表述且能使文本主体更间接，那么可以使用附录。应明确说明附录是"规范性附录"，还是"资料性附录"。例如，有时需要用图解表示分析步骤的不同阶段，特别是由大量操作组成的较长的分析步骤。这样的图解安排在资料性附录中最为方便。绘制时应清楚地将各步骤分开，并用一条垂直线将每个阶段的操作按顺序连在一起（例如，沉淀、过滤、残余物的处理）。如果连续的操作在某一个阶段结束，应明确说明（例如，"倒掉滤液"）。

【例 3-26】 GB/T 19281—2014 碳酸钙分析方法

附录 A
（资料性附录）
含汞废液的处理

为了防止含汞废液的污染，分析后的含汞废液均应进行处理后方可排放。

【例 3-27】 GB/T 20017—2005/ISO 10111：2000 金属和其他无机覆盖层 单位面积质量的测定 重量法和化学分析法评述

附录 A
（规范性附录）
选择性溶解金属层的试剂

表 A.1 给出的一些试剂，溶解金属层时，可能还有其他金属层的溶解。通常溶解并不显著，但是宜按 9.3.2 和 9.3.3 描述的方法验证其可能性。

除非另外说明，溶解都应在室温下进行，所有的试样在称量前都应清洗并干燥。

表 A.1 用化学和电化学法选择性溶解金属及其他无机覆盖层的试剂。

(18) 参考文献 如果需要资料性引用文件，可以在文本的相应位置通过引用给出；或者，如果有多个资料性引用文件时，可以在文本后的"参考文献"中列出。GB/T 7714 中提供了参考文献的著录规则和格式。

【例 3-28】 GB/T 20017—2005/ISO 10111：2000 金属和其他无机覆盖层 单位面积质量的测定 重量法和化学分析法评述

参考文献

[1] ASTM A428M 95, Standard Test Method for Weight [Mass] of Coating on Aluminum-Coated Iron or steel Articles.

[2] United States Standard, Standards for Anodically Coated Aluminum Alloys for Architectural Applications, 2nd ed. The Aluminum Association, June 1965.

[3] ASTM B 137-95, Standard Test Method for Measurement of Coating Mass Per Unit Area on Anodically Coated Aluminum.

[4] DIN 50944：19791, Testing of inorganic non-metallic coatings on pure aluminium alloys-Determination of substances by chemical dissolution.

[5] United States Standard MIL-M45202C, Anodic Treatment of Magnesium Alloys.

五、仪器分析方法标准的编写

目前，仪器分析方法主要的标准有 GB/T 6040—2002《红外光谱分析方法通则》，GB/T 9721—2006《化学试剂 分子吸收分光光度法通则（紫外和可见光部分）》，GB/T 9722—2006《化学试剂 气相色谱法通则》和 GB/T 4470—2006《火焰发射、原子吸收和原子荧光光谱分析法术语》等几个。仪器分析方法的标准的编写可以参考化学分析方法的标准编写。仪器分析方法标准与化学分析方法标准主要是标准的技术内容上存在的差异。下面就具体方法进行介绍。

1. 分子吸收光谱分析方法标准

（1）原理　应简述分析方法的基本原理及主要步骤，必要时，列出所要的化学反应式（尽可能用离子反应式表示）。因此，一方面应叙述分析方法在测定各准备阶段（如灰化、溶液制备、萃取、分离、络合等）物理和化学上的原理；另一方面也应叙述方法的特点。如：吸光化合物生成时的细节及其特点（如显红色）；吸光化合物生成反应过程中的注意事项；测量时的波长，并说明该波长是否符合光谱的最大吸收波长，如不符合，应说明理由。

【例 3-29】 YS/T 470.3—2004 铜铍合金化学分析方法 钼蓝分光光度法测定磷量

2　方法提要

试料用硝酸溶解，在硝酸介质中，磷与钼酸铵生成磷钼杂多酸。用正丁醇-三氯甲烷萃取，以氯化亚锡还原磷钼杂多酸为磷钼蓝。于分光光度计波长 630nm 处测量其吸光度。

（2）试剂和材料　应符合化学分析方法标准中有关试剂和材料编写的规定，且应特别写明供校准溶液系列用的标准溶液的配制方法，并规定试剂的纯度，必要时，须写明提纯和检验试剂纯度的方法。

【例 3-30】 SH/T 1747—2004 工业用异丙苯中苯酚含量的测定

5　试剂

5.1　试剂纯度。所用化学品均为分析纯。

5.2　水的纯度。所用水均系符合 GB/T 6682—92 规格中的三级水。

5.3　4-氨基安替比林（$C_{11}H_{13}N_3O$）溶液，将 3.00g 4-氨基安替比林溶于水中，定量转移至 100mL 棕色容量瓶中并稀释至刻度，此溶液两周内稳定。

5.4　过硫酸铵 [$(NH_4)_2S_2O_8$] 溶液。将 2.00g 过硫酸铵溶于少量水中，移入 100mL 容量瓶中并稀释至刻度，此溶液需每周配制。

5.5　苯酚。含量≥99.5%（质量分数）。

5.6　异丙苯的处理。在分液漏斗中，用 1 体积氢氧化钠溶液（5.9）洗涤 4 体积异丙苯，弃去 NaOH 水溶液相，用干燥滤纸过滤异丙苯，氮封贮存。处理的目的是确保异丙苯中不含苯酚。

5.7 氨水。相对密度 0.880。

5.8 异丙醇。

5.9 氢氧化钠溶液。5%（质量分数）。

（3）仪器和设备　应规定对分子吸收光谱仪器的特别要求。例如，必须规定分子吸收光谱仪给出响应时的最低要求，特别应指出有效波长的最大允许光谱带宽和标称波长的允许波动范围。如需要特殊厚度的吸收池，应加以说明。必要时，应说明对分子吸收光谱的主要性能的检查情况。

【例 3-31】 SH/T 1747—2004　工业用异丙苯中苯酚含量的测定

4　仪器

4.1　分光光度计，精度±0.001A，配置 2cm 的吸收池。

4.2　天平，感量 0.001g。

4.3　分液漏斗，1L。

4.4　容量瓶，25mL 和 50mL。

4.5　移液管，2mL 和 5mL。

（4）样品　应符合化学分析方法标准中有关样品编写的规定，说明制备样品的一切步骤，如有特殊需要，必须另加说明。

【例 3-32】 SH/T 1747—2004　工业用异丙苯中苯酚含量的测定

6　采样

6.1　按照 GB/T 3723—1999 和 GB/T 6680—1986 规定的安全和技术要求采取样品。

6.2　异丙苯与空气接触会产生过氧化物，异丙苯样品应贮存于密闭容器中，并尽快分析。

（5）分析步骤　本条叙述的内容，并不适用于所有情况，有时为了制备本条所规定的一种或几种溶液时，需进行某些准备试验（例如调整 pH 以达到符合测定条件的要求）或监控试验（例如为了使用溶液介质的某种特殊要求，要检控试剂的质量和用量等），因此，为了使正文易于理解，方法易于掌握，标准编写者也可以把相应的内容编写成细条补充到本条所规定的细条中。

（6）安全措施　本条目所述的内容与化学分析方法标准相同。

（7）试料　试料所述的内容与化学分析方法标准相同。

（8）试验溶液的制备　由于试料量仅是指导性的大约数量，它可以根据仪器的灵敏度和选定校准曲线的线性范围适当增减。

应准确叙述在吸光化合物发色前，供分析用试料所必须进行的一切化学上或物理上的处理，并应说明可能影响分析结果的因素。

（9）空白试验溶液的制备（或空白试验）　本条标题依据内容而定，如果内容不包括吸光化合物生成的分析步骤，就按"空白试验溶液的制备"，否则称"空白试验"。

（10）校准　校准主要包括：校准溶液系列的制备，校准溶液吸光化合物的生成，校准补偿溶液和吸光度的测量。

校准溶液系列一条应写明在制备从零到最大允许量的待测组分的校准溶液系列时，所需标准溶液的体积。规定的校准溶液系列范围仅是指导性的大约范围，分析人员可以根据实际仪器灵敏度和最佳试验条件进行调整。

校准溶液吸光化合物的生成一条应详述用于吸光度测量的校准溶液的配制步骤。必要时，应说明显色反应的注意事项，各种试剂加入的顺序、发色时间、稳定时间以及反应温度条件等。如果没有特别说明，则表明：一切操作可以连续进行，可在 10～40℃ 之间操作，吸光化合物的吸光度不需随时间变化进行校准。

吸光度测量条应写明：测量用波长、参比溶液、测量温度、吸收池厚度。

校准曲线的绘制是将测得的吸光度值对校准溶液系列的浓度作图或确定一元线性回归方程，并说明曲线或方程的线性工作范围。绘制校准曲线一般要注意：标准系列点数至少要有 5 个（不包括零点），规定重新绘制的条件或规定每次样品测量的同时应进行校准曲线吸光度的测量。

(11) 测定　本条应写明样品溶液制备的操作步骤、吸光度测量条件、参比溶液和空白试验。具体要求同校准系列。

【例 3-33】　GB/T 18932.16—2003　蜂蜜中淀粉酶值的测定方法　分光光度法

7　测定步骤

7.1　淀粉溶液的标定

吸取 5.0mL 淀粉溶液（4.11）和 10.0mL 水并分别置于 40℃ 水浴中 15min。将淀粉溶液倒入 10.0mL 水中并充分混合后，取 1.0mL 加到 10.0mL 的碘溶液（4.8）中，混匀，用一定体积的水稀释后，以水为空白对照，用分光光度计于 660nm 波长处测定吸光度，确定产生（0.760±0.020）吸光度所需稀释水的体积数，并以此体积数作为样品溶液的稀释系数。当淀粉来源改变时，应重新进行标定。

7.2　测定

7.2.1　分光光度计条件。

(a) 波长：660nm。

(b) 参比物：水。

7.2.2　样品处理：称取 5g 试样，精确到 0.01g，置于 20mL 烧杯中，加入 15mL 水和 2.5mL 乙酸盐缓冲液（4.9）后，移入含有 1.5mL 氯化钠溶液（4.10）的 25mL 容量瓶中并定容（样品溶液应先加缓冲液后再与氯化钠溶液混合）。

7.2.3　吸取 5.0mL 淀粉溶液、10.0mL 样品溶液（7.2.2）和 10.0mL 碘溶液，分别置于 40℃ 水浴中 15min。将淀粉溶液倒入样品溶液中并以前后倾斜的方式充分混合后开始计时。

7.2.4　5min 时取 1.0mL 样品混合溶液（7.2.3）加入 10.0mL 的碘溶液中，再用淀粉溶液标定时确定的稀释水的体积数进行稀释并用前后倾斜的方式充分混匀后，以水为空白对照，用分光光度计于 660nm 波长处测定吸光度。

7.2.5　如吸光度大于 0.235（特定吸光度），应继续按 7.2.4 步骤重复操作，直至吸光度小于 0.235 为止。

7.2.6　待测期间，样品混合溶液、碘溶液和水应保存在 40℃ 水浴中。吸光度与终点值的相对应时间参见附录 A。

(12) 分析结果表述　本条应给出计算公式并应写明如何从下面的数值中计算出待测的特性值：

按照"校准曲线的绘制"得到的校准曲线；

按照"吸光度测量"得到的测量结果；

必要时，按照"空白试验"得到的测量结果；

用于制备试验溶液的试料量；

试验溶液和样品溶液之间稀释的倍数。

此外，还应清楚地表明所使用的计量单位。

(13) 精密度　参照化学分析方法标准的编写。

2. 原子吸收光谱分析方法标准

(1) 方法原理　应扼要叙述方法的主要步骤。一方面说明原子吸收光谱法测量的各个准备过程的原理（如灰化、溶液的制备、萃取、分离、配位剂和光谱化学缓冲剂的加入）；另一方面也要叙述原子吸收光谱测量阶段的特点。应指出：原子化器的类型；所用谱线的波长；检测的类型和非特征衰减的校正；方法的类型（直接测定法、稀释法、标准加入法、参比元素法、间接法）。

【例3-34】　GB/T 13080—2004　饲料中铅的测定　原子吸收光谱法

3　原理

3.1　干灰化法

将试料在马弗炉550℃±150℃下灰化之后，酸性条件下溶解残渣，沉淀和过滤，定容制成试样溶液，用火焰原子吸收光谱法，测量其在283.3nm处的吸光度，与标准系列比较定量。

3.2　湿消化法

试料中的铅在酸的作用下变成铅离子，沉淀和过滤去除沉淀物，稀释定容，用原子吸收光谱法测定。

(2) 试剂和溶液　编写方法同化学分析方法标准。

(3) 仪器　应规定仪器的特殊要求：发射特征谱线的光源；原子化器的类型和特征；最大容许光谱带宽；是否需要校正随机波动的装置；其他特殊装置。必要时，还要说明仪器的性能和检验仪器的条件。

【例3-35】　GB/T 13080—2004　饲料中铅的测定　原子吸收光谱法

5　仪器设备

注：所用的容器在使用前用稀盐酸（4.1）煮。如果使用专用的灰化皿和玻璃器皿，每次使用前不需要用盐酸煮。

5.1　马弗炉，温度能控制在550℃±15℃。

5.2　分析天平：称量精度到0.0001g。

5.3　实验室用样品粉碎机。

5.4　原子吸收分光光度计附测定铅的空心阴极灯。

5.5　无灰（不释放矿物质的）滤纸。

5.6　瓷坩埚［内层光滑没有被腐蚀，使用前用盐酸煮（4.1）］。

5.7　可调电炉。

5.8　平底柱型聚四氟乙烯坩埚（60cm^2）。

(4) 采样和样品　编写同化学分析方法标准。

(5) 分析步骤　本条并不包括所有情况，如需要设计预备试验（例如检测或校正非特征衰减），标准制定者可将相应的款项插入到本条规定的条项之间，使正文文字易于理解，方法易于执行。

(6) 安全措施　编写方法同化学分析方法标准。

【例3-36】　GB/T 13080—2004 饲料中铅的测定　原子吸收光谱法

7 分析步骤
7.1 试样溶解
7.1.1 干灰化法
称取约5g制备好的试样,精确到0.001g,置于瓷坩埚中(5.6)。将瓷坩埚置于可调电炉上,100～300℃缓慢加热炭化至无烟,要避免试料燃烧。然后放入已在550℃下预热15min的马弗炉,灰化2～4h,冷却后用2mL水将炭化物润湿。如果仍有少量炭粒,可滴入硝酸(4.3)使残渣润湿,将坩埚放在水浴上干燥,然后再放到马弗炉中灰化2h,冷却后加2mL水。

取5mL盐酸(4.2),开始慢慢一滴一滴加入到坩埚中,边加边转动坩埚,直到不冒泡,然后再快速放入,再加入5mL硝酸(4.3),转动坩埚并用水浴加热直到消化液2～3mL时取下(注意防止溅出),分次用5mL左右的水转移到50mL容量瓶。冷却后,用水定容至刻度,用无灰滤纸过滤,摇匀,待用。同时制备试样空白溶液。

7.1.2 湿消化法
7.1.2.1 盐酸消化法
依据预期含量,称取1～5g制备好的试样,精确到0.001g,置于瓷坩埚中(5.6)。用2mL水将试样润湿,取5mL盐酸(4.2),开始慢慢一滴一滴加入到坩埚中,边加边转动坩埚,直到不冒泡,然后再快速放入,再加入5mL硝酸(4.3),转动坩埚并用水浴加热直到消化液2～3mL时取下(注意防止溅出),分次用5mL左右的水转移到50mL容量瓶。冷却后,用水定容至刻度,用无灰滤纸过滤,摇匀,待用。同时制备试样空白溶液。

7.1.2.2 高氯酸消化法
称取1g试样(精确至0.001g),置于聚四氟乙烯坩埚(5.8)中,加水湿润样品,加入10mL硝酸(含硅酸盐较多的样品需再加入5mL氢氟酸),放在通风柜里静置2h后,加入5mL高氯酸,在可调电炉上垫瓷砖小火加热,温度低于250℃,待消化液冒白烟为止。冷却后,用无灰滤纸过滤到50mL的容量瓶中,用水冲洗坩埚和滤纸多次,加水定容至刻度,摇匀,待用。同时制备试样空白溶液。

7.2 标准曲线绘制
分别吸取0mL、1.0mL、2.0mL、4.0mL、8.0mL铅标准工作液(4.5),置于50mL容量瓶中,加入盐酸溶液(4.2)1mL,加水定容至刻度,摇匀,导入原子吸收分光光度计,用水调零,在283.3nm波长处测定吸光度,以吸光度为纵坐标,浓度为横坐标,绘制标准曲线。

7.3 测定
试样溶液和试剂空白,按绘制标准曲线步骤进行测定,测出相应吸光值与标准曲线比较定量。

(7)试料 试料量仅是指导性的大约数量,它可随仪器的灵敏度和选定校准范围而变化,可以根据实际情况适当增加或减少。编写时应写明供仪器使用的试液中样品的最大和最小允许浓度。

在光谱测量之前应准确叙述,供分析用试料所必须进行的一切化学上或物理上的处理,并应说明可能影响分析结果的因素。

(8)空白试验溶液的制备 应写明如何制备空白试验溶液。某些情况下,可通过参照"试料的处理"来说明如何制备空白试验溶液。

(9)校准溶液系列的制备 应写明用于配制校准溶液系列的各标准溶液的浓度,包括从零补充溶液到含有最大容许量待测元素的溶液。

给出的校准溶液系列范围仅是指导性的大约范围,由于最佳范围随仪器灵敏度而定,故可略加改变。在此情况下,分析操作者检查确信可能的干扰仍能被校正并且无其他干扰出现后,应调整供仪器测量用的试液中分析元素的浓度,以获得最佳浓度条件。

(10) 校准和测定 本条包括:光谱测量、分析函数(或绘制校准曲线)和空白试验。

光谱测量应包括:测量所用的波长和光谱带宽;必要时写明观测高度;使用火焰时,应写明火焰的特性(如氧化性火焰或还原性火焰);使用无火焰原子化器时,应指出每次测量时的分析元素的容许量、加热温度、时间顺序、原子化器的几何形状、材质和气体种类、质量、通气方式等;指出用于调节仪器及吸光度为零的空白。

分析函数(或绘制校准曲线)有时可在"光谱测量"项中加上"由所得的测定值绘制分析曲线"这句话,而不必另外编写本项。但在有些场合下,详细说明如何绘制分析曲线是更为合适的。在本项中,至少指出一个校准溶液应测得吸光度的近似值。

空白试验与校准溶液系列中零补偿不同而且要用空白试验溶液来对样品的测量校正时,需要编写次条款,否则可不编写。

(11) 分析结果的计算 应写明计算分析结果的根据。这些根据一般指如下各项:根据"分析函数"得到的分析函数;根据"光谱测量"得到的吸光度测量结果;如有必要,根据"空白试验"得到的空白试验的吸光度测量结果;所用的试料量。另外,应写明所用的单位。

(12) 精密度 除了给出方法的精密度(重复性和再现性)外,还应列出所有能确定方法适宜性的因素,如灵敏度、准确度和可靠性。

3. 气相色谱分析方法标准

(1) 试料和材料

① 载气和辅助气体 此条应写明气体的名称、纯度;杂质含量和净化方法。

② 配制标准样品和试样预处理时使用的试剂和材料 此条应写明试剂和材料的名称、纯度以及杂质含量和净化方法。

③ 配制色谱柱时使用的试剂和材料 此条应包括色谱柱、填充物及溶剂。

【例 3-37】 GB/T 18446—2009 色漆和清漆用漆基 异氰酸酯树脂中二异氰酸酯单体的测定

5 试剂

分析时,仅使用确认为分析纯的试剂。

5.1 乙酸乙酯:无水(用 0.5nm 的分子筛干燥),无乙醇(乙醇含量<200×10^{-6})。

5.2 十四烷或蒽。

5.3 甲苯二异氰酸酯(同分异构体的混合物)。

5.4 六亚甲基二异氰酸酯。

5.5 异佛尔酮二异氰酸酯(同分异构体的混合物)。

5.6 二苯基甲烷二异氰酸酯。

5.7 内标溶液

称取约 1.4g 十四烷或蒽,准确至 0.1mg,置于 1 000mL 容量瓶中,用乙酸乙酯(5.1)稀释至刻度。

5.8 二异氰酸酯单体标准溶液

称取约 1.4g 相关的二异氰酸酯单体,准确至 0.1mg,置于 1 000mL 容量瓶中,用乙酸乙酯(5.1)稀释至刻度。

应避免二异氰酸酯单体标准溶液与空气中的湿气接触。

注：如果贮存适当，标准溶液可保持稳定约两星期。

5.9 校准溶液

用移液管吸取10mL内标溶液（5.7）和10mL标准溶液（5.8）置于样品瓶中或锥形瓶中（见6.2）。用25mL量筒加入15mL醋酸乙酯并混合均匀。

如果不制备校准溶液，可将内标和二异氰酸酯单体直接加入50mL样品瓶中并加入40mL乙酸乙酯，用（干燥无水的）隔热瓶盖密封，就无需5.7和5.8步骤。

（2）仪器 此条编写应说明：仪器的型号、进样器件、色谱柱、分流器、检测器、数据记录和处理系统。其中色谱柱中需要写明：色谱柱的类型（填充柱或毛细管柱）、色谱柱的特征（包括材料、长度、内径、形状等）、填充物（包括载体、固定液等）、填充物填充方法和填充物的质量、色谱柱的老化、柱效能和分离度等。

【例3-38】 GB/T 18446—2009 色漆和清漆用漆基 异氰酸酯树脂中二异氰酸酯单体的测定

6 仪器设备

常用的实验室仪器设备和玻璃器皿，以及下列仪器设备。

6.1 分析天平。

6.2 锥形瓶，容量50mL，配有磨口塞，或容量为50mL配有隔垫瓶盖密封的样品瓶。

6.3 单刻度移液管，容量10mL。

6.4 量筒，容量25mL。

6.5 单刻度容量瓶，容量1000mL。

6.6 样品注射器，容量$2\mu L$或$10\mu L$。

6.7 气相色谱仪，具有可更换的玻璃材质的衬管、氢火焰离子检测器和积分仪。

（注：此示例标准中色谱柱规格型号等在"8 测试步骤"的操作条件中详细列举）

【例3-39】 HJ 697—2014 水质 丙烯酰胺的测定 气相色谱法

6 仪器和设备

6.1 气相色谱仪：具电子捕获检测器。

6.2 色谱柱1：石英毛细管柱，30m×0.32mm，内涂聚乙二醇，膜厚$0.25\mu m$。或其他等效毛细管色谱柱。

6.3 色谱柱2：石英毛细管柱，30m×0.32mm，内涂35%苯基-甲基聚硅氧烷，膜厚$0.25\mu m$。或其他等效毛细管色谱柱。

6.4 浓缩装置：旋转蒸发装置，也可使用K-D浓缩器、浓缩仪等性能相当的设备。

6.5 振荡器。

6.6 磁力搅拌器（带磁力搅拌子）。

6.7 干燥柱：长250mm，内径20mm，玻璃活塞不涂润滑油的玻璃柱。在柱的下端，放入少量玻璃毛或玻璃纤维滤纸。或采用其他类型的干燥设备。

6.8 万分之一电子天平。

6.9 分液漏斗：250mL。

6.10 具塞碘量瓶：250mL。

6.11 微量注射器：$10\mu L$、$50\mu L$、$250\mu L$。

6.12 一般实验室常用仪器和设备。

（3）样品 本条应包括样品的性质；采样方法和贮存方法；试样的预处理；样品的稀

释、化学反应、提取、富集等；还有分析时可能涉及的特殊考虑（如挥发性、稳定性、爆炸性、毒性、放射性等）。

【例 3-40】 SN/T 1251—2003 工业糠醇含量的检验方法 气相色谱法
3 抽样和制样
3.1 取样方法
取样按 GB/T 6680—1996 规定执行。
3.2 制样方法
制样按 GB/T 6680—1996 规定执行。
3.3 样品保存
样品保存按 GB/T 14022.1—92 规定执行。
（4）操作步骤
① 调试仪器　调试仪器主要是气化室的温度、柱箱和色谱柱的温度（或程序升温）、载气流速、检测气的温度、数据记录和处理系统的启动和应用等。
② 校准　本条应包含：校准方法（一般有归一化法、内标法、外标法、标准加入法等）、标准样品、校准数据的表示、试验（主要写明试样的制备，进样和数据记录，尤其是试样的制备步骤要详细说明）。

【例 3-41】 SN/T 1251—2003 工业糠醇含量的检验方法 气相色谱法
4.2.3 试验步骤
4.2.3.1 色谱条件
(a) 色谱柱：TPA 改性聚乙醇毛细管柱（25m×0.33mm×0.25μm）。
(b) 色谱柱温度：110℃。
(c) 进样口温度：200℃。
(d) 检测器温度：200℃。
(e) 载气（N_2，纯度大于 99.999%）：3.0mL/min。
(f) 燃烧气（H_2）：50mL/min。
(g) 助燃气（空气）：500mL/min。
(h) 进样量：0.5μL。
(i) 分流比：80∶1。
注：上述操作参数是典型的，可根据不同仪器特点，对给定操作参数作适当调整，以获得最佳效果。

4.2.3.2 测定
注入 0.5μL 样品于气相色谱仪中，按 4.2.3.1 条件进行色谱分析。糠醇标准色谱图参见附录 B，从色谱数据处理机按面积归一法得出糠醇的含量 x。
（5）结果表示
① 定性结果　包括出现组分的数目和被鉴定组分的名称。
② 定量结果　包括含量和含量的表示方法、精密度（重复性和再现性）、检测限。
（6）试验报告　试验报告中应包括以下内容：
① 采用方法的参考资料；
② 结果的表示方法，尽可能列出计算公式；
③ 一些特殊的细节以及分析时必须注意的要点；
④ 未包括在本方法中的其他可用的操作或认为是可选择的操作。

六、分析检验操作规范的编制

1. 编制分析检验操作规范的目的

质量检验就是对产品的一个或多个质量特性进行观察、试验、测量,并将结果和规定的质量要求进行比较,以确定每项质量特性合格情况的技术性检查活动。对产品而言是根据产品标准或检验规范对原材料、半成品、成品进行适当的测量或试验,并把所得到的特性值与规定值作比较,判定出各个物品或成批产品合格与不合格的技术性检查活动。

分析检验操作规范又称分析检验操作规程或分析检验指导书,是工艺生产过程中,用以指导分析检验人员正确实施化学检查、测量、试验的检验操作的技术性标准文件,其特点是表述明确,可操作性强;其作用是使化学检验操作达到统一规范。

分析检验操作规范包括生产过程控制分析检验操作规范和产品分析检验操作规范。

2. 编制化学检验操作规范的基本要求

分析检验人员首先要熟悉和了解有关的产品技术标准、设计技术文件、熟悉产品的工艺文件,了解产品生产工艺流程(路线),并能根据工艺流程(路线)确定并绘制带采样点的工艺流程图,对上述的采样点按"采样位号"、"样品名称"、"检验项目"、"控制指标"和"检验频次"这五要素编制"×××工艺分析检验控制一览表"。

对于生产控制较为成熟的工艺,分析检验人员也应对所检验的试样的生产工艺有所了解,如合成路线、分离路线等,这样在进行分析检验时才能做到心中有数。

为了保证检验质量,对关键和重要的检验应编制分析检验操作规范,在操作规范上明确详细规定需要检验的试样的质量特性及其技术要求,规定检验方法以及必要的检验示意图。分析检验操作规范应将产品适当归类后,再按分析项目制定。一般不按产品种类或牌号分别制定。

3. 编制操作规范涉及的术语和定义

① 实验室样品　为送往实验室供检验或测试而制备的样品。

② 试样　由实验室样品制备的,从中抽取试样的样品。

③ 试料　从试样中取得的(如试样与实验室样品两者相同,则从实验室样品中取得)并用以进行检测或观测的一定量的物料。

④ 标准滴定溶液　已知准确浓度的用于滴定分析的溶液。

⑤ 基准溶液　用于标定其他溶液的作为基准的溶液。

⑥ 标准溶液　由用于制备该溶液的物质而准确知道某种元素、离子、化合物或基团浓度的溶液。

⑦ 标准比对溶液　已知或已确定有关特性(如色度、浊度)的并用于评定试验溶液各该特性的溶液。

4. 分析检验操作规范的编写细则

编制分析检验操作规范涉及前言、引言、规范名称、警告、范围、规范性引用文件、术语和定义、原理、反应式、试剂与材料、仪器、采样(取样)、分析步骤、结果计算、精密度、质量保证和控制、特殊情况、试验报告、附录、参考文献 20 个要素。各要素所要表述的主要内容参照本节"四、试验方法标准的编写和有关规定"的内容。

第七节　化工标准的实施与监督

化学工业是国民经济重要的基础和原材料工业,具有品种多、服务面广、配套性强等特点，随着我国经济的全面发展，化学工业也获得了长足的发展，而化工标准化在其中功不可没。化工行业标准化工作在走新型工业化道路，促进全行业健康和谐发展方面取得了很大的进展。根据统计，化工行业标准约占全部国家标准和行业标准总量的10%以上，有关化工产品的国际标准（ISO）也占其总量的10%以上。

化工标准涵盖了基本化学品、农药、肥料、涂料、染料、橡胶、塑料、胶黏剂、化学矿、非金属、橡塑机等20多个专业。

目前，全国化学标准化技术委员由国家标准化管理委员会领导和管理，从事全国性化学标准化工作的技术工作组织，负责化学工业基础、方法和产品等系列标准的总体规划、设计、研究；组织有关标准的制修订、审查、宣贯、复审；制定相关标准；从事化工标准化科研项目和基础标准前期研究工作等。充分发挥研制、使用、科研、管理等方面的标准化专家的作用，更好地开展化学标准化的工作；科学合理地建立我国化工标准化国家标准和行业标准的体系；进一步提高化工国家标准和行业标准的制定、修订水平。

一、企业标准化机构的任务和标准化人员

企业标准化是一项涉及面较广的技术经济工作，它的活动贯穿到产品设计、工艺和设备的设计与制造、自制设备、原材料采购和供应、零部件的加工制造、产品检验和包装、产品销售和服务、生成组织和经营管理等各个方面。

企业标准化是企业科学管理的基础。企业标准化工作的基本任务是：执行国家有关标准化的法律、法规，实施国家标准、行业标准和地方标准，制定和实施企业标准，并对标准的实施进行检查。企业标准是对企业范围内需要协调、统一的技术要求、管理要求和工作要求所制定的标准。企业标准是企业组织生产、经营活动的依据。

企业根据生产、经营需要设置的标准化工作机构，配备的专、兼职标准化人员，负责管理企业标准化工作。企业标准化人员对违反标准化法规定的行为，有权制止，并向企业负责人提出处理意见或向上级部门报告。对不符合有关标准化法要求的技术文件，有权不予签字。

1. 标准化机构的任务

① 组织贯彻国家的标准化方针、政策、法律、法规、规章，编制本企业的标准化规划、计划。

② 组织制定、修订企业标准，建立健全企业标准体系。

③ 组织实施有关的国家标准、行业标准、地方标准和企业标准。

④ 对本企业实施标准进行监督、检查。

⑤ 参与研制新产品、改进产品、技术改造和引进产品的标准工作；负责标准的审查工作。

⑥ 做好标准化效果评价与计算，总结标准化工作经验。

⑦ 统一归口管理各类标准，建立档案，收集国内外标准化信息资料。

⑧ 对本企业有关人员进行标准化培训、教育，对本企业有关部门标准化工作进行指导。

⑨ 承担上级委托的有关标准化任务。不同企业标准化工作内容有所差异，可以在此规定上进行适当调整。

2. 对标准化人员的要求

① 必须具有一定的标准化基础知识，其主要包括：标准化方面的基础理论知识；制定、修订标准及开展企业标准化工作的有关知识；收集分析和评价国内外标准化发展动态的方法；企业质量管理的基本知识。

② 具有丰富的专业生产知识、熟悉生产管理业务，其中包括：本企业产品的生产工艺及质量检验方面的技术知识；从事设计、工艺编制及质量检验方面的基本知识和实践经验。

③ 具有一定的组织能力。

二、化工企业贯彻标准的意义

1. 企业贯彻标准的意义

企业是商品的生产者和经营者。企业与标准化法有着十分密切的关系。比如：企业生产的产品必须按标准生产，对产品检验要遵守统一的检验方法，要有统一的包装、运输方式。可以这样说，没有标准，企业就无法组织好生产，生产的产品也无法更快更好地进入市场，也就不可能获取更多更好的经济效益；同时，违反强制性标准的企业，还要受到处罚。企业为了提高产品的信誉和产品的竞争能力，按标准化法规定，可以申请认证。认证是国际上通行的贸易管理制度。取得贸易合格认证的产品，就能得到用户的信赖。

实施标准是我国《标准化法》规定的标准化工作的三大任务之一。组织实施标准是指有组织、有计划、有措施地把标准文本内容贯彻到生产实际中去的活动，它是整个标准化活动中的一个关键环节，是实现化工标准化最终目的必不可少的手段。

2. 化工标准化的特点

化工标准化工作是我国工业标准化工作的重要组成部分，除具有工业标准化的共性外，还有如下的行业特点。

（1）化工标准的专业性和配套性较强　化工产品的品种繁多，性能差异大，更新换代快。所以产品及其试验方法标准数量多、范围广、更新快。化工各个专业甚至每种产品都有不同的试样制备或取样方法，专业与专业之间的标准既有共同之处，更有各自的特殊性。因此，每一个专业的标准基本上自成体系，各有一套完整的标准。例如，农药专业有农药名词术语标准、农药产品标准、农药中间体标准、农药剂型标准、农药助剂标准以及与此配套的农药性能测试方法标准、农药包装标准等。

（2）化工产品标准的质量特性指标一般都是代用质量特性指标　化工产品质量的好坏，往往是在使用和加工过程中才反映出来。例如，评价一种新农药质量的优劣，主要看它对病虫害的防治效果和对人、畜的安全程度。评价己内酰胺的质量，主要看它在抽丝加工时的性能如何。但是，反映这些产品真正质量的特性指标（如防治效果、抽丝性能等），在生产过程中是难以直接测定的。农药生产厂无法用抽丝性能来控制每批己内酰胺的质量。胶片、水处理剂等产品在生产过程中都无法以真正质量特性指标来控制其质量。因此，在制定化工产品标准时，往往采用易于测定并能反映产品质量特性的代用指标来表示。比如农药产品，用有效成分的含量作为代用指标。由于产品的真正质量特性不容易测定，所以用代用质量特性指标来控制产品质量。但是代用质量特性指标并不等同于真正质量特性指标，而只是反映真正质量特性的相关技术参数。因此，制定和修订化工标准，关键在于准确、科学地确定代用质量特性指标，以充分反映产品的真正质量。

（3）产品标准的质量指标常实行分行业分类型和分等级　一种化工产品往往有多种用途，例如磷酸氢钙既可做肥料，又可做饲料和食品添加剂，还可做牙膏的原料。所以在制定产品标准的时候要根据不同用途的要求，对产品质量指标实行分行分型和分等，以避免产品质量的过剩或不足。化学试剂的质量指标一般分为优级纯、分析纯和化学纯三等，以适应不同用途的需要。根据不同用途的需要，GB/T 1587—2000 将工业碳酸钾分为两种类型，Ⅰ型作为一般工业用，杂质含量等指标控制相对可宽一些，Ⅱ型主要用于制造显像管玻壳，杂质等含量指标控制相对要更为严格。对一般工业用的Ⅰ型产品又根据不同用途的需要，分为优等品、一等品、合格品三等，在主含量及杂质指标上都有所区别。

（4）安全、节能和环保是制定化工标准必须考虑的重要因素　如前所述，化工生产一般在高温、高压下进行，化工产品又多是易燃、易爆、有毒和有腐蚀性的物质。因此，化工标准不仅专门有安全标准、易燃、易爆、有毒物质允许标准、"三废"排放标准等，而且在产品标准中要充分考虑安全、环境管理的要求。化学工业是耗能大的行业，化工标准中不仅有专门控制能耗的标准，而且在制定产品标准、方法标准时，应充分考虑节能因素，大力推广节能的新工艺、新技术、新设备，以达到节约能源、降低能耗的目的。

（5）化工产品标准中包装占重要位置　化工产品具有气体、液体、固体三种物质形态，并随着温度、压力的变化而变化。由于有的化工产品的性质不稳定，随外界环境和放置时间而发生化学变化，如热分裂、裂解、聚合、遇空气发生化学反应或潮解等。许多化工产品属于危险品，危害人类和动植物，因此化工产品标准中包装极为重要，对化学危险品分类与标志制定有国家标准，标准对每种化工产品的包装都有明确要求。如农药包装通则、乳油农药包装、固体化学肥料包装标准、工业碳酸钠（纯碱）包装标准等。为了引起人们的注意，国家规定了醒目的危险品包装标志，如易燃、易爆、剧毒等标志。不同性质的产品，要求有不同的包装容器和包装材质。如具有腐蚀性的产品，规定用陶瓷或塑料容器包装；油溶性产品渗透率强，规定采用复合材料容器包装等。

三、贯彻标准的原则

贯彻标准的原则主要有以下几点。

① 国家标准、行业标准、地方标准中的强制性标准企业必须要严格执行；不符合强制性标准的产品，禁止生产、销售和进口。

② 国家鼓励企业自愿采用推荐性标准，但推荐性标准一经采用，应严格执行。

③ 已备案的企业产品标准和其他标准应严格执行。

④ 积极采用国际标准和国外先进标准。对没有国家标准、行业标准的产品，在产品质量比较高的情况下，要制定高于国家标准的企业标准。这有助于打入国际市场，为国家和企业获得更大的经济效益。

⑤ 出口产品的技术要求依照全国的约定执行。企业应严格按照合同约定的要求组织生产。

⑥ 全面实施标准的各项内容。按照标准全文所规定的内容，包括引用标准、技术要求、各项指标、配套的测试方法和基础标准以及检测规则等要求都必须严格执行。

四、实施标准的一般程序和方法

标准的实施一般分为计划、准备、实施、检查总结几个阶段（指技术标准）。

1. 标准的计划

在制订计划时应考虑以下几个方面。

① 标准的实施方式是直接开展单项标准的实施工作，也是其他任务开展标准的实施工作。如结合开发新产品、改造老产品等。

② 标准实施工作的组织安排包括实施步骤、人员组织、各项任务的内容和安排、完成贯彻工作的起始时间、相关条件及有关单位的协作等内容。

③ 对标准实施后的经济效果预测分析。

2. 实施标准的准备

准备工作是实施标准的最重要的环节。大致从四个方面进行，即思想准备、组织准备、技术准备和物质条件的准备。

(1) 思想准备　首先要对贯彻标准有一个正确认识，包括对其重要性的认识。向有关人员宣讲：标准的内容、新旧标准的比较、国内外水平对比、贯彻标准的效益、贯彻实施的方法、新旧标准的过渡方法、贯彻过程中可能出现的问题及处理方法。

(2) 组织准备　结合实施标准的实际工作量大小及复杂程度，做好人力和组织安排。

(3) 技术准备　技术准备是实施化工标准全过程的关键，首先要准备好技术资料、标准文本和有效的相关文本；收集标准编制说明、试验报告、注意事项等，对贯彻标准中存在的技术难题，要组织力量解决，必要时应进行改造或技术攻关。

(4) 物质条件准备　作为质量监督部门，在新标准的实施中，要按标准的规定准备好仪器、设备、试剂、药品，组织有关人员认真学习标准文本。在完全理解的基础上，组织人员做好方法的试验验证工作，找出合适的试验条件和影响分析结果准确度的因素。培训好分析人员，严格按标准规定进行取样、检测、报告分析结果。

3. 标准的实施

实施就是采取行动，把标准规定的内容用于生产、科研、设计和流通领域中去，采取有效的措施，保证各类标准的实施工作顺利进行。

4. 检查与总结

(1) 检查　一是对实施标准工作的检查。主要是看准备工作进行的程度和质量是否满足标准实施的要求，提出是否可以转入实施阶段。二是对标准实施情况的检查。对于检验部门来说，就是检查使用的仪器、设备的精度是否符合标准要求，人员操作是否符合标准规定等。

(2) 总结　在标准实施工作告一段落时，应对标准实施情况进行全面总结，特别是对存在的问题采取了哪些措施和取得的效果进行分析和评价。

五、化工标准的实施监督

对标准的实施进行监督是标准化三个方面的任务之一，是依据标准化的法律、法规和规章对强制性的化工国家标准、行业标准、地方标准进行监督，还要对强制性的化工产品标准、化工安全标准、卫生标准、环境标准、基础标准、方法标准等的实施进行监督检查。备案的化工企业的产品标准及被企业采用的推荐性的产品标准也属于监督检查的范围。另外，还包括批量生产前、技术准备阶段（包括原材料、工艺等）、生产、产品出厂（检验）、产品销售（服务）全过程监督，其作用有以下几点。

① 监督是实施的保证。

② 有利于推动和加强化工企业标准化工作。

③ 有利于提高化工标准水平。

④ 是化工企业坚持以法治厂的主要措施之一。标准监督是检查执法的有效手段，尤其是不符合强制性标准的产品，禁止生产、销售和出口，这些也只有通过标准监督才能实现。

⑤ 可以加强化工厂产品的质量监督。通常，质量监督滞后于标准监督，标准监督是质量监督的基础，标准监督是过程中的监督，而质量监督是对结果的监督。由此看来生产过程中质量得以保证，最终产品质量才能得到保证。

1. 对化工标准实施进行监督的必要性

对标准实施监督的必要性主要体现在下列 3 个方面：

① 可以督促企业严格执行标准；

② 可以发现企业违反标准的问题，并依法给予处罚，及时纠正违法行为，保护国家和人民的利益；

③ 可以检查标准的规定是否科学、合理，反馈标准中存在的问题，及时修订标准，以促进经济技术的发展。

2. 化工标准实施监督的方式

化工标准实施监督的方式主要有以下 4 个。

① 国家、行业、地方有计划地安排对标准实施情况进行监督检查。

② 根据检举、揭发和需要，适时对标准实施情况进行监督检查。

③ 结合以下工作对标准实施情况进行监督检查。

 a. 对企业采用国际标准和国外先进标准验收。

 b. 研制化工新产品、改进产品、技术改造（包括技术引进和设备进口），按规定进行的标准化审查。

 c. 企业标准化水平考核。

 d. 企业产品标准的备案情况。

 e. 创优，产品质量认证，发放生产许可证的产品符合标准情况。

 f. 计量水平考核。

④ 按有关法律、法规的规定，对标准实施情况进行监督检查，这是指按标准对药品、兽药、食品卫生的检验、锅炉和压力容器的安全检验、产品质量的监督等。

3. 如何做好标准实施的监督工作

（1）加强标准实施监督领导工作　标准化工作监督机构依法对化工企业实施强制性国家标准，行业标准，有关安全、卫生的地方标准，企业自愿采用的推荐性国家标准、行业标准和备案的企业产品标准进行监督检查，对违反者依法追究企业法人代表的责任。

（2）企业做好标准实施监督自查工作　化工企业应做好本企业实施标准情况的监督的自查：为此，要制定完善标准监督自查的制度，其内容包括：标准自查管理办法、企业实施标准自查奖惩办法、新产品标准化审查办法等；落实组织机构；培训人员，企业通过各种途径，培训标准化网络人员，使他们在本职工作中不断提高科学性、权威性，把这项工作做好。

习　题

一、填空题

1. 在 1901 年 _____ 国成立了世界上第一个国家标准化组织——标准学会（BSI）。

2. 国际电工委员会（IEC）于 _____ 年成立，国际标准化组织于 _____ 年成立。

3. 标准的定义是：通过 _____ 活动，按照 _____ 经协商一致制定，为各种活动或其结果提供规则、指南或特性，供 _____ 的文件。

4. 国际标准是指 _____ 和 _____ 所制定的全部标准，另外也包括 ISO 认可的其他标准化组织制定的标准。

5. ISO 是 _____ 的英文缩写，它的技术工作的成果是 _____ 。

6. 国际标准的代号为 _____ ，我国国家标准的代号为 _____ 。

7. 国家鼓励积极采用 _____ ，鼓励企业自愿采用 _____ 。

8. 标准化三个方面的任务是 _____ 、 _____ 和 _____ 。

二、选择题

1. 在我国古代，将标准化特性成功应用的典范是（　　）。

 A. 活字印刷术　　B. 度量衡　　C. 兵器

2. 我国现行的第一部标准化法于（　　）4月1日开始实施。
　　A. 1979年　　B. 1989年　　C. 1999年
3. 标准化的效果只有在标准得以（　　）时才能体现出来，所以，（　　）标准是标准化活动的重要环节。
　　A. 编写　　B. 出版　　C. 贯彻
4. 标准是对（　　）事物和概念所做的统一规定。
　　A. 单一　　B. 复杂性　　C. 综合性　　D. 重复性
5. 在国家、行业标准的代号与编号GB/T 18883—2002中GB/T是指（　　）。
　　A. 强制性国家标准　　　　B. 推荐性国家标准
　　C. 推荐性化工部标准　　　D. 强制性化工部标准
6. 我国化工行业标准的代号是（　　）。
　　A. MT　　B. SH　　C. HG　　D. YY
7. 从下列标准中选出必须制定为强制性标准的是（　　）。
　　A. 国家标准　　B. 分析方法标准　　C. 食品卫生标准　　D. 产品标准
8. GB/T 19000系列标准是（　　）。
　　A. 推荐性标准　　B. 管理标准　　C. 推荐性的管理性标准　　D. 强制性标准
9. 下列新产品中，主体含量测定能够引用GB 210—93《工业碳酸钠》的方法的是（　　）。
　　A. 碳酸锂　　B. 碳酸铵　　C. 过氧化钠　　D. 氢氧化钠
10. GB/T 7686—2008《化工产品中砷含量测定的通用方法》是一种（　　）。
　　A. 方法标准　　B. 卫生标准　　C. 安全标准　　D. 产品标准
11. 国家标准、行业标准、地方标准一般不超过（　　）年要复审一次。
　　A. 2　　B. 3　　C. 4　　D. 5
12. 标准的前言应该写在标准的（　　）部分。
　　A. 概述　　B. 正文　　C. 补充　　D. 附录

三、判断题
1. 标准应在规定的时间内复审，以确定其是否继续实行还是修订。（　　）
2. 标准化是在一定范围内的活动，按活动范围分为：国际标准化、区域标准化、行业标准化、地方标准化和企业标准化。（　　）
3. 标准必须使用统一的格式编写，并经相关人员审批发布。（　　）
4. 标准化的定义是：为了在一定范围内获得最佳秩序，对现实问题或潜在问题制定共同使用和重复使用条款。（　　）
5. 标准化不是孤立的事物，而是活动的过程，主要是制（修）定标准、贯彻实施标准的过程，这是一个永无止境的过程。（　　）
6. 我国的标准等级分为国家标准、行业标准和企业标准三级。（　　）
7. 我国国家标准的代号是GB××××—××。（　　）
8. 产品标准可制定为强制性标准，也可制定为推荐性标准。（　　）
9. 企业可根据具体情况和产品的质量情况制定适当高于同种产品国家或行业标准的企业标准。（　　）
10. 企业可单独制定进出口标准。（　　）
11. 中间控制要求测定氯化物，中间体中含有一定的硝酸钠，可以引用化学试剂产品氯化钾的主体含量测定法。（　　）
12. 标准的内容要简洁、通俗，所以可以使用地方俗语。（　　）

四、简答题
1. 何谓标准化，标准化有哪些特点？
2. 我国标准是如何分级的？
3. 按照标准化对象的不同，把标准分为哪几类？

4. 技术标准分几类？
5. 国家标准编号由哪几部分构成？
6. 选择分析方法的原则是什么？
7. 一般从哪些方面对分析方法进行评定？
8. 国际标准与国家标准的一致性程度划分为哪几类？其代号分别是什么？
9. 标准物质分为哪几个级别？各级别标准物质的主要用途是什么？
10. 中国国家标准制定的程序分为哪几个阶段？
11. 产品标准编写的基本要求是什么？产品标准编写有哪几个组成部分？
12. 试验方法标准编写由哪些要素组成？其中哪些要素是必要要素？
13. 实施标准要分几个阶段？
14. 实施标准要做哪些准备工作？

第四章 计量检定和法定计量单位

第一节 概　述

一、计量检定概述

计量检定是指评定计量器具的计量特性，确定其是否符合法定要求所进行的全部工作。

计量检定是一项法制性很强的工作。它是统一量值、确保计量器具准确一致的重要措施；是进行量值传递或量值溯源的重要形式；是国民经济建设提供计量保证的重要条件；是对计量实施国家监督的手段。它是计量学的一项重要的实际应用，也是计量部门一项最基本的任务。

检定是由计量检定人员利用计量标准，按照法定的检定规程要求，包括外观检查在内，对新制造的、使用中的、修理后的计量器具进行一系列的具体检验活动，以确定计量器具的准确度、稳定度、灵敏度等是否符合规定，是否可使用，计量检定必须出具证书或加盖印记及封印等，以标志其是否合格。

二、计量检定的特点

① 检定对象是计量器具；
② 检定目的是判定计量器具是否符合法定的要求；
③ 检定依据是按法定程序审批发布的计量检定规程；
④ 检定结果是检定必须做出是否合格的结论，并出具证书或加盖印记（合格出具"检定证书"，不合格出具"不合格通知书"）；
⑤ 检定具有法制性，是实施国家对测量业务的一种监督；
⑥ 检定主体是计量检定人员。

三、计量检定的分类

计量检定是一项法制性、科学性很强的技术工作。根据检定的必要程序和我国依法管理的形式，可将检定分为强制性检定和非强制性检定。按管理环节分为：出厂检定、进口检定、验收检定、周期检定、修后检定、仲裁检定等。按检定次序分为：首次检定、随后检定。按检定数量又可分为：全量检定、抽样检定。

强制检定是指由政府计量行政主管部门所属的法定计量检定机构或授权的计量检定机构，对社会公用计量标准器具，部门和企事业单位的最高计量标准器具，用于贸易结算、安全防护、医疗卫生、环境监测方面列入国家强制检定目录的工作计量器具，实行定点定期检定。其特点是由政府计量行政部门统管，指定法定的或授权的技术机构具体执行；固定检定关系，定点送检；检定周期由执行强制检定的技术机构按照计量检定规程来确定。计量法对强制性检定的规定，不允许任何人以任何方式加以变更和违反，当事人和单位没有任何选择和考虑的余地。

非强制性检定是指由计量器具使用单位自己或委托具有社会公用计量标准或授权的计量检定机构，依法进行的一种检定。

强制检定和非强制性检定均属于法制检定，是对计量器具依法管理的两种形式，都要受法律的约束。不按规定进行周期检定，都要负法律责任。

四、计量检定相关法规及规定

为了加强计量管理，保障国家计量单位制的统一和量值的准确可靠，有利于生产、贸易和科学技术的发展，适应社会主义建设的需要，维护国家、人民的利益，国务院于1985年9月6日颁布了《中华人民共和国计量法》，自1986年7月1日起实行；1987年2月1日又发布了《中华人民共和国计量法实施细则》。《中华人民共和国计量法》现行生效版本为2015年4月24日修正版。

《中华人民共和国计量法》和《中华人民共和国计量法实施细则》规定如下。

① 国家采用国际单位制，国际单位制计量单位和国家选定的其他计量单位，为国家法定计量单位。国家法定计量单位的名称、符号由国务院公布。非国家法定计量单位应废除。

② 凡在中华人民共和国境内，建立计量基准器具、计量标准器，进行计量检定、制造、修理、销售、使用计量器具，都必须遵守本法。

③ 计量检定必须按照国家计量检定系统表进行；计量检定必须执行计量检定规程。

④ 属于强制检定范围内的计量器具，未按照规定申请检定和属于非强制检定范围的计量器具，未自行定期检定或者送其他计量检定机构定期检定的，以及检定不合格继续使用的，责令其禁止使用，可并处1000元以下的罚款。

⑤ 实行计量监督。为社会提供公正数据的产品质量检验机构，必须经省级以上人民政府计量行政部门对其计量检定、测试能力和可靠性考核合格，即必须通过计量认证。

⑥ 凡违反计量法的行为，追究其法律责任。

第二节 计量检定

一、计量检定中的名词术语

（1）计量（metrology） 计量是为实现单位统一、量值准确可靠而进行的科技、法制和管理活动。准确性、一致性、溯源性及法制性是计量工作的重要特点。

（2）计量器具（measuring instrument） 计量器具是指能用以直接或间接测出被测对象量值的装置、仪器仪表、量具和用于统一量值的标准物质，包括计量基准、计量标准、工作计量器具。

（3）计量器具的检定（verification） 查明和确认计量器具是否符合法定要求的程序，

包括检查、加标记和出具检定证书。

（4）计量器具的校准（calibration） 在规定条件下，为确定测量仪器或测量系统所指示的量值，或实物量具或参考物质所代表的量值，与对应的由标准所复现的量值之间关系的一组操作。校准结果既可赋予被测量以示值，又可确定示值的修正值。校准还可确定其他计量特性，如影响量的作用；校准结果可出具"校准证书"或"校准报告"。

从定义可以看出，校准与检定一样，均属于量值溯源的一种有效合理的方法和手段，目的都是实现量值的溯源性，但两者有如表 4-1 所示的区别。

表 4-1 校准和检定的区别

项目	校准	检定
定义	在规定条件下，为确定测量仪器或测量系统的量值，或实物量具或参考物质所代表的量值，与对应的由标准所复现的量值之间关系的一组操作	查明和确认计量器具是否符合法定要求的程序，包括检查、加标记和出具检定证书
法制性	不具有法制性 企业自愿行为	具有法制性 计量管理范畴的执法行为
目的	主要确定测量器具的示值误差	对测量器具的计量特性及技术要求的全面评定
依据	校准的依据是校准规范、校准方法，可统一规定，也可自行制定	检定的依据是检定规程
判断	校准不判断测量器具合格与否，但可确定测量器具的某一性能是否符合预期的要求	对所检的测量器具作出合格与否的结论
结果	校准证书或校准报告	检定证书（合格证书） 不合格通知书（不合格）

（5）计量器具的检定周期（period） 检定周期是指计量器具相邻两次检定之间的时间间隔。检定周期的长短应根据受检计量器具的计量性能、使用环境和频繁程度等因素确定。计量器具的检定周期通常在计量器具的检定规程中已明确。

（6）标准物质（reference material） 已确定其一种或几种特性，用以校准测量器具、评价测量方法或确定材料特性量值的物质（通常由国家标准物质中心提供，并附带标准物质证书）。

（7）溯源性（traceability） 是指任何一个测量结果或计量准确的值，都能通过一条具有规定不确定度的连续比较链与计量基准联系起来。这种特性使所有的同种量值，都可以按这条比较链，通过校准向测量的源头追溯，即溯源到同一个计量基准（国家基准或国际基准）。

（8）量值溯源 是指自下而上通过不间断的校准而构成溯源体系。

（9）量值传递 是指自上而下通过逐级检定而构成检定系统。

二、通用计量器具的检定或校验

1. 通用计量器具的范围

通用计量器具是指《中华人民共和国依法管理的计量器具目录》中第二条第二款中所指第一类～第十类的计量器具，包括：

① 长度计量器具，如卡尺、千分尺、测微计等；

② 热力学计量器具，如热电偶、热电阻、温度计、体温计等；

③ 力学计量器具，如砝码、天平、气压计、压力表、流量计冲击试验机等；

④ 电磁学计量器具，如标准电池、标准电源、电位差计、万用表等；

⑤ 无线电学计量器具，如高/低频电压表、示波器、脉冲发生器等；

⑥ 时间频率计量器具，如秒表、原子钟、频率计、时间间隔计数器等；

⑦ 声学计量器具，如标准传声器、听力计、超声功率计等；

⑧ 光学计量器具，如光学标准灯、照度计、亮度计、光度计、屈光度计等；

⑨ 电离辐射计量器具，如标准辐射源、γ射线谱仪、X射线谱仪、电子束能量测量仪等；

⑩ 物理化学计量器具，如电导仪、酸度计、分光光度计、电位滴定仪、水分测定仪、光谱仪、色谱仪、测氧仪、电子显微镜、X射线衍射仪、能谱仪、电子探针、质谱仪、波谱仪等。

具体计量器具项目见《中华人民共和国依法管理的计量器具目录》（1987年10月国家计量局发布），2005年10月8日国家质量监督检验检疫总局第145号公告发布了《中华人民共和国依法计量管理的计量器具目录（型式批准部分）》，对计量器具目录进行了归类和删减，公告规定对未列入目录的计量器具，不再办理计量器具许可证、型式批准和进口计量器具检定。

其中与分析检测有关的天平、流量计、压力表、活度计、电导仪、酸度计、分光光度计、光谱仪、旋光仪、色谱仪、浊度计、大气采样器、水质分析仪、有害气体检测仪、测汞仪、水分测定仪、呼出气体酒精含量探测器、光度计等属于强制性检定的计量器具。

2. 通用计量器具的检定或校验

通用计量器具的检定、校验按以下原则进行。

① 本单位的最高标准器具（包括标准物质）必须按"计量法"的规定，具有人民政府计量行政部门的检定证书。

② 其他标准和工作计量器具可按检定周期编制检定计划、送法定计量检定机构进行检定或校验。

③ 无检定规程的检测仪器可进行自检或自校。自校必须有相应的计量标准器或标准物质，以及相应的校验方法（也叫做自检规程）。

三、计量器具的标识

（1）合格证（绿色） 计量检定（包括自检）合格者。

（2）准用证（黄色） 多功能检测设备，某些功能已失效，但检测工作所用功能正常，且经校准合格者；测试设备某一量程精度不合格，但检测工作所用量程合格者；降级使用者。

（3）停用证（红色） 仪器设备损坏者；仪器设备经计量检定不合格者；仪器设备超过检定周期者。

四、计量器具的管理

① 根据计量器具的检定周期、数量、使用的频次等，实验室应编制每年的检定计划，并按计划及时送检。

② 对所有的仪器设备制定相应的操作规程和维护程序，并按照维护程序进行正常的维护。

③ 实验室的仪器设备、玻璃量具应有明显的标识，标明其检定状态。

④ 实验室应建立每一台计量器具（仪器设备及量具）的档案，其内容包括：

a. 仪器设备的名称、型号、规格、制造商名称、出厂编号；

b. 接收日期和启用日期；

c. 接收的状态及验收记录；
d. 安置地点，使用者和保管者；
e. 仪器设备使用说明书（或复印件）；
f. 仪器设备的单机操作规程；
g. 计量检定记录（检定日期、检定结果以及下次检定时间等）；
h. 迄今仪器设备所进行的维护记录和以后的维护计划；
i. 损坏、故障、改装或修理的历史记录；
j. 标准物质的档案（证书、有效期、使用登记）。

第三节　法定计量单位

计量法规定："国家采用国际标准单位制。国际单位制计量单位和国家选定的其他计量单位，为国家法定计量单位"。

一、法定计量单位的构成

1. 国际单位制计量单位

（1）国际单位制的来历和特点

① 国际单位制的来历　物理量单位在刚一产生时是任意选择的。各个计量单位之间缺乏有机的联系，同一个量往往有很多的导出单位，不同的测量者所得到的测量结果也很难相互比较。为了解决这种单位混乱的局面，1795年4月7日，法国颁布了米制条例，这是米制的最初形式。米制产生后，使用的国家逐渐增多。米制在国际上的普及促成了以米为基础的许多单位制的建立。例如，1881年第1届电学家会议，根据高斯（Guass）1832年的建议，决定采用CGS（厘米、克、秒）制，并且还通过了电学的"绝对实用"单位制。1902年意大利科学家G·乔吉（G·Giorgi）提出了MKSA（米、千克、秒、安培）绝对使用单位制。1904年英国学者洛伯特逊（Robertson）又提出了由米、千克、秒和库仑四个单位建立的绝对实用单位制。1925年法国提出MTS（米、吨、秒）制。由于多种单位制的存在，各种单位制之间需要进行很多换算；同时，还得制造一些相应单位的量具和计量仪器，编制大量换算公式、图表和曲线；因此，在1948年的第9届国际计量大会上，国际理论物理和应用物理协会（UIPPA）与法国政府提出了统一国际计量单位制的建议。同时还建议废除以力或重力单位为基础的单位制，在国际交往中采用以米、千克、秒、安培为基础的实用单位制（MKSA），即乔吉制。根据这个建议，国际计量委员会向各国科学、技术和教育界征询意见，并着手解决制定统一的实用单位制的问题。1954年第10届国际计量大会（CGPM）决定采用米、千克、秒、安培、开尔文、坎德拉6个单位作为新制的基本单位。同时，国际计量委员会（CIPM）成立了单位制委员会，1954～1956年该委员会集中了国际上的基本设想，草拟了一个经21个国家同意的计量单位制草案，1956年，国际计量委员会将该单位制命名为"systeme international"（国际单位制）并用符号"SI"表示。

在1960年第11届国际计量大会（CGPM）上国际单位制及其国际简称SI正式通过，大会决议以6个基本单位为基础的单位制称"国际单位制"。1971年第14届国际计量大会通过第七个基本单位。

国际单位制自1960年建立以来，由于它具有先进性、实用、简单、科学等优越性，适用于文化教育、科学和经济建设各个领域。

② SI制的特点

a. SI 单位制具有很强的科学性　　SI 单位制是比以往任何一种单位制都科学的单位制，它的科学性表现在下列一些构成原则上。在 SI 中，选择彼此独立的几个量作为基本量，对其单位给予严格的理论定义，这就是基本单位。而其他的量则是通过与基本量相关联的方程式，由基本单位来导出其单位，也就是导出单位。因此，使整个量的单位系统中各单位之间具有了内在的物理联系。只要实际复现几个基本单位就可以方便地得到其他导出单位。这样，就可以由国际单位制的几个基本单位（有时还要利用两个辅助单位）构成某一学科范围的单位制。例如，用米、千克（公斤）、秒和两个辅助单位制定出了全部力学和声学单位；通过米、千克（公斤）、秒和安培制定出了全部电学和磁学单位；由米、千克（公斤）、秒和开尔文定出了全部热力学单位等。

b. SI 具有一贯性　　所谓一贯性，就是指单位制中各导出单位的定义方程式中的比例系数一律都取为 1，从而使各单位的尺度之间合理地相互联系起来。对于单位来说，一贯制的概念只适应于导出单位，例如"牛顿"是国际单位制中力的一贯导出单位。只有采用一贯单位制才能使表明物理规律的方程具有最简单的形式。

c. 10 进位关系　　国际单位制中的倍数单位与分数单位，由 10 进位词头加在 SI 单位之前构成，它们的命名法也具有这种简明的系统性。这样，各倍数单位和分数单位与 SI 单位的关系就十分简单明确。而且 10 进位制比其他非 10 进位计算简单又符合国际习惯。

③ 使用国际单位制的优越性　　由于以上这些科学的构成原则，所以在统一世界计量制度和实际使用中显示了很多优点。

a. 便于统一世界计量制度。SI 包括力学、热学、电磁学、光学、声学等所有领域的计量单位，从而可以使科学技术、生产、国际贸易及日常生活等各个方面的计量单位统一在一个单位制之中，并以此代替各国所用的各种单位制，实现计量制度在全世界范围内的统一。

b. 可以消除多种单位制及单位的并用，避免了过去在单位使用上的许多不合理甚至矛盾的现象。例如，用一个 SI 压力单位 Pa（帕斯卡），就可以代替 kgf/cm^2（千克力每平方厘米）、kgf/m^2（千克力每平方米）、atm（标准大气压）、mmHg（毫米汞柱）、mmH_2O（毫米水柱）、bar（巴）、dyn/cm^2（达因每平方厘米）等各种压力单位。这不仅反映了这几个量之间的物理联系，而且也省略了很多计算，同时还避免了同类量具有不同量纲和不同类量却具有相同量纲的矛盾。

c. SI 明确和澄清了很多量和单位的概念。它的单位是根据物理规律严格而明确定义的，并经过考虑放弃了一些旧的不科学的习惯概念和用法。例如，长期以来，千克（公斤）既是质量单位，也是重量单位。实际上，重量和质量根本不同（重量是和力相同性质的量）。在 SI 中，千克（公斤）只作为质量的单位，从而避免了过去那种质量与重量混淆的现象。此外，第 14 届国际计量大会通过的"摩尔"的新定义，明确了"物质的量"同"质量"及"重量"在概念上的区别。

d. SI 取消了大量不必要的各种单位，简化了物理规律的表示形式和计算手续，省略了很多不同单位制之间的换算系数。例如，很多力学和热学公式，采用国际单位制就可以省去功当量、功热当量、千克（公斤）力与牛顿的转换系数等常量，同时也可以省去很多计算图表，方便了实际应用。

e. SI 的全部基本单位和大多数导出单位的大小都很实用。例如，在 CGS（厘米、克、秒）制中力的单位达因太小，如不借助于仪器就无法感觉到它。而能量的单位尔格就更小。在国际单位制中，力的单位 $1N = 10^5 dyn$，能量单位 $1J = 10^7 erg$，它们的大小较适宜于实用。

选择米和千克作为基本单位，不仅便于得出适当大小的力和能单位，而且也是合乎逻辑的。因为作为米制基础的原器，就是米和千克原器。所以，国际单位制的绝大部分已经得到了广泛应用。大量常用的量也没有增添十分不习惯的新单位。这说明国际单位制是便于在全世界的各领域推广的。

由此可见，国际单位制比任何旧有的单位制要优越得多。世界各国的计量制度统一成为国际单位制是大势所趋。

（2）国际单位制的构成　国际单位制的单位包括 SI 单位以及 SI 单位的倍数单位。SI 单位是由 SI 基本单位和 SI 导出单位构成一贯单位制的那些单位。SI 单位的倍数单位包括 SI 单位的十进倍数和分数单位。国际单位制的构成如下示。

$$国际单位制(SI)\begin{cases} SI 单位\begin{cases} SI 基本单位（见表 4-2） \\ SI 导出单位：包括辅助单位在内的具有专门名称和组合形式 \\ \quad\quad 的导出单位（见表 4-3 和表 4-4） \end{cases} \\ SI 的倍数单位 \end{cases}$$

（3）SI 基本单位（base unit）　基本单位是 SI 制单位中基本量的计量单位，共七个作为构成其他单位的基础单位。

表 4-2　国际单位制的基本单位

量的名称	单位名称	单位符号	量的名称	单位名称	单位符号
长度	米	m	热力学温度	开[尔文]	K
质量	千克（公斤）	kg	物质的量	摩[尔]	mol
时间	秒	s	发光强度	坎[德拉]	cd
电流	安[培]	A			

注：1. 表中圆括号中的名称，是它前面的名称的另一种称谓。
2. 表中方括号中的字，在不致引起混淆、误解的情况下，可以省略。去掉方括号中的字即为其名称的简称。
3. 质量在社会生活及贸易中习惯称为重量。

（4）SI 导出单位（derived unit）　SI 导出单位是按一贯性原则，通过比例因数为 1 的量的定义方程式由 SI 基本单位导出。导出单位包括辅助单位在内的具有专门名称的单位和组合形式的单位。

SI 单位弧度和球面度称为 SI 辅助单位，它们是具有专门名称和符号的量纲的导出单位。在许多实际情况中，用专门名称弧度（rad）和球面度（sr）分别代替数字 1 是方便的。例如角速度的 SI 单位可写成弧度每秒（rad/s）。

用 SI 基本单位和具有专门名称的 SI 导出单位或（和）SI 辅助单位以代数形式表示的单位称为组合形式的 SI 导出单位。这种单位符号中的乘和除采用数学符号。例如速度的 SI 单位为米每秒（m/s）。

某些 SI 导出单位具有国际计量大会通过的专门名称和符号，见表 4-3 和表 4-4。使用这些专门名称并用它们表示其他导出单位，往往更为方便、准确。如热和能量的单位通常用焦耳（J）代替牛顿米（N·m），电阻率的单位通常用欧姆米（Ω·m）代替伏特米每安培（V·m/A）。

（5）SI 单位的倍数单位（multiple of a unit）　由 SI 单位与词头组合构成的单位是 SI 单位的倍数单位。用于构成十进制倍数和分数单位的词头见表 4-5。

SI 单位的倍数单位根据使用方便的原则选取。通过适当的选择，可使数值处于实用范围内。倍数单位的选取，一般应使量的数值处于 0.1～1000 之间。如：$1.2×10^4$N 可写成 12kN；0.00394m 可写成 3.94mm；1401Pa 可写成 1.401kPa；$3.1×10^{-8}$s 可写成 31ns。

第四章 计量检定和法定计量单位

表 4-3　SI 导出单位

量的名称	SI 导出单位		
	名　称	符　号	用 SI 基本单位和 SI 导出单位
[平面]角	弧度	rad	$1\text{rad}=1\text{m/m}=1$
立体角	球面度	sr	$1\text{sr}=1\text{m}^2/\text{m}^2=1$
频率	赫[兹]	Hz	$1\text{Hz}=1\text{s}^{-1}$
力	牛[顿]	N	$1\text{N}=1\text{kg}\cdot\text{m/s}^2$
压力、压强、应力	帕[斯卡]	Pa	$1\text{Pa}=1\text{N/m}^2$
能[量]、功、热量	焦[耳]	J	$1\text{J}=1\text{N}\cdot\text{m}$
功率、辐[射能]通量	瓦[特]	W	$1\text{W}=1\text{J/s}$
电荷[量]	库[仑]	C	$1\text{C}=1\text{A}\cdot\text{s}$
电压、电动势、电位	伏[特]	V	$1\text{V}=1\text{W/A}$
电容	法[拉]	F	$1\text{F}=1\text{C/V}$
电阻	欧[姆]	Ω	$1\Omega=1\text{V/A}$
电导	西[门子]	S	$1\text{S}=1\Omega^{-1}$
磁通量	韦[伯]	Wb	$1\text{Wb}=1\text{V}\cdot\text{s}$
磁通[量]密度、感应强度	特[斯拉]	T	$1\text{T}=1\text{Wb/m}^2$
电感	亨[利]	H	$1\text{H}=1\text{Wb/A}$
摄氏温度	摄氏度	℃	$1℃=1\text{K}$
光通量	流明	lm	$1\text{lm}=1\text{cd}\cdot\text{sr}$
[光]照度	勒[克斯]	lx	$1\text{lx}=1\text{lm/m}^2$

表 4-4　由于人类健康安全防护上的需要而确定的具有专门名称的 SI 导出单位

量的名称	SI 导出单位		
	名　称	符　号	用 SI 基本单位和导出单位表示
[放射性]活度	贝可[勒尔]	Bq	$1\text{Bq}=1\text{s}^{-1}$
吸收剂量 比授[予]能 比释动能	戈[瑞]	Gy	$1\text{Gy}=1\text{J/kg}$
剂量当量	希[沃特]	Sv	$1\text{Sv}=1\text{J/kg}$

表 4-5　用于构成十进制倍数和分数单位的词头

所表示的因素	词头名称		词头符号
	英　文	中　文	
10^{24}	yotta	尧[它]	Y
10^{21}	zetta	泽[它]	Z
10^{18}	exa	艾[可萨]	E
10^{15}	peta	拍[它]	P
10^{12}	tera	太[拉]	T
10^{9}	giga	吉[咖]	G
10^{6}	mega	兆	M
10^{3}	kilo	千	k
10^{2}	hecto	百	h
10^{1}	deca	十	da
10^{-1}	deci	分	d
10^{-2}	centi	厘	c
10^{-3}	milli	毫	m
10^{-6}	micro	微	μ
10^{-9}	nano	纳[诺]	n
10^{-12}	pico	皮[可]	p
10^{-15}	femto	飞[母托]	f
10^{-18}	atto	阿[托]	a
10^{-21}	zepto	仄[普托]	z
10^{-24}	yocto	幺[科托]	y

在某些情况下，习惯使用的单位可以不受上述限制。如大部分机械制图使用的单位用毫米，导线截面积单位用平方毫米，领土面积用平方千米。

在同一量的数值表中，或叙述同一量的文章里，为对照方便，使用相同的单位时，数值范围不受限制。

2. 国家选定的其他计量单位

国际单位制不能完全满足日常生活中一些特殊领域的需要，为此选定一些非国际单位制单位与 SI 单位一起作为国家的法定计量单位，表 4-6 列出了国家选定的其他计量单位。

表 4-6 国家选定的其他法定计量单位

量 的 名 称	单位名称	单位符号	换算关系和说明
时间	分	min	1min＝60s
	[小]时	h	1h＝60min＝3600s
	天[日]	d	1d＝24h＝86400s
平面角	[角]秒	(″)	$1″=(\pi/648000)$rad
	[角]分	(′)	$1′=60″=(\pi/10800)$rad
	度	(°)	$1°=60′=(\pi/180)$rad
			(π 为圆周率)
旋转速度	转每分	r/min	$1r/min=(1/60)s^{-1}$
质量	吨	t	$1t=10^3$kg
	原子质量单位	u	$1u\approx 1.660540\times 10^{-27}$kg
体积	升	L,(l)	$1L=1dm^3=10^{-3}m^3$
能	电子伏	eV	$1eV\approx 1.602177\times 10^{-19}$J
级差	分贝	dB	

注：1.［］内的字是在不致混淆的情况下，可以省略的字。
2.（）内的字为前者的同义语。
3. 角度单位度、分、秒的符号不处于数字后时，应加括号。
4. 升的小写字母"l"为备用符号。

二、法定计量单位的使用规则

1. 法定计量单位名称及其使用

计量单位的名称，一般是指它的中文名称，用于叙述性文字和口述中，不得用于公式、数据表、图、刻度盘等处。

组合单位的名称与其符号表示的顺序一致，符号中的乘号没有对应的名称，遇到除号时，读为"每"字，例如：J/(mol·K) 的名称应为"焦耳每摩尔开尔文"。书写时也应如此，不能加任何图形和符号，不要与单位的中文符号相混。s^{-1} 的名称应为"每秒"。

除号的对应名称为"每"字，无论分母中有几个单位，"每"字只出现一次。例如：质量热容的单位符号为 J/(kg·K)，其名称为"焦耳每千克开尔文"，而不是"每千克开尔文焦耳"或"焦耳每千克每开尔文"。

乘方形式的单位名称，其顺序应为指数名称在前，单位名称在后，指数名称由相应的数字加"次方"两字构成。例如：截面二次矩的单位符号为 m^4，其名称为"四次方米"。

当长度的二次和三次幂分别表示面积和体积时，则相应的指数名称分别为"平方"和"立方"，其他情况均应分别为"二次方"和"三次方"。例如：体积的单位符号为 m^3，其名称为"立方米"，而截面系数的单位符号虽同是 m^3，但其名称为"三次方米"。

书写组合单位的名称时，不加乘或（和）除的符号或（和）其他符号。

例如：电阻率单位符号为 Ω·m，其名称为"欧姆米"，而不是"欧姆·米"、"欧姆-米"、"［欧姆］［米］"等。

2. 法定计量单位符号及其使用

（1）单位符号和单位的中文符号的使用规则

① 单位和词头的符号用于公式、数据表、曲线图、刻度盘和产品铭牌等需要明了的地方，也用于叙述性文字中。

② 各表中所给出的单位名称的简称可用作该单位的中文符号（简称"中文符号"）。中文符号只在小学、初中教科书和普通书刊中在有必要时使用。

③ 单位符号没有复数形式，符号上不得附加任何其他标记或符号。

④ 摄氏度的符号℃可以作为中文符号使用。

⑤ 不应在组合单位中同时使用单位符号和中文符号；例如，速度单位不得写作 km/小时。

（2）单位符号和中文符号的书写规则

① 单位符号一律用正体字母，除来源于人名的单位符号第一字母要大写外，其余均为小写字母（升的符号 L 例外）。如：米（m）；秒（s）；坎［德拉］（cd）；安［培］（A）；帕［斯卡］（Pa）；韦［伯］（Wb）等。

② 当组合单位是由两个或两个以上的单位相乘而构成时，其组合单位的写法可采用：N·m 或 Nm。第二种形式，也可以在单位符号之间不留空隙。但应注意，当单位符号同时又是词头符号时，应尽量将它置于右侧，以免引起混淆。如 mN 表示毫牛顿而非指米牛顿（见表 4-7）。

表 4-7　组合单位符号书写方式举例

单位名称	正确书写形式		错误或不恰当的书写形式
牛顿米	N·m,Nm	牛·米	N-m,mN,牛米,牛-米
毫克每升	mg/L,mg·L^{-1}	毫克/升,毫克·升$^{-1}$	mgL^{-1},升毫克,毫克升$^{-1}$
每摩［尔］	mol^{-1}	摩尔$^{-1}$	1/mol,1/摩尔

注：1. 分子为 1 的组合单位的符号，一般不用分数形式，而用负数幂的形式。

2. 单位符号中，用斜线表示相除时，分子、分母的符号与斜线处于同一行内。分母中包含两个以上单位符号时，整个分母应加圆括号，斜线不得多于 1 条。

3. 单位符号不得与中文符号混合使用。但非物理量单位（如台、人等），可用汉字与符号构成组合形式单位；摄氏度的符号℃可作为中文符号使用，如"J/℃"可写为"焦/℃"。

当用单位相除的方法构成组合单位时，其符号可采用：m/s 或 m·s^{-1} 或 $\dfrac{m}{s}$。除加括号避免混淆外，单位符号中的斜线（/）不得超过一条。在复杂的情况下，也可以使用负指数。

③ 由两个或两个以上单位相乘所构成的组合单位，其中文符号形式为两个单位符号之间加居中圆点，如：牛·米。

单位相除构成的组合单位，其中文符号可采用：米/秒或米·秒$^{-1}$或 $\dfrac{米}{秒}$。

④ 单位符号应写在全部数值之后，并与数值间留适当的空隙。

⑤ SI 词头符号一律用正体字母，SI 词头符号与单位符号之间不得留空隙。

⑥ 单位名称和单位符号都必须作为一个整体使用，不得拆开。如摄氏度的单位符号为℃。20 摄氏度不得写成或读成摄氏 20 度或 20 度，只能写成 20℃。

3. 词头及其使用

（1）词头的使用 词头用于构成倍数单位（十进倍数单位与分数单位），但不得单独使用。表 4-5 给出了 SI 词头的名称、简称及符号（词头的简称为词头的中文符号）。

词头符号与所紧接的单位符号应作为一个整体对待，它们共同组成一个新单位（十进倍数或分数单位），并具有相同的幂次，而且还可以和其他单位构成组合单位，如：$1cm^3 = (10^{-2}m)^3 = 10^{-6}m^3$；$1\mu s^{-1} = (10^{-6}s)^{-1} = 10^6 s^{-1}$；$1mm^2/s = (10^{-3}m)^2/s = 10^{-6}m^2/s$；$10^{-3}$ tex 可写为 mtex。

（2）词头使用注意事项

① 不得使用重叠词头，如只能写 nm，而不能写 mμm。

② 由于历史原因，质量的 SI 单位名称"千克"中，已包含 SI 词头"千"，所以质量的倍数单位由词头加在"克"前构成。如用毫克（mg）而不得用微千克（μkg）。

③ 词头 h（百）、da（十）、d（分）、c（厘）一般用于某些长度、面积和体积单位。

④ 组合单位的倍数单位一般只用一个词头，并尽量用于组合单位中的第一个单位。

⑤ 通过相乘构成的组合单位的词头通常加在第一个单位之前。如：力矩的单位 kN·m，不宜写成 N·km。

⑥ 通过相除构成的组合单位，或通过乘和除构成的组合单位，其词头一般都应加在分子的第一个单位之前，分母中一般不用词头，但质量单位 kg 在分母中时例外。如：摩尔热力学能的单位 kJ/mol，不宜写成 J/mmol；质量能单位可以是 kJ/kg。

⑦ 当组合单位分母是长度、面积和体积单位时，分母中可以选用某些词头构成倍数单位。如：体积质量的单位可以选用 g/cm^3。

⑧ 一般不在组合单位的分子分母中同时采用词头。

⑨ 在计算中，为了方便，建议所有量均用 SI 单位表示，将词头用 10 的幂代替。

另外，有些国际单位制以外的单位，可以按习惯用 SI 词头构成倍数单位，如 MeV、mL 等，但它们不属于国际单位制。

摄氏温度单位摄氏度，角度单位度、分、秒与时间单位日、时、分等不得用 SI 词头构成倍数单位。

三、分析中常用的量和法定计量单位

1. 分析中常用的物理量和单位

（1）长度单位 长度法定基本单位是米，符号 m。它的十进倍数和分数单位有 km（千米）、cm（厘米）、mm（毫米）、μm（微米）、nm（纳米）、pm（皮米）、fm（飞米）。

（2）质量单位 质量的基本单位是千克，它等于国际千克原器的质量，符号为 kg。千克虽然是基本单位，但是它的符号里包含了词头千（k）。为了避免出现词头重复的现象，质量的倍数和分数单位不是在千克（kg）而是在克（g）前加词头。

分析检验工作中常用的质量单位有 kg（千克）、g（克）、mg（毫克）、μg（微克）。

（3）原子质量单位 原子质量单位是一种极小的质量单位。它的定义为：原子质量单位（u）等于一个 ^{12}C 核素原子质量的 1/12。$1u = 1.6605402 \times 10^{-27} kg$。

原子质量单位是我国选定的非国际单位制的法定计量单位。

（4）时间单位 秒是我国的时间法定基本单位，符号为 s。秒的倍数和分数单位为：ks（千秒）、ms（毫秒）、μs（微秒）、ns（纳秒）。

时间单位除了基本单位秒以外，还有非十进制时间单位分、时、天（日）。它是我国选定的非国际单位制的法定计量单位，符号分别为 min、h、d。

（5）温度单位　按照国际单位制规定，热力学温度是基本温度。开尔文是热力学温度的 SI 单位名称。摄氏温度是表示摄氏温度的 SI 单位名称，其定义为：摄氏度（℃）是用以代替开尔文表示摄氏温度的专门名称。

摄氏温度单位"摄氏度"与热力学温度单位"开尔文"之间的数值关系是

$$t/℃ = T/K - 273.15$$

例如，水的沸点用摄氏温度表示为 100℃，而用热力学温度表示，则为 373.15K。

（6）体积单位　体积的 SI 单位为立方米，符号为 m^3。常用的倍数和分数单位有 km^3（立方千米）、dm^3（立方分米）、cm^3（立方厘米）、mm^3（立方毫米）。

按照国际单位制规定，所有计量单位都只给予一个单位符号，唯独"升"例外，它有两个符号，一个大写的 L 与一个小写的 l。升的名称不是来源于人名，本应用小写体字母 l 作符号。但是小写体字母 l 极易与阿拉伯数字 1 混淆带来误解。

（7）力及重力单位　力、重力单位是牛顿。牛顿的定义为：牛顿是使加在质量为 1 千克的物体上使之产生 1 米每二次方秒加速度所需的力。牛顿的符号为 N，力的 SI 单位为 $kg·m/s^2$，读作"千克米每二次方秒"。

（8）压力、压强单位　压力、压强的法定计量单位是帕斯卡，其定义是：1 牛顿的力均匀而垂直地作用在 1 平方米的面上所产生的压力。帕斯卡的符号为 Pa。

（9）能量、功及热的单位　能量、功及热的单位是焦耳。其定义是：1 牛顿的力作用点在力的方向上推动 1 米距离所做的功。焦耳的符号为 J。

2. 化学计量中常用的量和单位及基本常数

化学计量中常用的单位及基本常数如表 4-8 所示。

3. 分析测试中常用的计算单位

分析中常用化学的量和法定计量单位见表 4-9。

四、SI 基本单位的定义

（1）米　米是光在真空中（1/299792458）s 时间间隔内所经路径的长度［第 17 届 CGPM（1983）］。

（2）千克　千克是质量单位，等于国际千克原器的质量［第 1 届 CGPM（1889）和第 3 届 CGPM（1901）］。

（3）秒　秒是铯 133 原子基态的两个超精细能级之间跃迁所对应的辐射的 9192631770 个周期的持续时间［第 13 届 CGPM（1967），决议 1］。

（4）安培　安培是电流的单位。在真空中，截面积可忽略的两根相距 1m 的无限长平行圆直导线内通以等量恒定电流时，若导线间相互作用力在每米长度上为 $2×10^{-7}N$，则每根导线中的电流为 1A［CIPM（1946），决议 2。第 9 届 CGPM（1948）批准］。

（5）开尔文　热力学温度开尔文是水三相点热力学温度的 1/273.16。

（6）摩尔　摩尔是一个系统的物质的量的单位，该系统中所包含的基本单元数与 $0.012kg\ ^{12}C$ 的原子数目相等。在使用摩尔作物质的量的单位时，基本单元应指明，基本单元可以是原子、分子、离子、电子及其他粒子，或是这些粒子的特定组合。

（7）坎德拉　坎德拉是一个光源在给定方向上的发光强度，该光源发出频率为 $540×10^{12}Hz$ 的单色辐射，且在此方向上的辐射强度为（1/683）W/sr。

表 4-8　化学计量中常用的量和单位及基本常数

量的名称	量的符号	单位名称	单位符号	备注
物质的量	n	摩[尔]	mol	
阿伏伽德罗常数	N_A	摩[尔]$^{-1}$	mol^{-1}	$6.0221367(37)\times 10^{23}$ mol^{-1}
摩尔质量	M	千克每摩[尔]	kg/mol	$M=10^{-3}M_r$(kg/mol) $=M_r^*$(kg/kmol) $=M_r$(g/mol)
摩尔体积	V_m	立方米每摩[尔]	m^3/mol	在 273.15K 和 101.325kPa 时,理想气体的摩尔体积为 $V_{m,o}=0.02241410(19)$ m^3/mol
B 的质量浓度	ρ_B	千克每立方米或克每升	kg/m^3, g/L	指混合物的体积
B 的浓度 B 的物质的量浓度	c_B	摩[尔]每立方米	mol/m^3	指混合物的体积
B 的质量摩尔浓度	b_B, m_B	摩[尔]每千克	mol/kg	指溶剂的质量
B 的化学势	μ_B	焦[耳]每摩[尔]	J/mol	
B 的分压力	p_B	帕[斯卡]	Pa	1atm=101325Pa
摩尔气体常数	R	焦[耳]每摩[尔]开[尔文]	J/(mol·K)	$R=8.314510(70)$J/(mol·K)
法拉第常数	F	库[仑]每摩[尔]	C/mol	$F=9.6485309(29)\times 10^2$C/mol
离子强度	I	摩[尔]每千克	mol/kg	
电介质电导率	k	西[门子]每米	S/m	
摩尔电导率	Λ_m	西[门子]平方米每摩[尔]	S·m^2/mol	
热和热量	Q	焦[尔]	J	1cal=4.184J
摩尔热容 摩尔定压热容 摩尔定容热容	C_m $C_{p,m}$ $C_{V,m}$	焦[耳]每摩[尔]开[尔文]	J/(mol·K)	
[动力]黏度	$\eta,(\mu)$	帕[斯卡]秒	Pa·s	1 Pa·s=1N·s/m^2=1kg/(m·s)
运动黏度	ν	平方米每秒	m^2/s	$\nu=\eta/\rho$
分子质量	M	千克	kg	$M=M_r m_u$
原子质量常数	m_u	原子质量单位	u	等于一个处于基态的 ^{12}C 中性原子的静止质量的 1/12。1u=$1.6605402(10)\times 10^{-27}$kg

注:M_r^* 是相对分子质量。

表 4-9　分析中常用化学的量和法定计量单位

量的名称	量的符号	量的定义	中文单位	英文单位
相对原子质量	A_r	元素的平均原子质量与核素 ^{12}C 原子质量的 1/12 之比		
相对分子质量	M_r	物质的分子或特定单元的平均质量与核素 ^{12}C 原子质量的 1/12 之比		
物质的量	n	质量除以物质的量	摩[尔]	mol
摩尔质量	M	$M=m/n$	千克每摩[尔]	kg/mol
密度	ρ	质量除以体积,$\rho=m/V$	千克每立方米	kg/m^3
相对密度	d	$d=\rho_1/\rho_2$		1
B 的质量浓度	ρ_B	B 的质量除以混合物的体积,$\rho_B=m_B/V$	千克每升	kg/L, g/mL
B 的浓度、B 的物质的量浓度	c_B	B 的物质的量除以混合物的体积,$c_B=n_B/V$	摩[尔]每立方米	mol/m^3, mol/L
B 的质量分数	w_B	B 的质量与混合物质量之比,$w_B=m_B/m$		1, %, μg/g, ng/g
B 的体积分数	φ_B	B 的体积与混合物体积之比,$\varphi_B=V_B/V$		1, %, μL/L

第四章 计量检定和法定计量单位

习　题

一、填空题

1. 计量器具检定是查明和确认计量器具是否符合法定要求的程序，包括_____、_____和_____。
2. 中国计量法规定的计量单位是_____和国家选定的其他单位。
3. 在选定基本单位后，按物理量之间的关系，由基本单位以相乘、相除的形式构成的单位称为_____。
4. 天平、滴定管等计量器具，使用前必须经过_____后才能使用。
5. 计量器具的标识：合格证用_____，准用证用_____，停用证用_____。

二、选择题

1. 《中华人民共和国计量法实施细则》的颁布日期为（　　）。
   A. 1987.9　　B. 1987.2　　C. 1985.9　　D. 1985.2
2. 用于化工产品检验的，并属于国家计量局发布的强制检定的工作计量器具的是（　　）。
   A. 量筒、天平　　　　B. 台秤、密度计
   C. 烧杯、砝码　　　　D. 温度计、量杯
3. 计量器具的检定标识为黄色说明（　　）。
   A. 合格，可使用　　　　　　　　B. 不合格应停用
   C. 检测功能合格，其他功能失效　　D. 没有特殊意义
4. 计量器具的检定标识为绿色说明（　　）。
   A. 合格，可使用　　　　　　　　B. 不合格应停用
   C. 检测功能合格，其他功能失效　　D. 没有特殊意义
5. 下列表示方法正确的是（　　）。
   A. 甲醇的体积分数为 1%　　　　B. 摩尔浓度为 0.1000M 的 NaOH 溶液
   C. 氯化钠的含量为 98%　　　　 D. 波长为 250mμm

三、判断题

1. 长度的基本单位是 km（千米）。（　　）
2. 质量的基本单位是 kg（千克）。（　　）
3. 计量器具的检定标识为红色说明多功能检测设备的某些功能已经失效，但检测工作所用功能正常，且经校准合格者。（　　）
4. 牛顿是导出单位。（　　）
5. 体积单位（L）是我国法定计量单位中非国际单位。（　　）
6. 计量器具的检定周期是指计量器具相邻两次检定之间的时间间隔。（　　）

四、简答题

1. 计量器具的检定按哪几种情况处理？
2. 计量器具的检定标识有哪些？
3. 什么是计量单位？什么是法定计量单位？
4. 国际单位制由哪几部分构成？
5. 国际单位制的基本单位有哪些？
6. 单位符号和单位的中文符号的使用规则有哪些？
7. 单位符号和中文符号的书写规则有哪些？
8. 词头使用有哪些注意事项？

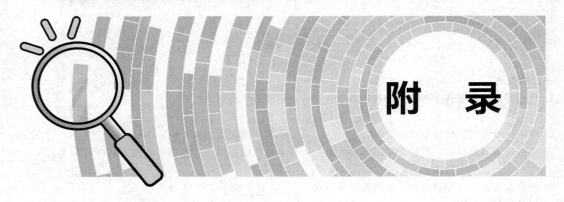

附 录

附录1　计算 3σ 控制限的参数

样品测定数 n	$\bar{x}$ 图 控制限的参数			标准偏差图 中心线的参数	标准偏差图 控制限的参数				R 图 中心线的参数	R 图 控制限的参数			变换因子[①] $\sqrt{\dfrac{n-1}{n}}$
	A	A_1	A_2	C_2	B_1	B_2	B_3	B_4	d_2	D_1	D_2	D_3	D_4	
2	2.121	3.760	1.880	0.5642	0	1.843	0	3.267	1.128	0	3.686	0	3.267	0.7071
3	1.732	2.394	1.023	0.7236	0	1.858	0	2.568	1.693	0	4.358	0	2.575	0.8165
4	1.500	1.880	0.729	0.7979	0	1.808	0	2.266	2.059	0	4.698	0	2.282	0.8660
5	1.342	1.596	0.577	0.8407	0	1.756	0	2.089	2.326	0	4.918	0	2.115	0.8944
6	1.225	1.410	0.483	0.8686	0.026	1.711	0.030	1.970	2.534	0	5.078	0	2.004	0.9129
7	1.134	1.277	0.419	0.8882	0.105	1.672	0.118	1.882	2.704	0.205	5.203	0.076	1.924	0.9258
8	1.061	1.175	0.373	0.9027	0.167	1.638	0.185	1.815	2.847	0.387	5.307	0.136	1.864	0.9354
9	1.000	1.094	0.337	0.9139	0.219	1.609	0.239	1.761	2.970	0.546	5.394	0.184	1.816	0.9428
10	0.949	1.028	0.308	0.9227	0.262	1.584	0.284	1.716	3.078	0.687	5.469	0.223	1.777	0.9487
11	0.905	0.973	0.285	0.9300	0.299	1.561	0.321	1.679	3.173	0.812	5.534	0.256	1.744	0.9535
12	0.866	0.925	0.266	0.9359	0.331	1.541	0.354	1.646	3.258	0.924	5.592	0.284	1.716	0.9574
13	0.832	0.884	0.249	0.9410	0.359	1.523	0.382	1.618	3.336	1.026	5.646	0.308	1.692	0.9608
14	0.802	0.848	0.235	0.9453	0.384	1.507	0.406	1.594	3.407	1.121	5.693	0.329	1.671	0.9637
15	0.775	0.816	0.223	0.9490	0.406	1.492	0.428	1.572	3.472	1.207	5.737	0.348	1.652	0.9661
16	0.750	0.788	0.212	0.9523	0.427	1.478	0.448	1.552	3.532	1.285	5.779	0.364	1.636	0.9682
17	0.728	0.762	0.203	0.9551	0.445	1.465	0.466	1.534	3.588	1.359	5.817	0.379	1.621	0.9701
18	0.707	0.738	0.194	0.9576	0.461	1.454	0.482	1.518	3.640	1.426	5.854	0.392	1.608	0.9718
19	0.688	0.717	0.187	0.9599	0.477	1.443	0.497	1.503	3.689	1.490	5.888	0.404	1.596	0.9733
20	0.671	0.697	0.180	0.9619	0.491	1.433	0.510	1.490	3.735	1.548	5.922	0.414	1.586	0.9747

① 当用 $S=\sqrt{\dfrac{\Sigma(X_i-\bar{X})^2}{n-1}}$ 代替 $\sigma=\sqrt{\dfrac{\Sigma(X_i-\bar{X})^2}{n}}$ 时，则用 $A_1\sqrt{\dfrac{n-1}{n}}$ 代替 A_1，$\bar{s}$ 代替 $\bar{\sigma}$。

附录2 部分随机数表

16	96	85	77	27	92	86	26	45	21	89	94	71	42	64	64	47	22	75	81	74	91	48	46	18
44	19	15	32	63	55	87	77	33	29	45	00	31	34	84	05	72	90	44	27	78	22	07	62	17
34	39	80	62	24	33	81	67	28	11	34	79	26	35	34	23	09	94	00	80	55	31	63	27	91
74	97	80	30	65	07	71	30	01	84	47	45	89	70	74	13	04	90	51	27	61	34	63	87	44
22	14	61	60	86	38	33	71	13	33	72	08	16	13	50	56	48	51	29	48	30	93	45	66	29
40	03	96	40	03	47	24	60	09	21	21	18	00	05	86	52	85	40	73	73	57	68	36	33	91
52	33	76	44	56	15	47	75	78	73	78	19	87	06	98	47	48	02	62	03	42	05	32	55	02
37	59	20	40	93	17	82	24	19	90	80	87	32	74	59	84	24	49	79	17	23	75	83	42	00
11	02	55	57	48	84	74	36	22	67	19	20	15	92	53	37	13	75	54	89	56	73	23	39	07
10	33	79	26	34	54	71	33	89	74	68	48	23	17	49	18	81	05	52	85	70	05	73	11	17
67	59	28	25	47	89	11	6	65	20	42	23	96	41	64	20	30	89	87	64	37	93	36	96	35
93	50	75	20	09	18	54	34	68	02	54	87	23	05	43	36	98	29	97	93	87	08	30	92	98
24	43	23	72	80	64	34	27	23	46	15	36	10	63	21	59	69	76	02	62	31	62	47	60	34
39	91	63	18	38	27	10	78	88	84	42	32	00	97	92	00	04	94	50	05	75	82	70	80	35
74	62	19	67	54	18	28	92	33	69	98	96	74	35	72	11	68	25	08	95	31	79	11	79	54
91	03	35	60	81	16	61	97	25	14	78	21	22	05	25	47	26	37	80	39	19	06	41	02	00
42	57	66	76	72	91	03	63	48	46	44	01	33	53	62	28	80	59	55	05	02	16	13	17	54
06	36	63	06	15	03	72	38	01	58	25	37	66	48	56	19	56	41	29	28	76	49	74	39	50
92	70	96	70	89	80	87	14	25	49	25	94	62	78	26	15	41	39	48	75	64	69	61	06	38
91	08	88	53	52	13	04	82	23	00	26	36	47	44	04	08	84	80	07	44	76	51	52	41	59
68	85	97	74	47	53	90	05	90	84	87	48	25	01	11	05	01	11	43	15	60	04	31	84	59
59	54	13	09	13	80	42	29	63	03	24	64	12	43	28	10	01	65	62	07	79	83	05	59	61
39	18	32	69	33	46	58	19	34	03	59	27	31	02	65	47	47	70	39	74	17	30	22	65
67	43	31	09	12	60	19	57	63	78	11	80	10	97	15	70	04	89	81	78	54	84	87	83	42
61	75	37	19	56	90	75	39	03	56	49	92	72	95	27	52	87	47	12	52	54	62	43	23	13
78	10	91	11	00	63	19	63	74	58	69	03	51	38	60	36	53	56	77	06	69	03	89	91	24
23	93	71	58	90	78	08	03	07	71	79	32	25	19	61	04	40	33	12	06	78	91	97	88	95
37	55	48	82	63	89	92	59	14	72	19	17	22	51	90	20	03	64	96	60	48	01	95	44	84
62	13	11	71	17	23	29	25	13	85	33	35	07	69	25	68	57	92	57	11	84	44	01	33	66
29	89	97	47	03	13	20	86	22	45	59	98	64	53	89	64	94	81	55	87	73	81	58	46	62
16	94	85	82	89	07	17	30	29	89	89	80	98	36	25	36	53	02	49	14	34	03	52	09	20
04	93	10	59	75	12	98	84	60	93	68	16	87	60	11	50	46	56	58	45	88	72	50	46	11
95	71	43	68	97	18	85	17	13	08	00	50	77	50	46	92	45	26	97	21	48	22	23	08	32
86	05	39	14	35	48	68	18	36	57	09	62	40	28	87	08	74	79	91	08	27	12	43	32	03
59	30	60	10	41	31	00	69	63	77	01	89	94	60	19	02	70	88	72	33	38	88	20	60	86
05	45	35	40	54	03	98	96	76	27	77	84	80	08	64	60	44	34	54	24	85	20	85	77	32
71	85	17	74	66	27	85	19	55	56	51	36	48	92	32	44	40	47	10	38	22	52	42	29	96
80	20	32	80	98	00	40	92	57	51	52	83	14	55	31	99	73	23	40	07	64	54	44	99	21
13	50	78	02	73	39	66	82	01	28	67	51	75	66	33	97	47	58	42	44	88	09	28	58	06
67	92	65	41	45	36	77	96	46	21	14	39	56	36	70	15	74	43	62	69	82	30	77	28	77
72	56	73	44	26	04	62	81	15	35	79	26	99	57	28	22	25	94	80	62	81	95	48	98	86
28	86	85	64	94	11	58	78	45	36	34	45	91	38	51	10	68	36	87	81	16	77	30	19	36
69	57	40	80	44	94	60	82	94	93	98	01	48	50	57	69	60	77	69	60	74	22	05	77	17
71	20	03	30	79	25	74	17	78	34	54	45	04	77	42	59	75	78	64	99	37	03	18	03	36
89	98	55	98	22	45	12	49	82	71	57	33	28	69	50	59	15	02	25	79	39	42	84	18	70
58	74	82	81	14	02	01	05	77	94	65	57	70	39	42	48	56	84	31	59	18	70	41	74	60
50	54	73	81	91	07	81	26	25	45	49	61	22	88	41	20	00	15	59	93	51	60	65	65	63
49	33	72	90	10	20	65	28	44	63	95	86	75	78	69	24	41	65	86	10	34	10	32	00	93
11	85	01	43	65	02	85	69	56	88	34	29	64	35	48	15	70	11	77	83	01	34	82	91	04
34	22	46	41	84	74	27	02	57	77	47	93	72	02	95	63	75	74	69	69	61	34	31	92	13

续表

05	57	23	06	26	23	08	66	16	11	75	28	81	56	14	62	82	45	65	80	36	02	76	55	63
37	78	16	06	57	12	46	22	90	97	78	67	39	06	63	60	51	02	07	16	75	12	90	41	16
23	71	15	08	82	64	87	29	01	20	46	72	05	80	19	27	47	15	76	51	58	67	06	80	54
42	67	98	41	67	44	28	71	45	08	19	47	76	30	26	72	33	69	92	51	95	23	26	85	76
05	83	03	84	32	62	83	27	48	83	09	19	84	90	20	20	50	87	74	93	51	62	10	23	30
60	46	18	41	23	74	73	51	72	90	40	52	95	41	20	89	48	98	27	38	81	33	83	82	94
32	90	64	75	91	98	09	40	64	89	29	99	46	35	69	91	50	73	75	92	90	56	82	93	24
79	86	53	77	78	06	62	37	48	82	71	00	78	21	65	65	88	45	82	44	78	93	22	78	06
45	13	23	32	01	09	46	36	43	66	37	15	35	04	88	79	83	53	19	13	91	59	81	18	87
20	60	97	48	21	41	84	22	72	77	99	81	83	30	46	15	90	26	51	73	66	34	99	40	60
67	91	44	83	43	25	56	33	28	80	99	53	27	56	19	80	76	32	53	95	07	53	09	61	98
86	50	76	93	86	35	68	45	37	48	47	46	92	57	66	59	64	16	48	39	26	94	54	66	40
66	73	38	38	23	36	10	95	16	01	10	01	59	71	55	99	24	88	31	41	00	73	13	80	62
55	11	50	29	17	73	97	04	20	39	20	22	71	11	43	00	15	10	12	35	09	11	00	89	05
23	54	33	87	92	92	04	49	73	96	57	53	57	08	93	09	69	87	83	07	46	39	50	37	85
41	48	67	79	44	57	40	29	10	34	58	63	51	18	07	41	02	39	79	14	40	68	10	01	61
03	97	71	72	43	27	36	24	59	88	82	87	26	31	11	44	28	58	99	47	83	21	35	22	88
90	24	83	48	07	41	56	68	11	14	77	75	48	68	08	90	89	63	87	00	06	18	63	21	91
98	98	97	42	37	11	80	51	13	13	03	42	91	14	51	22	15	48	67	52	09	40	34	60	85
74	20	94	21	49	96	51	69	99	85	43	76	55	81	36	11	88	68	32	43	08	14	78	05	34
94	67	48	87	11	84	00	85	93	56	43	99	21	74	84	13	56	41	90	96	30	04	19	68	73
58	18	84	82	71	23	66	33	19	25	65	17	90	84	24	91	75	36	14	83	86	22	70	86	89
31	47	28	24	88	49	28	69	78	62	23	45	53	38	78	65	87	44	91	93	91	62	76	09	20
45	62	31	06	70	92	73	27	83	57	15	64	40	57	56	54	42	35	40	93	55	82	08	78	87
31	49	87	12	27	41	07	91	72	64	63	42	06	66	82	71	28	36	45	31	99	01	03	35	76
69	37	22	23	46	10	75	83	62	94	44	65	46	23	65	71	69	20	89	12	16	56	61	70	41
93	67	21	56	98	42	52	53	14	86	24	70	25	18	23	23	56	24	03	86	11	06	46	10	23
77	56	18	37	01	32	20	18	70	79	20	85	77	89	28	17	77	15	52	47	15	30	35	12	75
37	07	47	79	60	75	24	15	31	63	25	93	27	66	19	53	52	49	98	45	12	12	06	00	32
72	08	71	01	73	46	39	60	37	22	58	21	20	84	30	02	03	62	68	58	38	04	06	89	94
55	22	48	46	72	50	14	24	47	67	84	37	32	84	82	64	97	13	69	86	20	09	80	46	75
69	24	98	90	70	29	34	25	33	23	12	69	90	50	38	93	84	32	28	96	03	65	70	90	12
01	86	77	18	21	91	66	11	84	65	48	75	26	94	51	40	51	53	36	39	77	69	06	25	07
51	40	94	06	80	61	34	28	46	28	11	48	48	94	60	65	06	63	71	06	19	35	05	32	56
58	78	02	85	80	29	69	27	44	07	67	43	20	28	22	82	69	97	59	62	13	41	72	70	07
33	75	88	51	00	33	56	15	84	34	28	50	77	66	65	12	81	53	43	54	14	63	37	74	97	59
58	60	37	45	62	09	95	93	16	59	35	22	91	78	04	97	98	80	20	04	38	93	13	92	30
72	13	12	95	32	87	99	32	83	65	40	17	92	57	22	68	98	79	16	23	53	56	56	07	47
22	21	13	16	10	52	57	71	40	49	95	25	55	36	95	57	25	25	77	05	38	05	62	57	77
97	94	83	67	90	68	74	88	17	22	38	01	04	33	49	38	47	57	61	87	15	39	43	87	00
09	03	68	53	63	29	27	31	66	53	39	34	88	87	04	35	80	69	52	74	99	16	52	01	65
29	95	61	42	65	05	72	27	28	18	09	85	24	59	46	03	91	55	38	62	51	71	47	37	38
81	96	78	90	47	41	38	36	33	95	05	90	26	72	85	23	23	30	70	51	56	93	23	84	80
44	62	20	81	57	85	00	47	26	10	87	22	45	72	03	51	75	23	38	38	56	77	97
68	91	12	15	08	02	18	74	56	79	21	53	63	41	77	15	07	39	87	11	19	25	62	19	30
29	33	77	60	29	09	25	09	42	28	07	15	40	67	56	29	58	75	84	06	19	54	31	16	53
54	13	39	19	29	64	97	73	71	61	78	03	24	02	93	86	69	76	74	28	08	98	84	08	23
75	16	85	64	64	93	85	68	08	84	15	41	57	84	45	11	70	13	17	60	47	80	10	13	00
36	47	17	08	79	03	92	85	18	42	95	48	27	37	99	98	81	94	44	72	06	95	42	31	17
29	61	08	21	91	23	76	72	84	98	26	23	66	54	86	88	95	14	82	57	17	99	16	28	99

续表

03	46	38	56	84	81	20	89	68	52	45	41	01	71	55	14	18	05	18	01	74	94	50	66	07
74	12	14	57	26	12	48	83	67	04	88	69	05	27	23	68	84	23	52	07	21	67	13	52	01
08	23	73	51	23	92	93	05	54	32	84	46	61	33	92	13	30	91	73	11	30	44	21	71	20
99	21	30	24	79	30	18	06	96	20	62	06	47	96	07	04	82	93	01	56	62	70	43	22	85
96	82	59	39	23	22	20	95	72	00	24	85	63	57	75	88	05	79	13	75	78	64	25	89	85
62	16	18	23	64	50	90	57	50	54	04	96	09	09	17	14	63	17	80	80	56	10	17	11	57
21	40	82	41	45	41	41	89	46	18	55	86	94	32	57	44	12	64	75	12	78	01	13	69	81
13	83	48	82	60	78	96	30	57	13	40	28	10	24	48	73	50	92	70	18	72	86	54	09	76
29	65	33	93	92	99	26	01	86	11	85	42	48	86	59	24	96	35	07	87	67	31	25	89	62
17	49	05	12	13	53	01	98	80	17	83	35	38	14	79	82	83	56	44	51	35	40	70	68	22
14	36	47	29	15	14	22	27	62	93	15	60	43	13	05	25	75	40	08	85	44	70	89	64	13
78	09	76	61	07	48	31	27	48	28	96	11	26	95	03	06	86	81	52	72	66	74	71	60	25
83	17	94	26	39	01	48	68	56	97	05	76	82	89	15	66	81	63	81	96	12	44	71	57	43
87	12	89	46	85	58	09	94	39	92	09	08	76	54	88	82	73	24	94	39	02	79	07	58	27
44	30	30	40	85	96	34	99	87	03	93	03	00	74	18	67	13	97	11	12	59	30	54	51	66
54	56	85	50	81	32	42	53	60	36	98	03	65	10	60	26	52	64	74	35	28	13	24	65	23
65	99	30	88	88	44	91	22	50	72	61	95	90	98	80	65	03	45	04	27	88	70	88	40	49
55	56	01	94	09	94	02	71	85	10	27	20	51	27	86	09	15	11	62	41	03	22	82	10	60
20	14	56	25	85	78	33	37	34	15	50	63	78	74	56	49	84	72	58	00	93	68	11	47	46
48	04	07	78	13	43	03	62	46	20	06	94	09	27	69	00	71	51	43	84	21	12	86	03	51
61	10	14	39	57	87	76	60	77	02	06	50	15	60	46	22	27	52	87	43	69	58	65	79	02
64	91	36	96	42	22	57	18	13	44	46	81	95	15	37	91	81	63	33	38	39	50	47	65	94
89	53	11	10	33	10	46	41	63	84	20	46	86	41	05	82	95	56	76	23	03	13	94	28	49
96	45	86	42	40	85	95	17	28	74	65	20	70	90	34	33	61	11	01	31	37	28	81	00	31
84	11	25	39	49	31	80	86	53	51	35	48	22	28	25	27	06	38	71	90	50	77	40	41	58
29	75	56	28	39	23	26	12	23	48	89	28	34	08	52	21	05	73	08	04	83	42	91	01	91
68	92	40	32	19	49	20	85	32	69	34	17	99	11	56	39	15	47	55	53	65	29	15	51	32
94	19	67	99	27	70	71	04	43	18	44	19	75	11	70	53	21	60	78	30	92	54	21	02	42
86	84	68	46	85	58	91	23	65	24	71	19	67	18	79	90	83	47	86	32	48	69	97	10	87
63	22	84	35	10	02	05	03	47	93	45	70	25	27	90	32	98	41	45	96	39	86	91	78	79
42	53	20	46	19	11	16	93	21	93	14	91	74	92	31	97	68	24	20	35	19	54	75	37	84
37	90	76	51	58	49	25	58	28	69	55	55	73	10	22	66	79	23	80	03	51	11	00	81	37
20	12	97	40	25	45	94	35	18	65	10	99	31	24	42	14	53	78	41	79	36	57	79	19	76
24	11	65	19	92	46	11	76	64	37	33	23	96	23	73	93	99	53	14	49	40	01	63	17	74
98	21	62	16	29	73	52	06	26	35	30	52	74	61	20	57	45	86	36	54	75	29	64	49	43
02	82	14	07	19	72	77	97	39	77	25	32	60	39	04	04	88	65	47	20	81	72	40	65	48
97	20	87	54	01	93	38	53	07	38	61	00	22	95	65	79	69	26	90	49	24	61	78	19	40
17	86	31	34	32	29	40	23	66	71	14	91	93	75	02	10	13	86	27	32	59	36	40	06	61
75	50	70	16	34	21	99	87	09	37	27	40	66	07	73	13	44	06	10	43	91	11	73	13	97
47	53	77	58	88	52	47	37	21	60	83	58	21	59	82	88	05	35	17	66	33	62	15	09	88
20	93	99	76	58	93	00	39	77	75	59	39	49	61	13	68	11	80	07	72	81	65	95	94	53
91	02	65	18	16	57	93	64	76	45	21	49	51	58	96	12	62	42	10	79	57	44	97	35	66
58	49	25	97	76	12	90	94	85	25	36	40	97	46	71	83	36	55	41	38	49	98	82	70	96
98	51	20	13	77	75	86	22	62	68	36	87	02	47	99	68	80	27	34	10	09	22	84	59	33
05	32	54	17	31	87	20	77	78	80	98	42	48	42	47	41	76	11	41	79	41	48	26	94	59
40	96	49	91	79	57	18	61	50	48	06	07	68	43	07	01	04	06	22	03	11	11	75	95	02
58	43	93	93	53	01	61	75	76	90	25	97	08	76	69	35	65	24	83	85	00	49	37	05	46
76	98	86	43	60	47	85	65	73	62	66	15	98	17	20	43	96	27	87	53	57	37	92	86	46

续表

24	81	06	14	98	24	93	58	63	66	58	26	24	45	65	91	42	68	67	42	61	74	77	93	46
75	55	54	29	67	02	81	01	67	54	08	81	34	00	79	62	38	52	14	88	38	66	59	41	97
49	71	80	54	37	73	34	11	74	14	91	86	82	41	02	76	12	36	71	38	43	72	84	36	27
04	19	48	35	54	98	00	41	47	44	63	13	27	50	18	75	16	72	40	90	02	45	87	82	15
66	15	52	42	22	91	22	96	38	41	03	27	15	67	26	36	81	75	11	82	94	33	62	08	94
10	80	17	67	83	05	31	23	08	07	40	00	60	44	65	70	16	31	73	05	46	41	47	64	68
40	42	27	55	76	82	88	42	76	51	58	49	58	75	38	23	57	06	64	69	46	90	09	55	68
95	57	21	21	25	12	05	41	70	28	03	59	97	37	64	48	69	48	59	60	89	76	35	83	05
57	27	64	94	98	88	93	70	86	59	46	84	08	32	31	75	61	19	49	11	28	46	76	79	28
80	56	69	49	63	83	78	78	76	36	89	51	16	47	35	86	69	96	69	88	91	22	47	24	84
44	51	75	51	08	17	43	53	31	09	60	34	34	61	93	66	01	94	37	13	24	09	75	29	21
55	42	48	76	50	13	89	69	00	05	99	45	82	01	53	86	68	81	36	50	75	20	17	94	47
80	50	67	83	01	97	76	21	64	34	62	43	02	84	38	13	60	26	32	36	81	43	17	56	41
03	64	65	44	02	75	41	33	91	28	82	97	57	38	49	27	26	97	34	44	26	12	00	68	24
14	63	74	37	91	43	95	15	13	76	33	27	45	48	33	80	80	26	29	76	04	87	83	58	32
01	64	43	36	30	71	24	45	92	73	07	81	13	35	46	88	62	80	64	69	86	25	73	92	98
39	38	79	42	17	77	99	55	32	85	13	35	48	49	80	83	59	06	34	94	06	03	61	85	02
74	96	24	94	89	54	66	29	35	88	50	46	65	50	26	62	45	80	61	95	07	99	57	10	54
21	16	54	55	77	46	38	33	88	55	21	56	18	93	32	94	24	80	97	03	78	39	73	87	70
58	51	99	53	96	73	60	77	21	06	76	59	78	55	96	99	07	53	91	95	99	60	56	61	79
46	98	27	95	19	22	29	41	56	76	83	45	47	82	79	79	20	00	26	40	22	50	14	30	73
58	46	36	76	19	18	00	60	50	28	32	44	18	35	99	28	91	50	53	62	21	61	26	46	81
43	05	50	00	20	39	25	46	84	39	27	39	92	42	59	04	64	15	09	35	07	11	25	51	17
84	07	33	83	87	14	33	79	07	66	60	43	66	57	57	57	59	01	78	80	13	77	63	58	10
93	54	23	72	70	09	36	16	24	04	74	05	65	29	64	67	37	28	13	98	01	48	29	75	89
54	46	72	02	34	52	81	38	52	96	14	54	27	32	41	74	84	83	90	01	97	59	87	66	41
43	60	84	28	32	93	91	76	70	31	50	22	09	40	89	64	85	82	76	91	16	71	99	98	70
64	80	80	16	92	46	42	46	47	22	87	16	20	65	82	01	45	21	49	80	17	39	10	74	03
78	70	39	30	06	59	65	14	84	04	82	28	46	64	05	89	81	80	09	89	56	14	27	81	44
14	88	67	03	59	32	15	83	04	01	20	82	92	25	34	88	84	80	76	69	25	10	04	86	02
69	28	06	18	56	78	97	49	14	85	01	58	31	16	20	53	74	03	27	05	80	39	15	67	49
99	68	09	96	36	54	10	77	95	88	90	84	52	16	52	58	87	51	31	71	68	53	11	85	50
01	66	22	15	54	63	83	64	15	30	21	86	48	17	11	68	92	16	17	49	36	05	17	80	24
67	85	26	91	23	14	28	01	76	47	65	12	58	24	27	61	59	43	20	15	93	47	30	56	27
13	91	16	76	91	97	85	48	99	50	40	96	30	66	97	82	66	06	90	97	65	28	44	98	08
95	82	20	95	52	65	95	03	48	75	64	25	04	13	85	80	13	37	08	18	09	28	63	07	69
44	06	82	49	28	27	34	53	42	25	44	12	40	64	35	06	28	14	37	23	97	38	07	60	80
99	22	26	64	15	71	06	96	22	93	77	46	73	57	51	22	54	82	37	99	96	27	25	87	77
08	44	26	12	87	72	42	13	57	77	61	07	94	24	62	17	76	19	45	18	98	11	47	40	31
14	96	76	06	37	32	09	72	81	22	87	70	81	93	78	93	37	22	32	25	38	45	38	03	31
27	86	41	53	58	16	49	99	19	03	62	98	79	81	98	15	03	62	32	93	68	24	14	44	50
99	67	81	61	25	52	97	87	98	15	85	99	01	86	59	00	11	39	32	53	49	18	62	51	65
89	14	37	94	03	22	32	45	42	61	97	83	04	26	30	48	49	40	99	69	96	13	94	21
34	13	15	32	42	02	58	32	14	83	73	02	82	49	25	62	91	14	94	70	72	64	50	51
72	11	79	75	79	36	07	12	92	61	89	93	77	82	08	23	74	75	67	56	37	45	35	13	44
19	72	57	61	99	08	62	02	26	82	52	90	72	51	94	84	59	79	34	19	95	76	21	49	91
96	99	76	63	90	27	60	94	15	70	17	74	92	31	85	24	47	55	64	51	91	47	13	39	69
44	15	86	76	18	15	57	29	51	62	95	84	20	83	01	11	90	66	80	81	40	43	65	87	35
33	83	94	07	50	18	89	86	16	50	09	97	04	76	51	41	20	56	50	20	33	53	70	10	22
53	07	06	16	30	84	43	40	57	32	18	09	47	16	69	41	03	38	24	02	16	41	58	39	58

附录3　产品质量检验机构计量认证/审查认可（验收）评审准则

1. 总则

1.1　为统一产品质量检验机构计量认证/审查认可（验收）工作，依据《中华人民共和国计量法》、《中华人民共和国标准化法》、《中华人民共和国产品质量法》的规定，制定本准则。

1.2　本准则等同采用 GB/T 15481—1995 国家标准，并根据相关法律法规的规定增加了有关计量认证、审查认可的特殊要求（本准则中黑体字表述）。

1.3　本准则适用于为社会提供公证数据的产品质量检验机构计量认证的评审；依法设置和授权产品质量检验机构计量认证和审查认可（验收）的评审；其他类型实验室自愿申请计量认证的评审。

1.4　为保持与 GB/T 15481—1995 标准文本的一致性，1.3 款所指的产品质量检验机构在本准则中统称为"实验室"。

2. 参考文件

2.1　中华人民共和国计量法实施细则
2.2　中华人民共和国标准化法实施条例
2.3　《中华人民共和国产品质量法》条文释义
2.4　产品质量检验机构计量认证管理办法
2.5　JJF 1001—1998 通用计量术语及定义
2.6　GB/T 15483.1—1999 利用实验室间比对的能力验证 第1部分：能力验证计划的建立和运作
2.7　GB/T 15483.2—1999 利用实验室间比对的能力验证 第2部分：实验室认可机构对能力检证计划的选择和使用。

3. 定义

3.1　实验室 laboratory
从事校准和/或检验的机构。
注：
1. 如果实验室只是某组织的一部分，该组织除了进行检验工作以外，还进行其他活动，则术语"实验室"仅指该组织内进行检验工作的那部分。
2. 本准则中的术语"实验室"是指在下列情况下，开展检验工作的机构：
① 在或来自一个固定的地点；
② 在或来自一个临时的设施；
③ 在或来自一个可移动的设施。

3.2　检验实验室 testing laboratory
从事检验工作的实验室。

3.3　校准实验室 calibration laboratory
从事校准工作的实验室。

3.4　校准 calibration
在规定条件下，为确定测量仪器或测量系统所指示的量值，或实物量具或参考物质所代表的量值，与对应的由标准所复现的量值之间关系的一组操作。
注：
1. 校准结果既可给出被测量的示值，又可确定示值的修正值。

2. 标准也可确定其他计量特性,如影响量的作用。
3. 校准结果可以记录在校准证书或校准报告中。

3.5　检验 test

按照规定的程序,为了确定给定的产品、材料、设备、生物体、物理现象、工艺过程或服务的一种或多种特性或性能的技术操作。

注:检验结果通常被记录在称为检验报告或检验证书的文件中。

3.6　校准方法 calibration method

为进行校准而规定的技术程序。

3.7　检验方法 test method

为进行检验而规定的技术程序。

3.8　检定(验证) verification

查明和确认计量器具是否符合法定要求的程序,它包括检查、加标记和(或)出具检定证书。

3.9　质量体系 quality system

为实施质量管理的组织结构、职责、程序、过程和资源。

3.10　质量手册 quality manual

阐述一个组织的质量方针、质量体系和质量实践的文件。

注:质量手册可以列出与实验室质量工作有关的其他文件。

3.11　参考标准 reference standard

在给定区或在给定组织内,通常具有最高计量学特性的测量标准,在该处所做的测量均从它导出。

3.12　标准物质 reference material

具有一种或多种足够好的确立了的特性、用于校准仪器、评审测量方法或给材料赋值的材料或物质。

3.13　有证标准物质 certified reference material (CRM)

附有证书的参考物质,其一种或多种特性值用建立了溯源性的程序确定,使之可溯源到准确复现地表示该特性值的测量单位,每一种出证的特性值都附有给定置信水平的不确定度。

注:

1. 有证参考物质一般成批制备,其特性值是通过对代表整批物质的样品进行测量而确定,并具有规定的不确定度。

2. 当物质与特制的器件结合时,例如,已知三相点的物质装入三相点瓶、已知光密度的玻璃组装成透射滤光片、尺寸均匀的球状颗粒安放在显微镜载片上,有证参考物质的特征有时可方便和可靠地确定。上述这些器件也可以认为是有证参考物质。

3. 所有证参考物质均应符合本规范中测量标准的定义。

4. 有些参考物质和有证参考物质,由于不能和已确定的化学结构相关联或出于其他原因,其特性不能按严格规定的物理和化学测量方法确定。这类物质包括某些生物物质,如疫苗,世界卫生组织已经规定了它的国际单位。

3.14　溯源性 traceability

通过一条具有规定不确定度的不间断的比较链,使测量结果或测量标准的值能够与规定的参考标准,通常是与国家测量标准或国际测量标准联系起来的特性。

注:

1. 此概念常用形容词"可溯源的"来表述。

2. 这条不间断的比较链称为溯源链。

3.15　能力验证 Proficiency testing

利用实验室间的比对，对实验室的校准或检验工作进行判定。

3.16　要求 requirement

为能识别和考核一个实体，将对其特性的需要转化为一系列定量的或文字描述的规范。

4. 组织和管理

4.1　实验室应有明确的法律地位。其组织和运作方式应保证固定的、临时的和可移动的设施满足本准则的要求。申请计量认证/审查认可（验收）的实验室一般为独立法人；非独立法人的需经法人授权，能独立承担第三方公正检验，独立对外行文和开展业务活动，有独立账目和独立核算。

4.2　实验室应满足以下要求。

① 有管理人员，并具有履行其职责所需的权利和资源。

② 有措施保证所有工作人员不受任何来自商业、财务和其他会影响其工作质量的压力。

③ 其组织形式在任何时候都能保证判断的独立性和诚实性。

④ 对影响检验质量的所有管理、执行或验证人员规定其职责、职权和相互关系并形成文件。

⑤ 由熟悉检验方法和程序、了解检验工作目的以及懂得如何评定检验结果的人员实施监督，监督人员与非监督人员的比例应足以保证监督工作的正常进行。

⑥ 有负责技术工作的技术主管（无论如何称谓）。

⑦ 有负责质量体系及其实施的质量主管（无论如何称谓）。他可以直接与负责实验室质量方针和资源决策的最高管理者及技术主管联系。在规模较小的实验室中，质量主管也可以是技术主管。

⑧ 在技术或质量主管不在时，要指定其代理人，并在质量手册中规定。

⑨ 应在质量手册或程序文件中规定，保证委托方的机密信息和所有权。

⑩ 适当时，参加国际、国家、行业或自行组织的实验室之间的比对和能力验证计划。

⑪ 对政府下达的指令性检验任务，应编制计划并保质保量按时完成。

5. 质量体系、审核和评审

5.1　实验室应建立并保持与其承担的检验工作类型、范围和工作量相适应的质量体系；质量体系要素应形成文件。质量文件应提供给实验室人员使用。实验室应明文规定达到良好工作水平和检验服务的质量方针、目标并作出承诺。实验室的管理者应将质量方针纳入质量手册，并使实验室所有有关人员都知道、理解并贯彻执行；质量主管应负责保持质量手册的现行有效性。

5.2　质量手册以及相关的质量文件应阐述实验室为满足本准则要求所制订的方针和工作程序。质量手册和相关质量文件应包括：

① 最高管理者的质量方针声明，包括目标和承诺；

② 实验室组织与管理结构以及它在任一个母体组织中的地位和相应的组织图；

③ 管理工作、技术工作、支持服务和质量体系之间的关系；

④ 文件控制和维护程序；

⑤ 关键人员的岗位描述及相关人员的工作岗位描述；

⑥ 实验室获准签字人的识别（适用时）；

⑦ 实验室实现量值溯源的程序；

⑧ 实验室检验的范围;
⑨ 确保实验室评审所有新工作的措施,以保证实验室在开始新工作之前有适当的设施和资源;
⑩ 列出在用的检验程序;
⑪ 处置检验样品的程序;
⑫ 列出在用的主要仪器设备和参考测量标准;
⑬ 仪器设备的校准、检定(验证)维护程序;
⑭ 涉及检定(验证)的活动,包括实验室之间比对、能力验证计划、标准物质的使用、内部质量控制方案;
⑮ 当发现检测结果有差异或偏离规定的政策和程序时,应遵循反馈和纠正措施的程序;
⑯ 实验室关于允许偏离规定的政策和程序或标准(规范)的例外情况的管理措施;
⑰ 处理抱怨程序;
⑱ 保密和保护所有权的程序;
⑲ 质量体系审核和评审程序。

5.3 实验室应定期对其工作进行审核,以证实其运行能持续地符合质量体系的要求。这种审核应由受过培训和有资格的人员承担;审核人员应与被审核工作无关。当审核中发现检验结果的正确性和有效性可疑时,实验室应立即采取纠正措施并书面通知可能受到影响的所有委托方。

5.4 管理者应对为满足本准则要求而建立的质量体系每年至少评审一次,以保证其持续适用和有效性,并进行必要的更改和改进。

5.5 在审核和评审中发现的问题和采取的纠正措施应形成文件。对质量负责的人员应保证纠正措施在议定的时间内完成。

5.6 除定期审核以外,实验室还应采取其他有效的检查方法来确保提供给委托方结果的质量,并应对这些检查方法的有效性进行评审,其内容包括(但不限于此):
① 尽可能采用统计技术的内部质量控制方案;
② 参加能力验证或其他实验室间的比对;
③ 定期使用有证标准物质和/或在内部质量控制中使用副标准物质;
④ 用相同或不同的方法进行重复检测;
⑤ 对保留样品的再检测;
⑥ 一个样品不同特性检测结果的相关性。

6. 人员

6.1 实验室应有足够的人员,这些人员应经过与其承担的任务相适应的教育、培训,并有相应的技术知识和经验。
① 实验室最高管理者、技术主管、质量主管及各部门主和应有任命文件;
② 最高管理者和技术主管的变更需报发证机关或其授权的部门确认;
③ 非独立法人实验室的最高管理者应由其法人单位的行政领导成员担任;
④ 实验室技术主管应具有工程师以上技术职称,熟悉检验业务。

6.2 实验室应保证其人员得到及时培训。检验人员应考核合格持证上岗。

6.3 实验室应保存其技术人员有关资格、培训、技能和经历等的技术业绩档案。

7. 设施和环境

7.1 实验室的设施、检验场地以及能源、照明、采暖、通风等应便于检验工作的正常运行。

7.2 检验所处的环境不应影响检验结果的有效性或对其所要求的测量准确度产生不利的影响,在非固定场所进行检验时尤应注意。

7.3 适当时,实验室应配备对环境条件进行有效监测、控制和记录的设施。对影响检验的因素,例如生物灭菌、灰尘、电磁干扰、湿度、电源电压、温度、噪声、振动级和振动水平等应予以适当重视。应配置停电、停水、防火等应急的安全设施,以免影响检测或校准工作质量。

7.4 相邻区域的工作相互之间有不利影响时,应采取有效的隔离措施。

7.5 进入和使用有影响工作质量的区域应有明确的限制和控制。

7.6 应有适当的措施确保实验室有良好的内务管理。并符合有关人身健康和环保要求。

8. 仪器设备和标准物质

8.1 实验室应正确配备进行检验的全部仪器设备(包括标准物质)。如果要使用实验室永久控制范围以外的仪器设备(限使用频次低,价格昂贵),则应保证符合本准则规定的相关要求。仪器设备购置、验收、流转应受控。未经定型的专用检验仪器设备需提供相关技术单位的验证证明。

8.2 应对所有仪器设备进行正常维护,并有维护程序;如果任一仪器设备有过载或错误操作,或显示的结果可疑,或通过检定(验证)或其他方式表明有缺陷时,应立即停止使用,并加上明显标识,如可能应将其贮存在规定的地方直至修复;修复的仪器设备必须经校准、检定(验证)或检验证明其功能指标已恢复。实验室应检查由于上述缺陷对过去进行的检验所造成的影响。

8.3 每一台仪器设备(包括标准物质)都应有明显的标识来表明其状态。

8.4 应保存每一台仪器设备以及对检验有重要意义的标准物质的档案,其内容包括:
① 仪器设备的名称;
② 制造商名称、型号、序号或其他唯一性标识;
③ 接收日期和启用日期;
④ 目前放置地点(如果适用);
⑤ 接收时的状态及验收记录(例如全新的,用过的,经改装的);
⑥ 仪器设备使用说明书(或复制件);
⑦ 校准和/或检定(验证)的日期和结果以及下次校准和/或检定(验证)的日期;
⑧ 迄今所进行的维护和今后维护的计划;
⑨ 损坏、故障、改装或修理的历史。

9. 量值溯源和校准

9.1 凡对检验准确性和有效性有影响的测量和检验仪器设备,在投入使用前必须进行校准和/或检定(验证)。实验室应制定有关测量和检验仪器设备的校准与检定(验证)的周期检定计划。

9.2 应制定和实施仪器设备的校准和/或检定(验证)和确认的总体计划,以确保(适用时)实验室的测量可追溯到已有的国家计量基准。校准证书应能证明溯源到国家计量基准,并应提供测量结果和有关测量不确定度和/或符合经批准的计量规范的说明。自检定/校准的仪器设备,按国家计量检定系统的要求,绘制能溯源到国家计量基准的量值传递方框图(适用时),以确保在用的测量仪器设备量值符合计量法制规定的要求。

9.3 如不可能溯源到国家计量基准,实验室应提供结果相关性的满意证据,例如参加一个适当的实验室间的比对或能力验证计划。

9.4 实验室建立的测量参考标准只能用于校准,不能用于其他目的,除非能够证明其作为测量参考标准的性能不会失效。

9.5 测量参考标准的校准工作应由能提供对国家计量基准溯源的机构进行。应编制参考标准进行校准和检定(验证)的计划。计量检定用最高计量标准必须按《中华人民共和国计量法》的相关规定经考核合格。

9.6 适用时,参考标准、测量和检验仪器设备在两次检定(验证)/校准之间应经受运行中的检查。

9.7 如可能,标准物质应能溯源到国家或国际计量基准,或溯源到国家或国际标准参考物质。应使用有证标准物质(有效期内)。

10. 检测方法

10.1 实验室应对缺少指导书可能会给检验工作带来危害的所有仪器设备的使用和操作、样品的处置和制备、检验工作编制指导书,并在质量文件中规定。与实验室工作有关的指导书、标准、手册和参考数据都应现行有效并便于工作人员使用。

10.2 实验室应使用适当的方法和程序进行所有检验工作以及职责范围内的其他有关业务活动(包括样品的抽取、处置、传送和贮存、制备,测量不确定度的估算,检验数据的分析);这些方法和程序应与所要求的准确度和有关检验的标准规范一致。

10.3 没有国际、国家、行业、地方规定的检验方法时,实验室应尽可能选择国际或国家标准中已经公布或由知名的技术组织或有关科技文献或杂志上公布的方法,但应经实验室技术主管确认。

10.4 需要使用非标准方法时,这些方法应征得委托方同意,并形成有效文件,使出具的报告为委托方和用户所接受。

10.5 当抽样作为检测方法的一部分时,实验室应按有关程序文件的规定和适应的统计技术抽取样品。

10.6 应对计算和数据换算进行适当的检查。

10.7 当使用计算机或自动化设备采集、处理、运算、记录、报告、存储或检索检验数据时,实验室应确保:

① 符合本准则要求;

② 计算机软件应形成文件并能满足使用要求;

③ 制定并执行保护数据完整性的程序,这些程序应包括(但不限于)数据输入或采集、数据存储、数据传输和数据处理的完整性;

④ 对计算机和自动化设备进行维护;以确保其功能正常;并提供保证检验数据完整性的环境和工作条件;

⑤ 制定和执行保证数据安全的适当程序,包括防止非授权人员接触和未经批准修改计算机记录。

10.8 实验室应制定其技术工作中所使用的消耗材料的购买、验收和贮存的程序。

11. 检验样品的处置

11.1 实验室应建立对拟检验样品的唯一识别系统,以保证在任何时候对样品的识别不发生混淆。

11.2 在接收检验样品时,应记录其状态,包括是否异常或是否与相应的检验方法中所描述的标准状态有所偏离。如果对样品是否适用于检验有任何疑问,或者样品与提供的说明不符，或者对要求的检验规定得不完全，实验室应在工作开始之前询问委托方，要求进一步予以说明。实验室应确定是否已经完成了对样品的必要准备，包括是否按委托方要求对样品进行的相应准备。

11.3 实验室应在质量文件中规定有适当的设施避免检验所用样品在贮存、处理、准备检验过程中变质或损坏，并遵守随样品提供的任何有关说明书。如果样品必须在特定的环境条件下贮存或处置，则应对这些条件加以维持、监控和记录（如必要）。当检验样品或其一部分须妥善保存时（例如：基于记录、安全或价值昂贵或日后对检验进行检查的原因），实验室应有贮存和安全措施，以保护这些需要妥善保存的样品或其部分的状态和完整性。

11.4 实验室应有对样品接收、保存或安全处置的质量程序文件，包括为维护实验室诚实性所必需的各项规定。

12. 记录

12.1 实验室应有适合自身具体情况又符合现行规章的记录制度。所有的原始观测记录、计算和导出数据、记录以及校准证书副本、检验证书副本、检测报告副本均应归档并保存适当的期限。每次检验的记录应包含足够的信息以保证其能够再现。记录应包括参与抽样、样品准备、校准人员的标识。记录更改应按适当程序规范进行。

12.2 所有记录（包括8.4条中有关校准和检验仪器设备的记录）、证书和报告都应安全贮存、妥善保管并为委托方保密。

13. 证书和报告

13.1 对于实验室完成的每一项或每一系列检验的结果，均应按照检验方法中的规定，准确、清晰、明确、客观地在检验证书或报告中表述，应采用法定计量单位。证书或报告中还应包括为说明检验结果所必需的各种信息采用方法所要求的全部信息。

13.2 每份检验证书或报告至少应包括以下信息：
① 标题，例如"检验证书"或"检测报告"；
② 实验室的名称与地址，进行检验的地点（如果与实验室地址不同）；
③ 检验证书或报告的唯一性标识（如序号）和每页及总页数的标识；
④ 委托方的名称和地址（如果适用）；
⑤ 被检测样品的说明和明确标识；
⑥ 检测样品的特性和状态；
⑦ 检测样品的接收和进行检验的日期（如果适用）；
⑧ 对所采用检测方法的标识，或者对所采用的任何非标准方法的明确说明；
⑨ 涉及的抽样程序（如果适用）；
⑩ 对检测方法的任何偏离、增加或减少以及其他任何与特定的检验有关的信息，如环境条件；
⑪ 测量、检查和导出的结果（适当地辅以表格、图、简图和照片加以说明）以及任何结果失效的证明；
⑫ 对估算的检验结果不确定度的说明（如果适用）；
⑬ 对检验证书或报告（不管如何形成）内容负责人员的签字、职务或等效标识，以及签发日期；
⑭ 如果适用，作出本结果仅对所检验样品有效的声明；
⑮ 未经实验室书面批准，不得复制证书或报告（完整复制除外）的声明。

13.3 如果检验证书或报告中包含分包方所进行的检验结果，则应明确地标明。

13.4 应合理地编制检验证书或报告，尤其是检验数据的表达应易于读者理解。注意逐一设计所承担不同类型检验证书或报告的格式，但标题应尽量标准化。

13.5 对已发出的检验证书或报告作重大修改，只能以另发文的方式，或采用对"编号××××的检验证书或报告"作出补充声明或以检验数据修改单的方式。这种修改应有相应规定并符合本准则第12条的全部相应要求。

13.6 当发现诸如检验仪器设备有缺陷等情况，而对任何证书、报告或对证书或报告的修改单所给出结果的有效性产生疑问时，实验室应立即以书面形式通知委托方。

13.7 当委托方要求用电话、电传、图文传真或其他电子和电磁设备传送检验结果时，实验室应保证其工作人员遵循质量文件规定的程序。这些程序应满足本准则的要求，并为委托方保密。

14. 检测的分包

14.1 如果实验室将检验工作的一部分分包，接受分包的实验室要符合本准则的要求；分包比例必须予以控制（限仪器设备为使用频次低、价格昂贵及特种项目），实验室应确保并证实分包方有能力完成分包任务并能满足相同的能力要求。实验室应将分包事项以书面形式征得委托方同意后方可分包。

14.2 实验室应记录和保存调查分包方的能力及符合性的详细资料，并保存有关分包事项的登记册。

15. 外部支持服务和供给

15.1 实验室在寻求本准则未涉及的外部支持服务和供应以支持其检验工作时，应选用能充分保证实验室检验质量的外部支持服务和供应。

15.2 如外部支持服务或供应商无独立的质量保证，实验室应制定有关程序确保所购仪器设备、材料和服务符合规定的要求。只要可能，实验室应确保所购仪器设备和消耗材料在使用前按相应的检验所要求的标准规范进行检测、校准或验证（验证）。

15.3 实验室应保存所有为检验提供所需的支持服务和供应品的所有供应商的记录。

16. 抱怨

16.1 实验室应在质量文件或程序中，作出处理委托方或其他单位对实验室工作提出抱怨的规定，并记录和保存所有抱怨及处理意见。

16.2 当抱怨或其他任何事项是对实验室是否符合其方针或程序，或者是否符合本准则要求，或者是对其有关实验室检验质量提出疑问时，实验室应确保按本准则5.3条的要求，立即对涉及的范围和职责进行审核。

附录4 中华人民共和国计量法

第一章 总 则

第一条 为了加强计量监督管理，保障国家计量单位制的统一和量值的准确可靠，有利于生产、贸易和科学技术的发展，适应社会主义现代化建设的需要，维护国家、人民的利益，制定本法。

第二条 在中华人民共和国境内，建立计量基准器具、计量标准器具，进行计量检定，制造、修理、销售、使用计量器具，必须遵守本法。

第三条 国家采用国际单位制。

国际单位制计量单位和国家选定的其他计量单位,为国家法定计量单位。国家法定计量单位的名称、符号由国务院公布。

非国家法定计量单位应当废除。废除的办法由国务院制定。

第四条　国务院计量行政部门对全国计量工作实施统一监督管理。

县级以上地方人民政府计量行政部门对本行政区域内的计量工作实施监督管理。

第二章　计量基准器具、计量标准器具和计量检定

第五条　国务院计量行政部门负责建立各种计量基准器具,作为统一全国量值的最高依据。

第六条　县级以上地方人民政府计量行政部门根据本地区的需要,建立社会公用计量标准器具,经上级人民政府计量行政部门主持考核合格后使用。

第七条　国务院有关主管部门和省、自治区、直辖市人民政府有关主管部门,根据本部门的特殊需要,可以建立本部门使用的计量标准器具,其各项最高计量标准器具经同级人民政府计量行政部门主持考核合格后使用。

第八条　企业、事业单位根据需要,可以建立本单位使用的计量标准器具,其各项最高计量标准器具经有关人民政府计量行政部门主持考核合格后使用。

第九条　县级以上人民政府计量行政部门对社会公用计量标准器具,部门和企业、事业单位使用的最高计量标准器具,以及用于贸易结算、安全防护、医疗卫生、环境监测方面的列入强制检定目录的工作计量器具,实行强制检定。未按照规定申请检定或者检定不合格的,不得使用。实行强制检定的工作计量器具的目录和管理办法,由国务院制定。对前款规定以外的其他计量标准器具和工作计量器具,使用单位应当自行定期检定或者送其他计量检定机构检定,县级以上人民政府计量行政部门应当进行监督检查。

第十条　计量检定必须按照国家计量检定系统表进行。国家计量检定系统表由国务院计量行政部门制定。

计量检定必须执行计量检定规程。国家计量检定规程由国务院计量行政部门制定。没有国家计量检定规程的,由国务院有关主管部门和省、自治区、直辖市人民政府计量行政部门分别制定部门计量检定规程和地方计量检定规程,并向国务院计量行政部门备案。

第十一条　计量检定工作应当按照经济合理的原则,就地就近进行。

第三章　计量器具管理

第十二条　制造、修理计量器具的企业、事业单位,必须具备与所制造、修理的计量器具相适应的设施、人员和检定仪器设备,经县级以上人民政府计量行政部门考核合格,取得《制造计量器具许可证》或者《修理计量器具许可证》。制造、修理计量器具的企业未取得《制造计量器具许可证》或者《修理计量器具许可证》的,工商行政管理部门不予办理营业执照。

第十三条　制造计量器具的企业、事业单位生产本单位未生产过的计量器具新产品,必须经省级以上人民政府计量行政部门对其样品的计量性能考核合格,方可投入生产。

第十四条　未经国务院计量行政部门批准,不得制造、销售和进口国务院规定废除的非法定计量单位的计量器具和国务院禁止使用的其他计量器具。

第十五条　制造、修理计量器具的企业、事业单位必须对制造、修理的计量器具进行检定,保证产品计量性能合格,并对合格产品出具产品合格证。县级以上人民政府计量行政部

门应当对制造、修理的计量器具的质量进行监督检查。

第十六条 进口的计量器具，必须经省级以上人民政府计量行政部门检定合格后，方可销售。

第十七条 使用计量器具不得破坏其准确度，损害国家和消费者的利益。

第十八条 个体工商户可以制造、修理简易的计量器具。制造、修理计量器具的个体工商户，必须经县级人民政府计量行政部门考核合格，发给《制造计量器具许可证》或者《修理计量器具许可证》后，方可向工商行政管理部门申请营业执照。个体工商户制造、修理计量器具的范围和管理办法，由国务院计量行政部门制定。

第四章 计量监督

第十九条 县级以上人民政府计量行政部门，根据需要设置计量监督员。计量监督员管理办法，由国务院计量行政部门制定。

第二十条 县级以上人民政府计量行政部门可以根据需要设置计量检定机构，或者授权其他单位的计量检定机构，执行强制检定和其他检定、测试任务。执行前款规定的检定、测试任务的人员，必须经考核合格。

第二十一条 处理因计量器具准确度所引起的纠纷，以国家计量基准器具或者社会公用计量标准器具检定的数据为准。

第二十二条 为社会提供公证数据的产品质量检验机构，必须经省级以上人民政府计量行政部门对其计量检定、测试的能力和可靠性考核合格。

第五章 法律责任

第二十三条 未取得《制造计量器具许可证》、《修理计量器具许可证》制造或者修理计量器具的，责令停止生产、停止营业，没收违法所得，可以并处罚款。

第二十四条 制造、销售未经考核合格的计量器具新产品的，责令停止制造、销售该种新产品，没收违法所得，可以并处罚款。

第二十五条 制造、修理、销售的计量器具不合格的，没收违法所得，可以并处罚款。

第二十六条 属于强制检定范围的计量器具，未按照规定申请检定或者检定不合格继续使用的，责令停止使用，可以并处罚款。

第二十七条 使用不合格的计量器具或者破坏计量器具准确度，给国家和消费者造成损失的，责令赔偿损失，没收计量器具和违法所得，可以并处罚款。

第二十八条 制造、销售、使用以欺骗消费者为目的的计量器具的，没收计量器具和违法所得，处以罚款；情节严重的，并对个人或者单位直接责任人员按诈骗罪或者投机倒把罪追究刑事责任。

第二十九条 违反本法规定，制造、修理、销售的计量器具不合格，造成人身伤亡或者重大财产损失的，比照《刑法》第一百八十七条的规定，对个人或者单位直接责任人员追究刑事责任。

第三十条 计量监督人员违法失职，情节严重的，依照《刑法》有关规定追究刑事责任；情节轻微的，给予行政处分。

第三十一条 本法规定的行政处罚，由县级以上地方人民政府计量行政部门决定。本法第二十七条规定的行政处罚，也可以由工商行政管理部门决定。

第三十二条 当事人对行政处罚决定不服的，可以在接到处罚通知之日起十五日内向人民法院起诉；对罚款、没收违法所得的行政处罚决定期满不起诉又不履行的，由作出行政处罚决定的机关申请人民法院强制执行。

第六章　附　则

第三十三条　中国人民解放军和国防科技工业系统计量工作的监督管理办法，由国务院、中央军事委员会依据本法另行制定。

第三十四条　国务院计量行政部门根据本法制定实施细则，报国务院批准施行。

第三十五条　本法自一九八六年七月一日起施行。

附录5　中华人民共和国标准化法

第一章　总　则

第一条　为了发展社会主义商品经济，促进技术进步，改进产品质量，提高社会经济效益，维护国家和人民的利益，使标准化工作适应社会主义现代化建设和发展对外经济关系的需要，制定本法。

第二条　以下列需要统一技术要求，应当制定标准：

（一）工业产品的品种、规格、质量、等级或者安全、卫生要求。

（二）工业产品的设计、生产、检验、包装、贮存、运输、使用的方法或者生产、储存、运输过程中的安全、卫生要求。

（三）有关环境保护的各项技术要求和检验方法。

（四）建设工程的设计、施工方法和安全要求。

（五）有关工业生产、工程建设和环境保护的技术术语、符号、代号和制图方法。重要农产品和其他需要制定标准的项目，由国务院规定。

第三条　标准化工作的任务是制定标准、组织实施标准和对标准的实施进行监督。标准化工作应当纳入国民经济和社会发展计划。

第四条　国家鼓励积极采用国际标准。

第五条　国务院标准化行政主管部门统一管理全国标准化工作。国务院有关行政主管部门分工管理本部门、本行业的标准化工作。

省、自治区、直辖市标准化行政主管部门统一管理本行政区域的标准化工作。省、自治区、直辖市政府有关行政主管部门分工管理本行政区域内本部门、本行业的标准化工作。

市、县标准化行政主管部门和有关行政主管部门，按照省、自治区、直辖市政府规定的各自的职责，管理本行政区域内的标准化工作。

第二章　标准的制定

第六条　对需要在全国范围内统一的技术要求，应当制定国家标准。国家标准由国务院标准化行政主管部门制定。对没有国家标准而又需要在全国某个行业范围内统一的技术要求，可以制定行业标准。行业标准由国务院有关行政主管部门，并报国务院标准化行政主管部门备案，在公布国家标准之后，该项行业标准即行废止。对没有国家标准和行业标准而又需要在省、自治区、直辖市范围内统一的工业产品的安全、卫生要求，可以制定地方标准。地方标准由省、自治区、直辖市标准化行政主管部门制定，并报国务院标准化行政主管部门和国务院有关行政主管部门备案,在公布国家标准或者行业标准之后,该项地方标准即行废止。

企业生产的产品没有国家标准和行业标准的,应当制定企业标准,作为组织生产的依据。企业的产品标准须报当地政府标准化行政主管部门和有关行政主管部门备案。已有国家标准或者行业标准的,国家鼓励企业制定严于国家标准或者行业标准的企业标准,在企业内部适用。

法律对标准的制定另有规定的,依照法律的规定执行。

第七条 国家标准、行业标准分为强制性标准和推荐性标准。保障人体健康,人身、财产安全的标准和法律、行政法规规定强制执行的标准是强制性标准,其他标准是推荐性标准。

省、自治区、直辖市标准化行政主管部门制定的工业产品的安全、卫生要求的地方标准,在本行政区域内是强制性标准。

第八条 制定标准应当有利于保障安全和人民的身体健康,保护消费者的利益,保护环境。

第九条 制定标准应当有利于合理利用国家资源,推广科学技术成果,提高经济效益,并符合使用要求,有利于产品的通用互换,做到技术上先进,经济上合理。

第十条 制定标准应当做到有关标准的协调配套。

第十一条 制定标准应当有利于促进对外经济技术合作和对外贸易。

第十二条 制定标准应当发挥行业协会、科学研究机构和学术团体的作用。

制定标准的部门应当组织由专家组成的标准化技术委员会,负责标准的草拟,参加标准草案的审查工作。

第十三条 标准实施后,制定标准的部门应当根据科学技术的发展和经济建设的需要适时进行复审,以确认现行标准继续有效或者予以修订、废止。

第三章 标准的实施

第十四条 强制性标准,必须执行。不符合强制性标准的产品,禁止生产、销售和进口。推荐性标准,国家鼓励企业自愿采用。

第十五条 企业以有国家标准或者行业标准的产品,可以向国务院标准化行政主管部门或者国务院标准化行政主管部门授权的部门申请产品质量认证。认证合格的,由认证部门授予认证证书,准许在产品或者其包装上使用规定的认证标志。

已经取得认证证书的产品不符合国家标准或者行业标准的,以及产品未经认证或者认证不合格的,不得使用认证标志出厂销售。

第十六条 出口产品的技术要求,依照合同的约定执行。

第十七条 企业研制新产品,改进产品,进行技术改造,应当符合标准化要求。

第十八条 县级以上政府标准化行政主管部门负责以标准的实施进行监督检查。

第十九条 县级以上政府标准化行政主管部门,可以根据需要设置检验机构,或者授权其他单位的检验机构,对产品是否符合标准进行检验。法律、行政法规对检验机构另有规定的,依照法律、行政法规的规定执行。

处理有关产品是否符合标准的争议,以前款规定的检验机构的检验数据为准。

第四章 法律责任

第二十条 生产、销售、进口不符合强制性标准的产品的,由法律、行政法规规定的行政主管部门依法处理，法律、行政法规未作规定的，由工商行政管理部门没收产品和违法所得，并处罚款；造成严重后果构成犯罪的，对直接责任人员依法追究刑事责任。

第二十一条 已经授予认证证书的产品不符合国家标准或者行业标准而使用认证标志出厂销售的，由标准化行政主管部门责令停止销售，并处罚款；情节严重的，由认证部门撤销其认证证书。

第二十二条 产品未经认证或者认证不合格而擅自使用认证标志出厂销售的，由标准化行政主管部门责令停止销售，并处罚款。

第二十三条 当事人对没收产品、没收违法所得和罚款的处罚不服的，可以在接到处罚通知之日起十五日内，向作出处罚决定的机关的上一级机关申请复议；对复议决定不服的，可以在接到复议决定之日起十五日内，向人民法院起诉。当事人也可以在接到处罚通知之日起十五日内，直接向人民法院起诉。当事人逾期不申请复议或者不向人民法院起诉又不履行处罚决定的，由作出处罚决定的机关申请人民法院强制执行。

第二十四条 标准化工作的监督、检验、管理人员违法失职、徇私舞弊的，给予行政处分；构成犯罪的，依法追究刑事责任。

第五章 附 则

第二十五条 本法实施条例由国务院制定。

第二十六条 本法自 1989 年 4 月 1 日起施行。

附录 6 中华人民共和国产品质量法

第一章 总则
第二章 产品质量的监督
第三章 生产者、销售者的产品质量责任和义务
 第一节 生产者的产品质量责任和义务
 第二节 销售者的产品质量责任和义务
第四章 损害赔偿
第五章 罚则
第六章 附则

第一章 总 则

第一条 为了加强对产品质量的监督管理，提高产品质量水平，明确产品质量责任，保护消费者的合法权益，维护社会经济秩序，制定本法。

第二条 在中华人民共和国境内从事产品生产、销售活动，必须遵守本法。本法所称产品是指经过加工、制作，用于销售的产品。

建设工程不适用本法规定；但是，建设工程使用的建筑材料、建筑构配件和设备，属于前款规定的产品范围的，适用本法规定。

第三条 生产者、销售者应当建立健全内部产品质量管理制度，严格实施岗位质量规范、质量责任以及相应的考核办法。

第四条 生产者、销售者依照本法规定承担产品质量责任。

第五条 禁止伪造或者冒用认证标志等质量标志；禁止伪造产品的产地，伪造或者冒用他人的厂名、厂址；禁止在生产、销售的产品中掺杂、掺假，以假充真，以次充好。

第六条 国家鼓励推行科学的质量管理方法,采用先进的科学技术,鼓励企业产品质量达到并且超过行业标准、国家标准和国际标准。

对产品质量管理先进和产品质量达到国际先进水平、成绩显著的单位和个人,给予奖励。

第七条 各级人民政府应当把提高产品质量纳入国民经济和社会发展规划,加强对产品质量工作的统筹规划和组织领导,引导、督促生产者、销售者加强产品质量管理,提高产品质量,组织各有关部门依法采取措施,制止产品生产、销售中违反本法规定的行为,保障本法的施行。

第八条 国务院产品质量监督部门主管全国产品质量监督工作。国务院有关部门在各自的职责范围内负责产品质量监督工作。

县级以上地方产品质量监督部门主管本行政区域内的产品质量监督工作。县级以上地方人民政府有关部门在各自的职责范围内负责产品质量监督工作。

法律对产品质量的监督部门另有规定的,依照有关法律的规定执行。

第九条 各级人民政府工作人员和其他国家机关工作人员不得滥用职权、玩忽职守或者徇私舞弊,包庇、放纵本地区、本系统发生的产品生产、销售中违反本法规定的行为,或者阻挠、干预依法对产品生产、销售中违反本法规定的行为进行查处。

各级地方人民政府和其他国家机关有包庇、放纵产品生产、销售中违反本法规定的行为的,依法追究其主要负责人的法律责任。

第十条 任何单位和个人有权对违反本法规定的行为,向产品质量监督部门或者其他有关部门检举。

产品质量监督部门和有关部门应当为检举人保密,并按照省、自治区、直辖市人民政府的规定给予奖励。

第十一条 任何单位和个人不得排斥非本地区或者非本系统企业生产的质量合格产品进入本地区、本系统。

第二章 产品质量的监督

第十二条 产品质量应当检验合格,不得以不合格产品冒充合格产品。

第十三条 可能危及人体健康和人身、财产安全的工业产品,必须符合保障人体健康和人身、财产安全的国家标准、行业标准;未制定国家标准、行业标准的,必须符合保障人体健康和人身、财产安全的要求。

禁止生产、销售不符合保障人体健康和人身、财产安全的标准和要求的工业产品。具体管理办法由国务院规定。

第十四条 国家根据国际通用的质量管理标准,推行企业质量体系认证制度。企业根据自愿原则可以向国务院产品质量监督部门认可的或者国务院产品质量监督部门授权的部门认可的认证机构申请企业质量体系认证。经认证合格的,由认证机构颁发企业质量体系认证证书。国家参照国际先进的产品标准和技术要求,推行产品质量认证制度。企业根据自愿原则可以向国务院产品质量监督部门认可的或者国务院产品质量监督部门授权的部门认可的认证机构申请产品质量认证。经认证合格的,由认证机构颁发产品质量认证证书,准许企业在产品或者其包装上使用产品质量认证标志。

第十五条 国家对产品质量实行以抽查为主要方式的监督检查制度,对可能危及人体健康和人身、财产安全的产品,影响国计民生的重要工业产品以及消费者、有关组织反映有质量问题的产品进行抽查。抽查的样品应当在市场上或者企业成品仓库内的待销产品中随机抽取。监督抽查工作由国务院产品质量监督部门规划和组织。县级以上地方产品质量监督部门在本行政区域内也可以组织监督抽查。法律对产品质量的监督检查另有规定的，依照有关法律的规定执行。国家监督抽查的产品，地方不得另行重复抽查；上级监督抽查的产品，下级不得另行重复抽查。

根据监督抽查的需要，可以对产品进行检验。检验抽取样品的数量不得超过检验的合理需要，并不得向被检查人收取检验费用。监督抽查所需检验费用按照国务院规定列支。生产者、销售者对抽查检验的结果有异议的，可以自收到检验结果之日起十五日内向实施监督抽查的产品质量监督部门或者其上级产品质量监督部门申请复检，由受理复检的产品质量监督部门作出复检结论。

第十六条 对依法进行的产品质量监督检查，生产者、销售者不得拒绝。

第十七条 依照本法规定进行监督抽查的产品质量不合格的，由实施监督抽查的产品质量监督部门责令其生产者、销售者限期改正。逾期不改正的，由省级以上人民政府产品质量监督部门予以公告；公告后经复查仍不合格的，责令停业，限期整顿；整顿期满后经复查产品质量仍不合格的，吊销营业执照。监督抽查的产品有严重质量问题的，依照本法第五章的有关规定处罚。

第十八条 县级以上产品质量监督部门根据已经取得的违法嫌疑证据或者举报，对涉嫌违反本法规定的行为进行查处时，可以行使下列职权：

（一）对当事人涉嫌从事违反本法的生产、销售活动的场所实施现场检查；

（二）向当事人的法定代表人、主要负责人和其他有关人员调查、了解与涉嫌从事违反本法的生产、销售活动有关的情况；

（三）查阅、复制当事人有关的合同、发票、账簿以及其他有关资料；

（四）对有根据认为不符合保障人体健康和人身、财产安全的国家标准、行业标准的产品或者有其他严重质量问题的产品，以及直接用于生产、销售该项产品的原辅材料、包装物、生产工具，予以查封或者扣押。

县级以上工商行政管理部门按照国务院规定的职责范围，对涉嫌违反本法规定的行为进行查处时，可以行使前款规定的职权。

第十九条 产品质量检验机构必须具备相应的检测条件和能力，经省级以上人民政府产品质量监督部门或者其授权的部门考核合格后，方可承担产品质量检验工作。法律、行政法规对产品质量检验机构另有规定的，依照有关法律、行政法规的规定执行。

第二十条 从事产品质量检验、认证的社会中介机构必须依法设立，不得与行政机关和其他国家机关存在隶属关系或者其他利益关系。

第二十一条 产品质量检验机构、认证机构必须依法按照有关标准，客观、公正地出具检验结果或者认证证明。

产品质量认证机构应当依照国家规定对准许使用认证标志的产品进行认证后的跟踪检查；对不符合认证标准而使用认证标志的，要求其改正；情节严重的，取消其使用认证标志的资格。

第二十二条 消费者有权就产品质量问题，向产品的生产者、销售者查询；向产品质量监督部门、工商行政管理部门及有关部门申诉，接受申诉的部门应当负责处理。

第二十三条 保护消费者权益的社会组织可以就消费者反映的产品质量问题建议有关部门负责处理，支持消费者对因产品质量造成的损害向人民法院起诉。

第二十四条 国务院和省、自治区、直辖市人民政府的产品质量监督部门应当定期发布其监督抽查的产品的质量状况公告。

第二十五条 产品质量监督部门或者其他国家机关以及产品质量检验机构不得向社会推荐生产者的产品;不得以对产品进行监制、监销等方式参与产品经营活动。

第三章 生产者、销售者的产品质量责任和义务
第一节 生产者的产品质量责任和义务

第二十六条 生产者应当对其生产的产品质量负责。产品质量应当符合下列要求:

（一）不存在危及人身、财产安全的不合理的危险,有保障人体健康和人身、财产安全的国家标准、行业标准的,应当符合该标准;

（二）具备产品应当具备的使用性能,但是,对产品存在使用性能的瑕疵作出说明的除外;

（三）符合在产品或者其包装上注明采用的产品标准,符合以产品说明、实物样品等方式表明的质量状况。

第二十七条 产品或者其包装上的标识必须真实,并符合下列要求:

（一）有产品质量检验合格证明;

（二）有中文标明的产品名称、生产厂厂名和厂址;

（三）根据产品的特点和使用要求,需要标明产品规格、等级、所含主要成分的名称和含量的,用中文相应予以标明;需要事先让消费者知晓的,应当在外包装上标明,或者预先向消费者提供有关资料;

（四）限期使用的产品,应当在显著位置清晰地标明生产日期和安全使用期或者失效日期;

（五）使用不当,容易造成产品本身损坏或者可能危及人身、财产安全的产品,应当有警示标志或者中文警示说明。

裸装的食品和其他根据产品的特点难以附加标识的裸装产品,可以不附加产品标识。

第二十八条 易碎、易燃、易爆、有毒、有腐蚀性、有放射性等危险物品以及储运中不能倒置和其他有特殊要求的产品,其包装质量必须符合相应要求,依照国家有关规定作出警示标志或者中文警示说明,标明储运注意事项。

第二十九条 生产者不得生产国家明令淘汰的产品。

第三十条 生产者不得伪造产地,不得伪造或者冒用他人的厂名、厂址。

第三十一条 生产者不得伪造或者冒用认证标志等质量标志。

第三十二条 生产者生产产品,不得掺杂、掺假,不得以假充真、以次充好,不得以不合格产品冒充合格产品。

第二节 销售者的产品质量责任和义务

第三十三条 销售者应当建立并执行进货检查验收制度,验明产品合格证明和其他标识。

第三十四条 销售者应当采取措施,保持销售产品的质量。

第三十五条 销售者不得销售国家明令淘汰并停止销售的产品和失效、变质的产品。

第三十六条 销售者销售的产品的标识应当符合本法第二十七条的规定。

第三十七条 销售者不得伪造产地,不得伪造或者冒用他人的厂名、厂址。

第三十八条 销售者不得伪造或者冒用认证标志等质量标志。

第三十九条 销售者销售产品，不得掺杂、掺假，不得以假充真、以次充好，不得以不合格产品冒充合格产品。

第四章 损害赔偿

第四十条 售出的产品有下列情形之一的，销售者应当负责修理、更换、退货；给购买产品的消费者造成损失的，销售者应当赔偿损失：

（一）不具备产品应当具备的使用性能而事先未作说明的；

（二）不符合在产品或者其包装上注明采用的产品标准的；

（三）不符合以产品说明、实物样品等方式表明的质量状况的。

销售者依照前款规定负责修理、更换、退货、赔偿损失后，属于生产者的责任或者属于向销售者提供产品的其他销售者（以下简称供货者）的责任的，销售者有权向生产者、供货者追偿。

销售者未按照第一款规定给予修理、更换、退货或者赔偿损失的，由产品质量监督部门或者工商行政管理部门责令改正。

生产者之间，销售者之间，生产者与销售者之间订立的买卖合同、承揽合同有不同约定的，合同当事人按照合同约定执行。

第四十一条 因产品存在缺陷造成人身、缺陷产品以外的其他财产（以下简称他人财产）损害的，生产者应当承担赔偿责任。

生产者能够证明有下列情形之一的，不承担赔偿责任：

（一）未将产品投入流通的；

（二）产品投入流通时，引起损害的缺陷尚不存在的；

（三）将产品投入流通时的科学技术水平尚不能发现缺陷的存在的。

第四十二条 由于销售者的过错使产品存在缺陷，造成人身、他人财产损害的，销售者应当承担赔偿责任。销售者不能指明缺陷产品的生产者也不能指明缺陷产品的供货者的，销售者应当承担赔偿责任。

第四十三条 因产品存在缺陷造成人身、他人财产损害的，受害人可以向产品的生产者要求赔偿，也可以向产品的销售者要求赔偿。属于产品的生产者的责任，产品的销售者赔偿的，产品的销售者有权向产品的生产者追偿。属于产品的销售者的责任，产品的生产者赔偿的，产品的生产者有权向产品的销售者追偿。

第四十四条 因产品存在缺陷造成受害人人身伤害的，侵害人应当赔偿医疗费、治疗期间的护理费、因误工减少的收入等费用；造成残疾的，还应当支付残疾者生活自助费、生活补助费、残疾赔偿金以及由其扶养的人所必需的生活费等费用；造成受害人死亡的，并应当支付丧葬费、死亡赔偿金以及由死者生前扶养的人所必需的生活费等费用。因产品存在缺陷造成受害人财产损失的，侵害人应当恢复原状或者折价赔偿。受害人因此遭受其他重大损失的，侵害人应当赔偿损失。

第四十五条 因产品存在缺陷造成损害要求赔偿的诉讼时效期间为二年，自当事人知道或者应当知道其权益受到损害时起计算。

因产品存在缺陷造成损害要求赔偿的请求权，在造成损害的缺陷产品交付最初消费者满十年丧失；但是，尚未超过明示的安全使用期的除外。

第四十六条 本法所称缺陷，是指产品存在危及人身、他人财产安全的不合理的危险；产品有保障人体健康和人身、财产安全的国家标准、行业标准的，是指不符合该标准。

第四十七条 因产品质量发生民事纠纷时,当事人可以通过协商或者调解解决。当事人不愿通过协商、调解解决或者协商、调解不成的,可以根据当事人各方的协议向仲裁机构申请仲裁;当事人各方没有达成仲裁协议或者仲裁协议无效的,可以直接向人民法院起诉。

第四十八条 仲裁机构或者人民法院可以委托本法第十九条规定的产品质量检验机构,对有关产品质量进行检验。

第五章 罚 则

第四十九条 生产、销售不符合保障人体健康和人身、财产安全的国家标准、行业标准的产品的,责令停止生产、销售,没收违法生产、销售的产品,并处违法生产、销售产品(包括已售出和未售出的产品,下同)货值金额等值以上三倍以下的罚款;有违法所得的,并处没收违法所得;情节严重的,吊销营业执照;构成犯罪的,依法追究刑事责任。

第五十条 在产品中掺杂、掺假,以假充真,以次充好,或者以不合格产品冒充合格产品的,责令停止生产、销售,没收违法生产、销售的产品,并处违法生产、销售产品货值金额百分之五十以上三倍以下的罚款;有违法所得的,并处没收违法所得;情节严重的,吊销营业执照;构成犯罪的,依法追究刑事责任。

第五十一条 生产国家明令淘汰的产品的,销售国家明令淘汰并停止销售的产品的,责令停止生产、销售,没收违法生产、销售的产品,并处违法生产、销售产品货值金额等值以下的罚款;有违法所得的,并处没收违法所得;情节严重的,吊销营业执照。

第五十二条 销售失效、变质的产品的,责令停止销售,没收违法销售的产品,并处违法销售产品货值金额两倍以下的罚款;有违法所得的,并处没收违法所得;情节严重的,吊销营业执照;构成犯罪的,依法追究刑事责任。

第五十三条 伪造产品产地的,伪造或者冒用他人厂名、厂址的,伪造或者冒用认证标志等质量标志的,责令改正,没收违法生产、销售的产品,并处违法生产、销售产品货值金额等值以下的罚款;有违法所得的,并处没收违法所得;情节严重的,吊销营业执照。

第五十四条 产品标识不符合本法第二十七条规定的,责令改正;有包装的产品标识不符合本法第二十七条第(四)项、第(五)项规定,情节严重的,责令停止生产、销售,并处违法生产、销售产品货值金额百分之三十以下的罚款;有违法所得的,并处没收违法所得。

第五十五条 销售者销售本法第四十九条至第五十三条规定禁止销售的产品,有充分证据证明其不知道该产品为禁止销售的产品并如实说明其进货来源的,可以从轻或者减轻处罚。

第五十六条 拒绝接受依法进行的产品质量监督检查的,给予警告,责令改正;拒不改正的,责令停业整顿;情节特别严重的,吊销营业执照。

第五十七条 产品质量检验机构、认证机构伪造检验结果或者出具虚假证明的,责令改正,对单位处五万元以上十万元以下的罚款,对直接负责的主管人员和其他直接责任人员处一万元以上五万元以下的罚款;有违法所得的,并处没收违法所得;情节严重的,取消其检验资格、认证资格;构成犯罪的,依法追究刑事责任。产品质量检验机构、认证机构出具的检验结果或者证明不实,造成损失的,应当承担相应的赔偿责任;造成重大损失的,撤销其检验资格、认证资格。产品质量认证机构违反本法第二十一条第二款的规定,对不符合认证标准而使用认证标志的产品,未依法要求其改正或者取消其使用认证标志资格的,对因产品不符合认证标准给消费者造成的损失,与产品的生产者、销售者承担连带责任;情节严重的，撤销其认证资格。

第五十八条 社会团体、社会中介机构对产品质量作出承诺、保证，而该产品又不符合其承诺、保证的质量要求，给消费者造成损失的，与产品的生产者、销售者承担连带责任。

第五十九条 在广告中对产品质量作虚假宣传，欺骗和误导消费者的，依照《中华人民共和国广告法》的规定追究法律责任。

第六十条 对生产者专门用于生产本法第四十九条、第五十一条所列的产品或者以假充真的产品的原辅材料、包装物、生产工具，应当予以没收。

第六十一条 知道或者应当知道属于本法规定禁止生产、销售的产品而为其提供运输、保管、仓储等便利条件的，或者为以假充真的产品提供制假生产技术的，没收全部运输、保管、仓储或者提供制假生产技术的收入，并处违法收入百分之五十以上三倍以下的罚款；构成犯罪的，依法追究刑事责任。

第六十二条 服务业的经营者将本法第四十九条至第五十二条规定禁止销售的产品用于经营性服务的，责令停止使用；对知道或者应当知道所使用的产品属于本法规定禁止销售的产品的，按照违法使用的产品（包括已使用和尚未使用的产品）的货值金额，依照本法对销售者的处罚规定处罚。

第六十三条 隐匿、转移、变卖、损毁被产品质量监督部门或者工商行政管理部门查封、扣押的物品的，处被隐匿、转移、变卖、损毁物品货值金额等值以上三倍以下的罚款；有违法所得的，并处没收违法所得。

第六十四条 违反本法规定，应当承担民事赔偿责任和缴纳罚款、罚金，其财产不足以同时支付时，先承担民事赔偿责任。

第六十五条 各级人民政府工作人员和其他国家机关工作人员有下列情形之一的，依法给予行政处分；构成犯罪的，依法追究刑事责任：

（一）包庇、放纵产品生产、销售中违反本法规定行为的；

（二）向从事违反本法规定的生产、销售活动的当事人通风报信，帮助其逃避查处的；

（三）阻挠、干预产品质量监督部门或者工商行政管理部门依法对产品生产、销售中违反本法规定的行为进行查处，造成严重后果的。

第六十六条 产品质量监督部门在产品质量监督抽查中超过规定的数量索取样品或者向被检查人收取检验费用的，由上级产品质量监督部门或者监察机关责令退还；情节严重的，对直接负责的主管人员和其他直接责任人员依法给予行政处分。

第六十七条 产品质量监督部门或者其他国家机关违反本法第二十五条的规定，向社会推荐生产者的产品或者以监制、监销等方式参与产品经营活动的，由其上级机关或者监察机关责令改正，消除影响，有违法收入的予以没收；情节严重的，对直接负责的主管人员和其他直接责任人员依法给予行政处分。

产品质量检验机构有前款所列违法行为的，由产品质量监督部门责令改正，消除影响，有违法收入的予以没收，可以并处违法收入一倍以下的罚款；情节严重的，撤销其质量检验资格。

第六十八条 产品质量监督部门或者工商行政管理部门的工作人员滥用职权、玩忽职守、徇私舞弊，构成犯罪的，依法追究刑事责任；尚不构成犯罪的，依法给予行政处分。

第六十九条 以暴力、威胁方法阻碍产品质量监督部门或者工商行政管理部门的工作人员依法执行职务的，依法追究刑事责任；拒绝、阻碍未使用暴力、威胁方法的，由公安机关依照治安管理处罚条例的规定处罚。

第七十条 本法规定的吊销营业执照的行政处罚由工商行政管理部门决定,本法第四十九条至第五十七条、第六十条至第六十三条规定的行政处罚由产品质量监督部门或者工商行政管理部门按照国务院规定的职权范围决定。法律、行政法规对行使行政处罚权的机关另有规定的,依照有关法律、行政法规的规定执行。

第七十一条 对依照本法规定没收的产品,依照国家有关规定进行销毁或者采取其他方式处理。

第七十二条 本法第四十九条至第五十四条、第六十二条、第六十三条所规定的货值金额以违法生产、销售产品的标价计算;没有标价的,按照同类产品的市场价格计算。

第六章 附 则

第七十三条 军工产品质量监督管理办法,由国务院、中央军事委员会另行制定。因核设施、核产品造成损害的赔偿责任,法律、行政法规另有规定的,依照其规定。

第七十四条 本法自1993年9月1日起施行。

附录7 中华人民共和国认证认可条例

第一章 总 则

第一条 为了规范认证认可活动,提高产品、服务的质量和管理水平,促进经济和社会的发展,制定本条例。

第二条 本条例所称认证,是指由认证机构证明产品、服务、管理体系符合相关技术规范、相关技术规范的强制性要求或者标准的合格评定活动。

本条例所称认可,是指由认可机构对认证机构、检查机构、实验室以及从事评审、审核等认证活动人员的能力和执业资格,予以承认的合格评定活动。

第三条 在中华人民共和国境内从事认证认可活动,应当遵守本条例。

第四条 国家实行统一的认证认可监督管理制度。

国家对认证认可工作实行在国务院认证认可监督管理部门统一管理、监督和综合协调下,各有关方面共同实施的工作机制。

第五条 国务院认证认可监督管理部门应当依法对认证培训机构、认证咨询机构的活动加强监督管理。

第六条 认证认可活动应当遵循客观独立、公开公正、诚实信用的原则。

第七条 国家鼓励平等互利地开展认证认可国际互认活动。认证认可国际互认活动不得损害国家安全和社会公共利益。

第八条 从事认证认可活动的机构及其人员,对其所知悉的国家秘密和商业秘密负有保密义务。

第二章 认证机构

第九条 设立认证机构,应当经国务院认证认可监督管理部门批准,并依法取得法人资格后,方可从事批准范围内的认证活动。

未经批准,任何单位和个人不得从事认证活动。

第十条 设立认证机构,应当符合下列条件:

（一）有固定的场所和必要的设施；
（二）有符合认证认可要求的管理制度；
（三）注册资本不得少于人民币 300 万元；
（四）有 10 名以上相应领域的专职认证人员。
从事产品认证活动的认证机构，还应当具备与从事相关产品认证活动相适应的检测、检查等技术能力。

第十一条 设立外商投资的认证机构除应当符合本条例第十条规定的条件外，还应当符合下列条件：
（一）外方投资者取得其所在国家或者地区认可机构的认可；
（二）外方投资者具有 3 年以上从事认证活动的业务经历。
设立外商投资认证机构的申请、批准和登记，按照有关外商投资法律、行政法规和国家有关规定办理。

第十二条 设立认证机构的申请和批准程序：
（一）设立认证机构的申请人，应当向国务院认证认可监督管理部门提出书面申请，并提交符合本条例第十条规定条件的证明文件；
（二）国务院认证认可监督管理部门自受理认证机构设立申请之日起 90 日内，应当作出是否批准的决定。涉及国务院有关部门职责的，应当征求国务院有关部门的意见。决定批准的，向申请人出具批准文件，决定不予批准的，应当书面通知申请人，并说明理由；
（三）申请人凭国务院认证认可监督管理部门出具的批准文件，依法办理登记手续。
国务院认证认可监督管理部门应当公布依法设立的认证机构名录。

第十三条 境外认证机构在中华人民共和国境内设立代表机构，须经批准，并向工商行政管理部门依法办理登记手续后，方可从事与所从属机构的业务范围相关的推广活动，但不得从事认证活动。
境外认证机构在中华人民共和国境内设立代表机构的申请、批准和登记，按照有关外商投资法律、行政法规和国家有关规定办理。

第十四条 认证机构不得与行政机关存在利益关系。
认证机构不得接受任何可能对认证活动的客观公正产生影响的资助；不得从事任何可能对认证活动的客观公正产生影响的产品开发、营销等活动。
认证机构不得与认证委托人存在资产、管理方面的利益关系。

第十五条 认证人员从事认证活动，应当在一个认证机构执业，不得同时在两个以上认证机构执业。

第十六条 向社会出具具有证明作用的数据和结果的检查机构、实验室，应当具备有关法律、行政法规规定的基本条件和能力，并依法经认定后，方可从事相应活动，认定结果由国务院认证认可监督管理部门公布。

第三章 认 证

第十七条 国家根据经济和社会发展的需要，推行产品、服务、管理体系认证。

第十八条 认证机构应当按照认证基本规范、认证规则从事认证活动。认证基本规范、认证规则由国务院认证认可监督管理部门制定；涉及国务院有关部门职责的，国务院认证认可监督管理部门应当会同国务院有关部门制定。
属于认证新领域，前款规定的部门尚未制定认证规则的，认证机构可以自行制定认证规则，并报国务院认证认可监督管理部门备案。

第十九条 任何法人、组织和个人可以自愿委托依法设立的认证机构进行产品、服务、管理体系认证。

第二十条 认证机构不得以委托人未参加认证咨询或者认证培训等为理由，拒绝提供本认证机构业务范围内的认证服务，也不得向委托人提出与认证活动无关的要求或者限制条件。

第二十一条 认证机构应当公开认证基本规范、认证规则、收费标准等信息。

第二十二条 认证机构以及与认证有关的检查机构、实验室从事认证以及与认证有关的检查、检测活动，应当完成认证基本规范、认证规则规定的程序，确保认证、检查、检测的完整、客观、真实，不得增加、减少、遗漏程序。

认证机构以及与认证有关的检查机构、实验室应当对认证、检查、检测过程作出完整记录，归档留存。

第二十三条 认证机构及其认证人员应当及时作出认证结论，并保证认证结论的客观、真实。认证结论经认证人员签字后，由认证机构负责人签署。

认证机构及其认证人员对认证结果负责。

第二十四条 认证结论为产品、服务、管理体系符合认证要求的，认证机构应当及时向委托人出具认证证书。

第二十五条 获得认证证书的，应当在认证范围内使用认证证书和认证标志，不得利用产品、服务认证证书、认证标志和相关文字、符号，误导公众认为其管理体系已通过认证，也不得利用管理体系认证证书、认证标志和相关文字、符号，误导公众认为其产品、服务已通过认证。

第二十六条 认证机构可以自行制定认证标志，并报国务院认证认可监督管理部门备案。

认证机构自行制定的认证标志的式样、文字和名称，不得违反法律、行政法规的规定，不得与国家推行的认证标志相同或者近似，不得妨碍社会管理，不得有损社会道德风尚。

第二十七条 认证机构应当对其认证的产品、服务、管理体系实施有效的跟踪调查，认证的产品、服务、管理体系不能持续符合认证要求的，认证机构应当暂停其使用直至撤销认证证书，并予公布。

第二十八条 为了保护国家安全、防止欺诈行为、保护人体健康或者安全、保护动植物生命或者健康、保护环境，国家规定相关产品必须经过认证的，应当经过认证并标注认证标志后，方可出厂、销售、进口或者在其他经营活动中使用。

第二十九条 国家对必须经过认证的产品，统一产品目录，统一技术规范的强制性要求、标准和合格评定程序，统一标志，统一收费标准。

统一的产品目录（以下简称目录）由国务院认证认可监督管理部门会同国务院有关部门制定、调整，由国务院认证认可监督管理部门发布，并会同有关方面共同实施。

第三十条 列入目录的产品，必须经国务院认证认可监督管理部门指定的认证机构进行认证。

列入目录产品的认证标志，由国务院认证认可监督管理部门统一规定。

第三十一条 列入目录的产品，涉及进出口商品检验目录的，应当在进出口商品检验时简化检验手续。

第三十二条 国务院认证认可监督管理部门指定的从事列入目录产品认证活动的认证机

构以及与认证有关的检查机构、实验室（以下简称指定的认证机构、检查机构、实验室），应当是长期从事相关业务、无不良记录，且已经依照本条例的规定取得认可、具备从事相关认证活动能力的机构。国务院认证认可监督管理部门指定从事列入目录产品认证活动的认证机构，应当确保在每一列入目录产品领域至少指定两家符合本条例规定条件的机构。

国务院认证认可监督管理部门指定前款规定的认证机构、检查机构、实验室，应当事先公布有关信息，并组织在相关领域公认的专家组成专家评审委员会，对符合前款规定要求的认证机构、检查机构、实验室进行评审；经评审并征求国务院有关部门意见后，按照资源合理利用、公平竞争和便利、有效的原则，在公布的时间内作出决定。

第三十三条 国务院认证认可监督管理部门应当公布指定的认证机构、检查机构、实验室名录及指定的业务范围。

未经指定，任何机构不得从事列入目录产品的认证以及与认证有关的检查、检测活动。

第三十四条 列入目录产品的生产者或者销售者、进口商，均可自行委托指定的认证机构进行认证。

第三十五条 指定的认证机构、检查机构、实验室应当在指定业务范围内，为委托人提供方便、及时的认证、检查、检测服务，不得拖延，不得歧视、刁难委托人，不得牟取不当利益。

指定的认证机构不得向其他机构转让指定的认证业务。

第三十六条 指定的认证机构、检查机构、实验室开展国际互认活动，应当在国务院认证认可监督管理部门或者经授权的国务院有关部门对外签署的国际互认协议框架内进行。

第四章 认　　可

第三十七条 国务院认证认可监督管理部门确定的认可机构（以下简称认可机构），独立开展认可活动。

除国务院认证认可监督管理部门确定的认可机构外，其他任何单位不得直接或者变相从事认可活动。其他单位直接或者变相从事认可活动的，其认可结果无效。

第三十八条 认证机构、检查机构、实验室可以通过认可机构的认可，以保证其认证、检查、检测能力持续、稳定地符合认可条件。

第三十九条 从事评审、审核等认证活动的人员，应当经认可机构注册后，方可从事相应的认证活动。

第四十条 认可机构应当具有与其认可范围相适应的质量体系，并建立内部审核制度，保证质量体系的有效实施。

第四十一条 认可机构根据认可的需要，可以选聘从事认可评审活动的人员。从事认可评审活动的人员应当是相关领域公认的专家，熟悉有关法律、行政法规以及认可规则和程序，具有评审所需要的良好品德、专业知识和业务能力。

第四十二条 认可机构委托他人完成与认可有关的具体评审业务的，由认可机构对评审结论负责。

第四十三条 认可机构应当公开认可条件、认可程序、收费标准等信息。

认可机构受理认可申请，不得向申请人提出与认可活动无关的要求或者限制条件。

第四十四条 认可机构应当在公布的时间内，按照国家标准和国务院认证认可监督管理部门的规定，完成对认证机构、检查机构、实验室的评审，作出是否给予认可的决定，并对认可过程作出完整记录，归档留存。认可机构应当确保认可的客观公正和完整有效，并对认可结论负责。

认可机构应当向取得认可的认证机构、检查机构、实验室颁发认可证书,并公布取得认可的认证机构、检查机构、实验室名录。

第四十五条 认可机构应当按照国家标准和国务院认证认可监督管理部门的规定,对从事评审、审核等认证活动的人员进行考核,考核合格的,予以注册。

第四十六条 认可证书应当包括认可范围、认可标准、认可领域和有效期限。

认可证书的格式和认可标志的式样须经国务院认证认可监督管理部门批准。

第四十七条 取得认可的机构应当在取得认可的范围内使用认可证书和认可标志。取得认可的机构不当使用认可证书和认可标志的,认可机构应当暂停其使用直至撤销认可证书,并予公布。

第四十八条 认可机构应当对取得认可的机构和人员实施有效的跟踪监督,定期对取得认可的机构进行复评审,以验证其是否持续符合认可条件。取得认可的机构和人员不再符合认可条件的,认可机构应当撤销认可证书,并予公布。

取得认可的机构的从业人员和主要负责人、设施、自行制定的认证规则等与认可条件相关的情况发生变化的,应当及时告知认可机构。

第四十九条 认可机构不得接受任何可能对认可活动的客观公正产生影响的资助。

第五十条 境内的认证机构、检查机构、实验室取得境外认可机构认可的,应当向国务院认证认可监督管理部门备案。

第五章 监督管理

第五十一条 国务院认证认可监督管理部门可以采取组织同行评议,向被认证企业征求意见,对认证活动和认证结果进行抽查,要求认证机构以及与认证有关的检查机构、实验室报告业务活动情况的方式,对其遵守本条例的情况进行监督。发现有违反本条例行为的,应当及时查处,涉及国务院有关部门职责的,应当及时通报有关部门。

第五十二条 国务院认证认可监督管理部门应当重点对指定的认证机构、检查机构、实验室进行监督,对其认证、检查、检测活动进行定期或者不定期的检查。指定的认证机构、检查机构、实验室,应当定期向国务院认证认可监督管理部门提交报告,并对报告的真实性负责;报告应当对从事列入目录产品认证、检查、检测活动的情况作出说明。

第五十三条 认可机构应当定期向国务院认证认可监督管理部门提交报告,并对报告的真实性负责;报告应当对认可机构执行认可制度的情况、从事认可活动的情况、从业人员的工作情况作出说明。

国务院认证认可监督管理部门应当对认可机构的报告作出评价,并采取查阅认可活动档案资料、向有关人员了解情况等方式,对认可机构实施监督。

第五十四条 国务院认证认可监督管理部门可以根据认证认可监督管理的需要,就有关事项询问认可机构、认证机构、检查机构、实验室的主要负责人,调查了解情况,给予告诫,有关人员应当积极配合。

第五十五条 省、自治区、直辖市人民政府质量技术监督部门和国务院质量监督检验检疫部门设在地方的出入境检验检疫机构,在国务院认证认可监督管理部门的授权范围内,依照本条例的规定对认证活动实施监督管理。

国务院认证认可监督管理部门授权的省、自治区、直辖市人民政府质量技术监督部门和国务院质量监督检验检疫部门设在地方的出入境检验检疫机构,统称地方认证监督管理部门。

第五十六条　任何单位和个人对认证认可违法行为,有权向国务院认证认可监督管理部门和地方认证监督管理部门举报。国务院认证认可监督管理部门和地方认证监督管理部门应当及时调查处理,并为举报人保密。

第六章　法律责任

第五十七条　未经批准擅自从事认证活动的,予以取缔,处10万元以上50万元以下的罚款,有违法所得的,没收违法所得。

第五十八条　境外认证机构未经批准在中华人民共和国境内设立代表机构的,予以取缔,处5万元以上20万元以下的罚款。

经批准设立的境外认证机构代表机构在中华人民共和国境内从事认证活动的,责令改正,处10万元以上50万元以下的罚款,有违法所得的,没收违法所得;情节严重的,撤销批准文件,并予公布。

第五十九条　认证机构接受可能对认证活动的客观公正产生影响的资助,或者从事可能对认证活动的客观公正产生影响的产品开发、营销等活动,或者与认证委托人存在资产、管理方面的利益关系的,责令停业整顿;情节严重的,撤销批准文件,并予公布;有违法所得的,没收违法所得;构成犯罪的,依法追究刑事责任。

第六十条　认证机构有下列情形之一的,责令改正,处5万元以上20万元以下的罚款,有违法所得的,没收违法所得;情节严重的,责令停业整顿,直至撤销批准文件,并予公布:

(一)超出批准范围从事认证活动的;

(二)增加、减少、遗漏认证基本规范、认证规则规定的程序的;

(三)未对其认证的产品、服务、管理体系实施有效的跟踪调查,或者发现其认证的产品、服务、管理体系不能持续符合认证要求,不及时暂停其使用或者撤销认证证书并予公布的;

(四)聘用未经认可机构注册的人员从事认证活动的。

与认证有关的检查机构、实验室增加、减少、遗漏认证基本规范、认证规则规定的程序的,依照前款规定处罚。

第六十一条　认证机构有下列情形之一的,责令限期改正;逾期未改正的,处2万元以上10万元以下的罚款:

(一)以委托人未参加认证咨询或者认证培训等为理由,拒绝提供本认证机构业务范围内的认证服务,或者向委托人提出与认证活动无关的要求或者限制条件的;

(二)自行制定的认证标志的式样、文字和名称,与国家推行的认证标志相同或者近似,或者妨碍社会管理,或者有损社会道德风尚的;

(三)未公开认证基本规范、认证规则、收费标准等信息的;

(四)未对认证过程作出完整记录,归档留存的;

(五)未及时向其认证的委托人出具认证证书的。

与认证有关的检查机构、实验室未对与认证有关的检查、检测过程作出完整记录,归档留存的,依照前款规定处罚。

第六十二条　认证机构出具虚假的认证结论,或者出具的认证结论严重失实的,撤销批准文件,并予公布;对直接负责的主管人员和负有直接责任的认证人员,撤销其执业资格;

构成犯罪的,依法追究刑事责任;造成损害的,认证机构应当承担相应的赔偿责任。

指定的认证机构有前款规定的违法行为的,同时撤销指定。

第六十三条 认证人员从事认证活动,不在认证机构执业或者同时在两个以上认证机构执业的,责令改正,给予停止执业6个月以上2年以下的处罚,仍不改正的,撤销其执业资格。

第六十四条 认证机构以及与认证有关的检查机构、实验室未经指定擅自从事列入目录产品的认证以及与认证有关的检查、检测活动的,责令改正,处10万元以上50万元以下的罚款,有违法所得的,没收违法所得。

认证机构未经指定擅自从事列入目录产品的认证活动的,撤销批准文件,并予公布。

第六十五条 指定的认证机构、检查机构、实验室超出指定的业务范围从事列入目录产品的认证以及与认证有关的检查、检测活动的,责令改正,处10万元以上50万元以下的罚款,有违法所得的,没收违法所得;情节严重的,撤销指定直至撤销批准文件,并予公布。

指定的认证机构转让指定的认证业务的,依照前款规定处罚。

第六十六条 认证机构、检查机构、实验室取得境外认可机构认可,未向国务院认证认可监督管理部门备案的,给予警告,并予公布。

第六十七条 列入目录的产品未经认证,擅自出厂、销售、进口或者在其他经营活动中使用的,责令改正,处5万元以上20万元以下的罚款,有违法所得的,没收违法所得。

第六十八条 认可机构有下列情形之一的,责令改正;情节严重的,对主要负责人和负有责任的人员撤职或者解聘:

(一)对不符合认可条件的机构和人员予以认可的;

(二)发现取得认可的机构和人员不符合认可条件,不及时撤销认可证书,并予公布的;

(三)接受可能对认可活动的客观公正产生影响的资助的。

被撤职或者解聘的认可机构主要负责人和负有责任的人员,自被撤职或者解聘之日起5年内不得从事认可活动。

第六十九条 认可机构有下列情形之一的,责令改正;对主要负责人和负有责任的人员给予警告:

(一)受理认可申请,向申请人提出与认可活动无关的要求或者限制条件的;

(二)未在公布的时间内完成认可活动,或者未公开认可条件、认可程序、收费标准等信息的;

(三)发现取得认可的机构不当使用认可证书和认可标志,不及时暂停其使用或者撤销认可证书并予公布的;

(四)未对认可过程作出完整记录,归档留存的。

第七十条 国务院认证认可监督管理部门和地方认证监督管理部门及其工作人员,滥用职权、徇私舞弊、玩忽职守,有下列行为之一的,对直接负责的主管人员和其他直接责任人员,依法给予降级或者撤职的行政处分;构成犯罪的,依法追究刑事责任:

(一)不按照本条例规定的条件和程序,实施批准和指定的;

(二)发现认证机构不再符合本条例规定的批准或者指定条件,不撤销批准文件或者指定的;

(三)发现指定的检查机构、实验室不再符合本条例规定的指定条件,不撤销指定的;

(四)发现认证机构以及与认证有关的检查机构、实验室出具虚假的认证以及与认证有关的检查、检测结论或者出具的认证以及与认证有关的检查、检测结论严重失实,不予查处的；

（五）发现本条例规定的其他认证认可违法行为，不予查处的。

第七十一条 伪造、冒用、买卖认证标志或者认证证书的，依照《中华人民共和国产品质量法》等法律的规定查处。

第七十二条 本条例规定的行政处罚，由国务院认证认可监督管理部门或者其授权的地方认证监督管理部门按照各自职责实施。法律、其他行政法规另有规定的，依照法律、其他行政法规的规定执行。

第七十三条 认证人员自被撤销执业资格之日起 5 年内，认可机构不再受理其注册申请。

第七十四条 认证机构未对其认证的产品实施有效的跟踪调查，或者发现其认证的产品不能持续符合认证要求，不及时暂停或者撤销认证证书和要求其停止使用认证标志给消费者造成损失的，与生产者、销售者承担连带责任。

第七章 附 则

第七十五条 药品生产、经营企业质量管理规范认证，实验动物质量合格认证，军工产品的认证，以及从事军工产品校准、检测的实验室及其人员的认可，不适用本条例。

依照本条例经批准的认证机构从事矿山、危险化学品、烟花爆竹生产经营单位管理体系认证，由国务院安全生产监督管理部门结合安全生产的特殊要求组织；从事矿山、危险化学品、烟花爆竹生产经营单位安全生产综合评价的认证机构，经国务院安全生产监督管理部门推荐，方可取得认可机构的认可。

第七十六条 认证认可收费，应当符合国家有关价格法律、行政法规的规定。

第七十七条 认证培训机构、认证咨询机构的管理办法由国务院认证认可监督管理部门制定。

第七十八条 本条例自 2003 年 11 月 1 日起施行。1991 年 5 月 7 日国务院发布的《中华人民共和国产品质量认证管理条例》同时废止。

附录 8　检测和校准实验室能力的通用要求（ISO/IEC 17025：2005）

(Accreditation Criteria for the Competence of Testing and Calibration Laboratories)

目　录

前言
1　范围
2　引用标准
3　术语和定义
4　管理要求
4.1　组织
4.2　管理体系
4.3　文件控制
4.4　要求、标书和合同的评审
4.5　检测和校准的分包
4.6　服务和供应品的采购

4.7　服务客户
4.8　投诉
4.9　不符合检测和（或）校准工作的控制
4.10　改进
4.11　纠正措施
4.12　预防措施
4.13　记录的控制
4.14　内部审核
4.15　管理评审
5　技术要求
5.1　总则
5.2　人员
5.3　设施和环境条件
5.4　检测和校准方法及方法的确认
5.5　设备
5.6　测量溯源性
5.7　抽样
5.8　检测和校准物品（样品）的处置
5.9　检测和校准结果质量的保证
5.10　结果报告
参考文献

1. 范围

1.1　本准则规定了实验室进行检测和/或校准的能力（包括抽样能力）的通用要求。这些检测和校准包括应用标准方法、非标准方法和实验室制定的方法进行的检测和校准。

1.2　本准则适用于所有从事检测和/或校准的组织，包括诸如第一方、第二方和第三方实验室，以及将检测和/或校准作为检查和产品认证工作一部分的实验室。

本准则适用于所有实验室，不论其人员数量的多少或检测和/或校准活动范围的大小。当实验室不从事本准则所包括的一种或多种活动，例如抽样和新方法的设计（制定）时，可不采用本准则中相关条款的要求。

1.3　本准则中的注是对正文的说明、举例和指导。它们既不包含要求，也不构成本标准的主体部分。

1.4　本准则是 CNAL 对检测和校准实验室能力进行认可的依据，也可为实验室建立质量、行政和技术运作的管理体系，以及为实验室的客户、法定管理机构对实验室的能力进行确认或承认提供指南。本准则并不意图用作实验室认证的基础。

注1：术语"管理体系"在本准则中是指控制实验室运作的质量、行政和技术体系。

注2：管理体系的认证有时也称为注册。

1.5　本准则不包含实验室运作中应符合的法规和安全要求。

1.6　如果检测和校准实验室遵守本准则的要求，其针对检测和校准所运作的质量管理体系也就满足了 ISO 9001 的原则。附录提供了 ISO/IEC 17025：2005 和 ISO 9001 标准的对照。

本准则包含了 ISO 9001 中未包含的技术能力要求。

注 1：为确保这些要求应用的一致性，或许有必要对本准则的某些要求进行说明或解释。

注 2：如果实验室希望其部分或全部检测和校准活动获得认可，应当选择一个依据 ISO/IEC 17011 运作的认可机构。

2. 引用标准

下列参考文件对于本文件的应用不可缺少。对注明日期的参考文件，只采用所引用的版本；对没有注明日期的参考文件，采用最新的版本（包括任何的修订）。

ISO/IEC 17000 合格评定——词汇和通用原则。

VIM，国际通用计量学基本术语，由国际计量局（BIPM）、国际电工委员会（IEC）、国际临床化学和实验医学联合会（IFCC）、国际标准化组织（ISO）、国际纯粹与应用化学联合会（IUPAC）、国际纯粹与应用物理联合会（IUPAP）和国际法制计量组织（OIML）发布。

注：参考文献中给出了更多与本准则有关的标准、指南等。

3. 术语和定义

本准则使用 ISO/IEC 17000 和 VIM 中给出的相关术语和定义。

注：ISO 9000 规定了与质量有关的通用定义，ISO/IEC 17000 则专门规定了与认证和实验室认可有关的定义。若 ISO 9000 与 ISO/IEC 17000 和 VIM 中给出的定义有差异，优先使用 ISO/IEC 17000 和 VIM 中的定义。

4. 管理要求

4.1 组织

4.1.1 实验室或其所在组织应是一个能够承担法律责任的实体。

4.1.2 实验室有责任确保所从事检测和校准工作符合本准则的要求，并能满足客户、法定管理机构或对其提供承认的组织的需求。

4.1.3 实验室的管理体系应覆盖实验室在固定设施内、离开其固定设施的场所，或在相关的临时或移动设施中进行的工作。

4.1.4 如果实验室所在的组织还从事检测和/或校准以外的活动，为识别潜在利益冲突，应规定该组织中涉及检测和/或校准、或对检测和/或校准有影响的关键人员的职责。

注 1：如果实验室是某个较大组织的一部分，该组织应当使其有利益冲突的部分，如生产、商业营销或财务部门，不对实验室满足本准则的要求产生不良影响。

注 2：如果实验室希望作为第三方实验室得到承认，应能证明其公正性，并且实验室及其员工不受任何可能影响其技术判断的、不正当的商业、财务或其他方面的压力。第三方检测或校准实验室不应当参与任何可能损害其判断独立性和检测或校准诚信度的活动。

4.1.5 实验室应：

a) 有管理人员和技术人员，不考虑他们的其他职责，他们应具有所需的权力和资源来履行包括实施、保持和改进管理体系的职责、识别对管理体系或检测和/或校准程序的偏离，以及采取预防或减少这些偏离的措施（见 5.2）；

b) 有措施确保其管理层和员工不受任何对工作质量有不良影响的、来自内外部的不正当的商业、财务和其他方面的压力和影响；

c) 有保护客户的机密信息和所有权的政策和程序，包括保护电子存储和传输结果的程序；

d) 有政策和程序以避免卷入任何会降低其在能力、公正性、判断力或运作诚实性方面的可信度的活动；

e) 确定实验室的组织和管理结构、其在母体组织中的地位，以及质量管理、技术运作和支持服务之间的关系；

f) 规定对检测和/或校准质量有影响的所有管理、操作和核查人员的职责、权力和相互关系；

g) 由熟悉各项检测和/或校准的方法、程序、目的和结果评价的人员，对检测和校准人员包括在培员工，进行充分地监督；

h) 有技术管理者，全面负责技术运作和提供确保实验室运作质量所需的资源；

i) 指定一名员工作为质量主管（不论如何称谓），不管其他职责，应赋予其在任何时候都能确保与质量有关的管理体系得到实施和遵循的责任和权力。质量主管应有直接渠道接触决定实验室政策或资源的最高管理者；

j) 指定关键管理人员的代理人（见注）；

k) 确保实验室人员理解他们活动的相互关系和重要性，以及如何为管理体系质量目标的实现做出贡献。

注：个别人可能有多项职能，对每项职能都指定代理人可能是不现实的。

4.1.6 最高管理者应确保在实验室内部建立适宜的沟通机制，并就确保与管理体系有效性的事宜进行沟通。

4.2 管理体系

4.2.1 实验室应建立、实施和保持与其活动范围相适应的管理体系；应将其政策、制度、计划、程序和指导书制定成文件，并达到确保实验室检测和/或校准结果质量所需的程度。体系文件应传达至有关人员，并被其理解、获取和执行。

4.2.2 实验室管理体系中与质量有关的政策，包括质量方针声明，应在质量手册（不论如何称谓）中阐明。应制定总体目标并在管理评审时加以评审。质量方针声明应在最高管理者的授权下发布，至少包括下列内容：

a) 实验室管理层对良好职业行为和为客户提供检测和校准服务质量的承诺；

b) 管理层关于实验室服务标准的声明；

c) 与质量有关的管理体系的目的；

d) 要求实验室所有与检测和校准活动有关的人员熟悉质量文件，并在工作中执行这些政策和程序；

e) 实验室管理者对遵循本准则及持续改进管理体系有效性的承诺。

注：质量方针声明应当简明，可包括应始终按照声明的方法和客户的要求来进行检测和/或校准的要求。当检测和/或校准实验室是某个较大组织的一部分时，某些质量方针要素可以列于其他文件之中。

4.2.3 最高管理者应提供建立和实施管理体系以及持续改进其有效性承诺的证据。

4.2.4 最高管理者应将满足客户要求和法定要求的重要性传达到组织。

4.2.5 质量手册应包括或指明含技术程序在内的支持性程序，并概述管理体系中所用文件的架构。

4.2.6 质量手册中应规定技术管理者和质量主管的作用和责任，包括确保遵循本准则的责任。

4.2.7 当策划和实施管理体系的变更时，最高管理者应确保保持管理体系的完整性。

4.3 文件控制

4.3.1 总则

实验室应建立和保持程序来控制构成其管理体系的所有文件（内部制定或来自外部的），

诸如法规、标准、其他规范化文件、检测和/或校准方法，以及图纸、软件、规范、指导书和手册。

注1：本文中的"文件"可以是方针声明、程序、规范、校准表格、图表、教科书、张贴品、通知、备忘录、软件、图纸、计划等。这些文件可能承载在各种载体上，无论是硬拷贝或是电子媒体，并且可以是数字的、模拟的、摄影的或书面的形式。

注2：有关检测和校准数据的控制在5.4.7条中规定。记录的控制在4.13中规定。

4.3.2 文件的批准和发布

4.3.2.1 凡作为管理体系组成部分发给实验室人员的所有文件，在发布之前应由授权人员审查并批准使用。应建立识别管理体系中文件当前的修订状态和分发的控制清单或等效的文件控制程序并使之易于获得，以防止使用无效和/或作废的文件。

4.3.2.2 所用程序应确保：

a) 在对实验室有效运作起重要作用的所有作业场所都能得到相应文件的授权版本；
b) 定期审查文件，必要时进行修订，以确保其持续适用和满足使用的要求；
c) 及时地从所有使用或发布处撤除无效或作废文件，或用其他方法保证防止误用；
d) 出于法律或知识保存目的而保留的作废文件，应有适当的标记。

4.3.2.3 实验室制定的管理体系文件应有唯一性标识。该标识应包括发布日期和/或修订标识、页码、总页数或表示文件结束的标记和发布机构。

4.3.3 文件变更

4.3.3.1 除非另有特别指定，文件的变更应由原审查责任人进行审查和批准。被指定的人员应获得进行审查和批准所依据的有关背景资料。

4.3.3.2 若可行，更改的或新的内容应在文件或适当的附件中标明。

4.3.3.3 如果实验室的文件控制系统允许在文件再版之前对文件进行手写修改，则应确定修改的程序和权限。修改之处应有清晰的标注、签名缩写并注明日期。修订的文件应尽快地正式发布。

4.3.3.4 应制订程序来描述如何更改和控制保存在计算机系统中的文件。

4.4 要求、标书和合同的评审

4.4.1 实验室应建立和保持评审客户要求、标书和合同的程序。这些为签订检测和/或校准合同而进行评审的政策和程序应确保：

a) 对包括所用方法在内的要求应予充分规定，形成文件，并易于理解（见5.4.2）；
b) 实验室有能力和资源满足这些要求；
c) 选择适当的、能满足客户要求的检测和/或校准方法（见5.4.2）；

客户的要求或标书与合同之间的任何差异，应在工作开始之前得到解决。每项合同应得到实验室和客户双方的接受。

注1：对要求、标书和合同的评审应当以可行和有效的方式进行，并考虑财务、法律和时间安排等方面的影响。对内部客户的要求、标书和合同的评审可以简化方式进行。

注2：对实验室能力的评审，应当证实实验室具备了必要的物力、人力和信息资源，且实验室人员对所从事的检测和/或校准具有必要的技能和专业技术。该评审也可包括以前参加的实验室间比对或能力验证的结果和/或为确定测量不确定度、检出限、置信限等而使用的已知值样品或物品所做的试验性检测或校准计划的结果。

注3：合同可以是为客户提供检测和/或校准服务的任何书面的或口头的协议。

4.4.2 应保存包括任何重大变化在内的评审的记录。在执行合同期间，就客户的要求或工作结果与客户进行讨论的有关记录，也应予以保存。

注：对例行和其他简单任务的评审，由实验室中负责合同工作的人员注明日期并加以标识（如签名缩写）即可。对于重复性的例行工作，如果客户要求不变，仅需在初期调查阶段，或在与客户的总协议下对持续进行的例行工作合同批准时进行评审。对于新的、复杂的或先进的检测和/或校准任务，则应当保存更为全面的记录。

4.4.3 评审的内容应包括被实验室分包出去的任何工作。

4.4.4 对合同的任何偏离均应通知客户。

4.4.5 工作开始后如果需要修改合同，应重复进行同样的合同评审过程，并将所有修改内容通知所有受到影响的人员。

4.5 检测和校准的分包

4.5.1 实验室由于未预料的原因（如工作量、需要更多专业技术或暂时不具备能力）或持续性的原因（如通过长期分包、代理或特殊协议）需将工作分包时，应分包给有能力的分包方，例如能够按照本准则开展工作的分包方。

4.5.2 实验室应将分包安排以书面形式通知客户，适当时应得到客户的准许，最好是书面的同意。

4.5.3 实验室应就分包方的工作对客户负责，由客户或法定管理机构指定的分包方除外。

4.5.4 实验室应保存检测和/或校准中使用的所有分包方的注册记录，并保存其工作符合本准则的证明记录。

4.6 服务和供应品的采购

4.6.1 实验室应有选择和购买对检测和/或校准质量有影响的服务和供应品的政策和程序。还应有与检测和校准有关的试剂和消耗材料的购买、接收和存储的程序。

4.6.2 实验室应确保所购买的、影响检测和/或校准质量的供应品、试剂和消耗材料，只有在经检查或以其他方式验证了符合有关检测和/或校准方法中规定的标准规范或要求之后才投入使用。所使用的服务和供应品应符合规定的要求。应保存所采取的符合性检查活动的记录。

4.6.3 影响实验室输出质量的物品的采购文件，应包含描述所购服务和供应品的资料。这些采购文件在发出之前，其技术内容应经过审查和批准。

注：该描述可包括型式、类别、等级、准确的标识、规格、图纸、检查说明、包括检测结果批准在内的其他技术资料、质量要求和进行这些工作所依据的管理体系标准。

4.6.4 实验室应对影响检测和校准质量的重要消耗品、供应品和服务的供应商进行评价，并保存这些评价的记录和获批准的供应商名单。

4.7 服务客户

4.7.1 在确保其他客户机密的前提下，实验室应在明确客户要求、监视实验室中与工作相关操作方面积极与客户或其代表合作。

注1：这种合作可包括：

a) 允许客户或其代表合理进入实验室的相关区域直接观察为其进行的检测和/或校准。

b) 客户出于验证目的所需的检测和/或校准物品的准备、包装和发送。

注2：客户非常重视与实验室保持技术方面的良好沟通并获得建议和指导，以及根据结果得出的意见和解释。实验室在整个工作过程中，应当与客户尤其是大宗业务的客户保持沟通。实验室应当将检测和/或校准过程中的任何延误或主要偏离通知客户。

4.7.2 实验室应向客户征求反馈，无论是正面的还是负面的。应使用和分析这些意见并改进管理体系、检测和校准活动及客户服务。

注：反馈的类型示例包括客户满意度调查、与客户一起评价检测或校准报告。

4.8 投诉

实验室应有政策和程序处理来自客户或其他方面的投诉。应保存所有投诉的记录以及实验室针对投诉所开展的调查和纠正措施的记录（见4.11）。

4.9 不符合检测和/或校准工作的控制

4.9.1 实验室应有政策和程序，当检测和/或校准工作的任何方面，或该工作的结果不符合其程序或与客户达成一致的要求时，予以实施。该政策和程序应确保：

a) 确定对不符合工作进行管理的责任和权力，规定当识别出不符合工作时所采取的措施（包括必要时暂停工作、扣发检测报告和校准证书）；

b) 对不符合工作的严重性进行评价；

c) 立即进行纠正，同时对不符合工作的可接受性作出决定；

d) 必要时，通知客户并取消工作；

e) 规定批准恢复工作的职责。

注：对管理体系或检测和/或校准活动的不符合工作或问题的识别，可能发生在管理体系和技术运作的各个环节，例如客户投诉、质量控制、仪器校准、消耗材料的核查、对员工的考察或监督、检测报告和校准证书的核查、管理评审和内部或外部审核。

4.9.2 当评价表明不符合工作可能再度发生，或对实验室的运作与其政策和程序的符合性产生怀疑时，应立即执行4.11中规定的纠正措施程序。

4.10 改进

实验室应通过实施质量方针和质量目标，应用审核结果、数据分析、纠正措施和预防措施以及管理评审来持续改进管理体系的有效性。

4.11 纠正措施

4.11.1 总则

实验室应制定政策和程序并规定相应的权力，以便在识别不符合工作、偏离管理体系或技术运作中的政策和程序后实施纠正措施。

注：实验室管理体系或技术运作中的问题可以通过各种活动来识别，例如不符合工作的控制、内部或外部审核、管理评审、客户的反馈或员工的观察。

4.11.2 原因分析

纠正措施程序应从确定问题根本原因的调查开始。

注：原因分析是纠正措施程序中最关键有时也是最困难的部分。根本原因通常并不明显，因此需要仔细分析产生问题的所有潜在原因。潜在原因可包括：客户要求、样品、样品规格、方法和程序、员工的技能和培训、消耗品、设备及其校准。

4.11.3 纠正措施的选择和实施

需要采取纠正措施时，实验室应对潜在的各项纠正措施进行识别，并选择和实施最可能消除问题和防止问题再次发生的措施。

纠正措施应与问题的严重程度和风险大小相适应。

实验室应将纠正措施调查所要求的任何变更制定成文件并加以实施。

4.11.4 纠正措施的监控

实验室应对纠正措施的结果进行监控，以确保所采取的纠正措施是有效的。

4.11.5 附加审核

当对不符合或偏离的识别引起对实验室符合其政策和程序，或符合本准则产生怀疑时，实验室应尽快依据4.14条的规定对相关活动区域进行审核。

注：附加审核常在纠正措施实施后进行，以确定纠正措施的有效性。仅在识别出问题严重或对业务有危害时，才有必要进行附加审核。

4.12　预防措施

4.12.1　应识别潜在不符合的原因和所需的改进，无论是技术方面的还是相关管理体系方面。当识别出改进机会，或需采取预防措施时，应制定、执行和监控这些措施计划，以减少类似不符合情况发生的可能性并借机改进。

4.12.2　预防措施程序应包括措施的启动和控制，以确保其有效性。

注1：预防措施是事先主动识别改进机会的过程，而不是对已发现问题或投诉的反应。

注2：除对运作程序进行评审之外，预防措施还可能涉及包括趋势和风险分析结果以及能力验证结果在内的数据分析。

4.13　记录的控制

4.13.1　总则

4.13.1.1　实验室应建立和保持识别、收集、索引、存取、存档、存放、维护和清理质量记录和技术记录的程序。质量记录应包括内部审核报告和管理评审报告以及纠正措施和预防措施的记录。

4.13.1.2　所有记录应清晰明了，并以便于存取的方式存放和保存在具有防止损坏、变质、丢失的适宜环境的设施中。应规定记录的保存期。

注：记录可存于任何媒体上，例如硬拷贝或电子媒体。

4.13.1.3　所有记录应予安全保护和保密。

4.13.1.4　实验室应有程序来保护和备份以电子形式存储的记录，并防止未经授权的侵入或修改。

4.13.2　技术记录

4.13.2.1　实验室应将原始观察、导出资料和建立审核路径的充分信息的记录、校准记录、员工记录以及发出的每份检测报告或校准证书的副本按规定的时间保存。每项检测或校准的记录应包含充分的信息，以便在可能时识别不确定度的影响因素，并确保该检测或校准在尽可能接近原条件的情况下能够重复。记录应包括负责抽样的人员、每项检测和/或校准的操作人员和结果校核人员的标识。

注1：在某些领域，保留所有的原始观察记录也许是不可能或不实际的。

注2：技术记录是进行检测和/或校准所得数据（见5.4.7）和信息的累积，它们表明检测和/或校准是否达到了规定的质量或规定的过程参数。技术记录可包括表格、合同、工作单、工作手册、核查表、工作笔记、控制图、外部和内部的检测报告及校准证书、客户信函、文件和反馈。

4.13.2.2　观察结果、数据和计算应在产生的当时予以记录，并能按照特定任务分类识别。

4.13.2.3　当记录中出现错误时，每一错误应划改，不可擦涂掉，以免字迹模糊或消失，并将正确值填写在其旁边。对记录的所有改动应有改动人的签名或签名缩写。对电子存储的记录也应采取同等措施，以避免原始数据的丢失或改动。

4.14　内部审核

4.14.1　实验室应根据预定的日程表和程序，定期地对其活动进行内部审核，以验证其运作持续符合管理体系和本准则的要求。内部审核计划应涉及管理体系的全部要素，包括检测和/或校准活动。质量主管负责按照日程表的要求和管理层的需要策划和组织内部审核。审核应由经过培训和具备资格的人员来执行，只要资源允许，审核人员应独立于被审核的活动。

注：内部审核的周期通常应当为一年。

4.14.2 当审核中发现的问题导致对运作的有效性，或对实验室检测和/或校准结果的正确性或有效性产生怀疑时，实验室应及时采取纠正措施。如果调查表明实验室的结果可能已受影响，应书面通知客户。

4.14.3 审核活动的领域、审核发现的情况和因此采取的纠正措施，应予以记录。

4.14.4 跟踪审核活动应验证和记录纠正措施的实施情况及有效性。

4.15 管理评审

4.15.1 实验室的最高管理者应根据预定的日程表和程序，定期地对实验室的管理体系和检测和/或校准活动进行评审，以确保其持续适用和有效，并进行必要的变更或改进。评审应考虑到：

——政策和程序的适用性；
——管理和监督人员的报告；
——近期内部审核的结果；
——纠正措施和预防措施；
——由外部机构进行的评审；
——实验室间比对或能力验证的结果；
——工作量和工作类型的变化；
——客户反馈；
——投诉；
——改进的建议；
——其他相关因素，如质量控制活动、资源以及员工培训。

注1：管理评审的典型周期为12个月。
注2：评审结果应当输入实验室策划系统，并包括下年度的目的、目标和活动计划。
注3：管理评审包括对日常管理会议中有关议题的研究。

4.15.2 应记录管理评审中的发现和由此采取的措施。管理者应确保这些措施在适当和约定的时限内得到实施。

5. 技术要求

5.1 总则

5.1.1 决定实验室检测和/或校准的正确性和可靠性的因素有很多，包括：

——人员（5.2）；
——设施和环境条件（5.3）；
——检测和校准方法及方法确认（5.4）；
——设备（5.5）；
——测量的溯源性（5.6）；
——抽样（5.7）；
——检测和校准物品的处置（5.8）。

5.1.2 上述因素对总的测量不确定度的影响程度，在（各类）检测之间和（各类）校准之间明显不同。实验室在制定检测和校准的方法和程序、培训和考核人员、选择和校准所用设备时，应考虑到这些因素。

5.2 人员

5.2.1 实验室管理者应确保所有操作专门设备、从事检测和/或校准、评价结果、签署检测报告和校准证书的人员的能力。当使用在培员工时，应对其安排适当的监督。对从事特定工作的人员，应按要求根据相应的教育、培训、经验和/或可证明的技能进行资格确认。

注1：某些技术领域（如无损检测）可能要求从事某些工作的人员持有个人资格证书，实验室有责任满足这些指定人员持证上岗的要求。人员持证上岗的要求可能是法定的、特殊技术领域标准包含的，或是客户要求的。

注2：对检测报告所含意见和解释负责的人员，除了具备相应的资格、培训、经验以及所进行的检测方面的充分知识外，还需具有：

——制造被检测物品、材料、产品等所用的相关技术知识、已使用或拟使用方法的知识，以及在使用过程中可能出现的缺陷或降级等方面的知识；

——法规和标准中阐明的通用要求的知识；

——对物品、材料和产品等正常使用中发现的偏离所产生影响程度的了解。

5.2.2 实验室管理者应制订实验室人员的教育、培训和技能目标。应有确定培训需求和提供人员培训的政策和程序。培训计划应与实验室当前和预期的任务相适应。应评价这些培训活动的有效性。

5.2.3 实验室应使用长期雇佣人员或签约人员。在使用签约人员及其他的技术人员及关键支持人员时，实验室应确保这些人员是胜任的且受到监督，并按照实验室管理体系要求工作。

5.2.4 对与检测和/或校准有关的管理人员、技术人员和关键支持人员，实验室应保留其当前工作的描述。

注：工作描述可用多种方式规定。但至少应当规定以下内容：

——从事检测和/或校准工作方面的职责；

——检测和/或校准策划和结果评价方面的职责；

——提交意见和解释的职责；

——方法改进、新方法制定和确认方面的职责；

——所需的专业知识和经验；

——资格和培训计划；

——管理职责。

5.2.5 管理层应授权专门人员进行特定类型的抽样、检测和/或校准、签发检测报告和校准证书、提出意见和解释以及操作特定类型的设备。实验室应保留所有技术人员（包括签约人员）的相关授权、能力、教育和专业资格、培训、技能和经验的记录，并包含授权和/或能力确认的日期。这些信息应易于获取。

5.3 设施和环境条件

5.3.1 用于检测和/或校准的实验室设施，包括但不限于能源、照明和环境条件，应有利于检测和/或校准的正确实施。

实验室应确保其环境条件不会使结果无效，或对所要求的测量质量产生不良影响。

在实验室固定设施以外的场所进行抽样、检测和/或校准时，应予特别注意。对影响检测和校准结果的设施和环境条件的技术要求应制定成文件。

5.3.2 相关的规范、方法和程序有要求，或对结果的质量有影响时，实验室应监测、控制和记录环境条件。对诸如生物消毒、灰尘、电磁干扰、辐射、湿度、供电、温度、声级和振级等应予重视，使其适应于相关的技术活动。当环境条件危及到检测和/或校准的结果时，应停止检测和校准。

5.3.3 应将不相容活动的相邻区域进行有效隔离。应采取措施以防止交叉污染。

5.3.4 应对影响检测和/或校准质量的区域的进入和使用加以控制。实验室应根据其特定情况确定控制的范围。

5.3.5 应采取措施确保实验室的良好内务，必要时应制定专门的程序。

5.4 检测和校准方法及方法的确认

5.4.1 总则

实验室应使用适合的方法和程序进行所有检测和/或校准，包括被检测和/或校准物品的抽样、处理、运输、存储和准备，适当时，还应包括测量不确定度的评定和分析检测和/或校准数据的统计技术。

如果缺少指导书可能影响检测和/或校准结果，实验室应具有所有相关设备的使用和操作指导书以及处置、准备检测和/或校准物品的指导书，或者二者兼有。所有与实验室工作有关的指导书、标准、手册和参考资料应保持现行有效并易于员工取阅（见4.3）。对检测和校准方法的偏离，仅应在该偏离已被文件规定、经技术判断、授权和客户接受的情况下才允许发生。

注：如果国际的、区域的或国家的标准，或其他公认的规范已包含了如何进行检测和/或校准的简明和充分信息，并且这些标准是以可被实验室操作人员作为公开文件使用的方式书写时，则不需再进行补充或改写为内部程序。对方法中的可选择步骤，可能有必要制定附加细则或补充文件。

5.4.2 方法的选择

实验室应采用满足客户需求并适用于所进行的测试和/或校准的方法，包括抽样的方法。应优先使用以国际、区域或国家标准发布的方法。实验室应确保使用标准的最新有效版本，除非该版本不适宜或不可能使用。必要时，应采用附加细则对标准加以补充，以确保应用的一致性。

当客户未指定所用方法时，实验室应选择以国际、区域或国家标准发布的，或由知名的技术组织或有关科学书籍和期刊公布的，或由设备制造商指定的方法。实验室制定的或采用的方法如能满足预期用途并经过确认，也可使用。所选用的方法应通知客户。在引入检测或校准之前，实验室应证实能够正确地运用这些标准方法。如果标准方法发生了变化，应重新进行证实。

当认为客户建议的方法不适合或已过期时，实验室应通知客户。

5.4.3 实验室制定的方法

实验室为其应用而制定检测和校准方法的过程应是有计划的活动，并应指定具有足够资源的有资格的人员进行。

计划应随方法制定的进度加以更新，并确保所有有关人员之间的有效沟通。

5.4.4 非标准方法

当必须使用标准方法中未包含的方法时，应遵守与客户达成的协议，且应包括对客户要求的清晰说明以及检测和/或校准的目的。所制定的方法在使用前应经适当的确认。

注：对新的检测和/或校准方法，在进行检测和/或校准之前应当制定程序。程序中至少应该包含下列信息：

a) 适当的标识；
b) 范围；
c) 被检测或校准物品类型的描述；
d) 被测定的参数或量和范围；
e) 仪器和设备，包括技术性能要求；
f) 所需的参考标准和标准物质（参考物质）；
g) 要求的环境条件和所需的稳定周期；

h) 程序的描述，包括：

——物品的附加识别标志、处置、运输、存储和准备；

——检查设备工作是否正常，需要时，在每次使用之前对设备进行校准和调整；

——观察和结果的记录方法；

——需遵循的安全措施；

i) 接受（或拒绝）的准则和（或）要求；

j) 需记录的数据以及分析和表达的方法；

k) 不确定度或评定不确定度的程序。

5.4.5 方法的确认

5.4.5.1 确认是通过检查并提供客观证据，以证实某一特定预期用途的特定要求得到满足。

5.4.5.2 实验室应对非标准方法、实验室设计（制定）的方法、超出其预定范围使用的标准方法、扩充和修改过的标准方法进行确认，以证实该方法适用于预期的用途。确认应尽可能全面，以满足预定用途或应用领域的需要。实验室应记录所获得的结果、使用的确认程序以及该方法是否适合预期用途的声明。

注1：确认可包括对抽样、处置和运输程序。

注2：用于确定某方法性能的技术应当是下列之一，或是其组合：

——使用参考标准或标准物质（参考物质）进行校准；

——与其他方法所得的结果进行比较；

——实验室间比对；

——对影响结果的因素作系统性评审；

——根据对方法的理论原理和实践经验的科学理解，对所得结果不确定度进行的评定。

注3：当对已确认的非标准方法作某些改动时，应当将这些改动的影响制定成文件，适当时应当重新进行确认。

5.4.5.3 按预期用途进行评价所确认的方法得到的值的范围和准确度，应与客户的需求紧密相关。这些值诸如：结果的不确定度、检出限、方法的选择性、线性、重复性限和/或复现性限、抵御外来影响的稳健度和/或抵御来自样品（或检测物）基体干扰的交互灵敏度。

注1：确认包括对要求的详细说明、对方法特性量的测定、对利用该方法能满足要求的核查以及对有效性的声明。

注2：在方法制定过程中，需进行定期的评审，以证实客户的需求仍能得到满足。要求中的认可变更需要对方法制订计划进行调整时，应当得到批准和授权。

注3：确认通常是成本、风险和技术可行性之间的一种平衡。许多情况下，由于缺乏信息，数值（如：准确度、检出限、选择性、线性、重复性、复现性、稳健度和交互灵敏度）的范围和不确定度只能以简化的方式给出。

5.4.6 测量不确定度的评定

5.4.6.1 校准实验室或进行自校准的检测实验室，对所有的校准和各种校准类型都应具有并应用评定测量不确定度的程序。

5.4.6.2 检测实验室应具有并应用评定测量不确定度的程序。某些情况下，检测方法的性质会妨碍对测量不确定度进行严密的计量学和统计学上的有效计算。这种情况下，实验室至少应努力找出不确定度的所有分量且作出合理评定，并确保结果的报告方式不会对不确定度造成错觉。合理的评定应依据对方法特性的理解和测量范围，并利用诸如过去的经验和确认的数据。

注1：测量不确定度评定所需的严密程度取决于某些因素，诸如：
——检测方法的要求；
——客户的要求；
——据以作出满足某规范决定的窄限。

注2：某些情况下，公认的检测方法规定了测量不确定度主要来源的值的极限，并规定了计算结果的表示方式，这时，实验室只要遵守该检测方法和报告的说明（5.10），即被认为符合本款的要求。

5.4.6.3 在评定测量不确定度时，对给定情况下的所有重要不确定度分量，均应采用适当的分析方法加以考虑。

注1：不确定度的来源包括（但不限于）所用的参考标准和标准物质（参考物质）、方法和设备、环境条件、被检测或校准物品的性能和状态以及操作人员。

注2：在评定测量不确定度时，通常不考虑被检测和/或校准物品预计的长期性能。

注3：进一步信息参见 ISO 5725 和"测量不确定度表述指南"（见参考文献）。

5.4.7 数据控制

5.4.7.1 应对计算和数据转移进行系统和适当的检查。

5.4.7.2 当利用计算机或自动设备对检测或校准数据进行采集、处理、记录、报告、存储或检索时，实验室应确保：

a) 由使用者开发的计算机软件应被制定成足够详细的文件，并对其适用性进行适当确认；

b) 建立并实施数据保护的程序。这些程序应包括（但不限于）：数据输入或采集、数据存储、数据转移和数据处理的完整性和保密性；

c) 维护计算机和自动设备以确保其功能正常，并提供保护检测和校准数据完整性所必需的环境和运行条件。

注：通用的商业现成软件（如文字处理、数据库和统计程序），在其设计的应用范围内可认为是经充分确认的，但实验室对软件进行了配置或调整，则应当按 5.4.7.2 a) 进行确认。

5.5 设备

5.5.1 实验室应配备正确进行检测和/或校准（包括抽样、物品制备、数据处理与分析）所要求的所有抽样、测量和检测设备。当实验室需要使用永久控制之外的设备时，应确保满足本准则的要求。

5.5.2 用于检测、校准和抽样的设备及其软件应达到要求的准确度，并符合检测和/或校准相应的规范要求。对结果有重要影响的仪器的关键量或值，应制定校准计划。设备（包括用于抽样的设备）在投入服务前应进行校准或核查，以证实其能够满足实验室的规范要求和相应的标准规范。设备在使用前应进行核查和/或校准（见 5.6）。

5.5.3 设备应由经过授权的人员操作。设备使用和维护的最新版说明书（包括设备制造商提供的有关手册）应便于合适的实验室有关人员取用。

5.5.4 用于检测和校准并对结果有影响的每一设备及其软件，如可能，均应加以唯一性标识。

5.5.5 应保存对检测和/或校准具有重要影响的每一设备及其软件的记录。该记录至少应包括：

a) 设备及其软件的识别；
b) 制造商名称、型式标识、系列号或其他唯一性标识；
c) 对设备是否符合规范的核查（见 5.5.2）；
d) 当前的位置（如果适用）；

e) 制造商的说明书（如果有），或指明其地点；

f) 所有校准报告和证书的日期、结果及复印件，设备调整、验收准则和下次校准的预定日期；

g) 设备维护计划，以及已进行的维护（适当时）；

h) 设备的任何损坏、故障、改装或修理。

5.5.6 实验室应具有安全处置、运输、存放、使用和有计划维护测量设备的程序，以确保其功能正常并防止污染或性能退化。

注：在实验室固定场所外使用测量设备进行检测、校准或抽样时，可能需要附加的程序。

5.5.7 曾经过载或处置不当、给出可疑结果，或已显示出缺陷、超出规定限度的设备，均应停止使用。这些设备应予隔离以防误用，或加贴标签、标记以清晰表明该设备已停用，直至修复并通过校准或测试表明能正常工作为止。实验室应核查这些缺陷或偏离规定极限对先前的检测和/或校准的影响，并执行"不符合工作控制"程序（见4.9）。

5.5.8 实验室控制下的需校准的所有设备，只要可行，应使用标签、编码或其他标识表明其校准状态，包括上次校准的日期、再校准或失效日期。

5.5.9 无论什么原因，若设备脱离了实验室的直接控制，实验室应确保该设备返回后，在使用前对其功能和校准状态进行核查并能显示满意结果。

5.5.10 当需要利用期间核查以保持设备校准状态的可信度时，应按照规定的程序进行。

5.5.11 当校准产生了一组修正因子时，实验室应有程序确保其所有备份（例如计算机软件中的备份）得到正确更新。

5.5.12 检测和校准设备包括硬件和软件应得到保护，以避免发生致使检测和/或校准结果失效的调整。

5.6 测量溯源性

5.6.1 总则

用于检测和（或）校准的对检测、校准和抽样结果的准确性或有效性有显著影响的所有设备，包括辅助测量设备（例如用于测量环境条件的设备），在投入使用前应进行校准。实验室应制定设备校准的计划和程序。

注：该计划应当包含一个对测量标准、用作测量标准的标准物质（参考物质）以及用于检测和校准的测量与检测设备进行选择、使用、校准、核查、控制和维护的系统。

5.6.2 特定要求

5.6.2.1 校准

5.6.2.1.1 对于校准实验室，设备校准计划的制订和实施应确保实验室所进行的校准和测量可溯源到国际单位制（SI）。

校准实验室通过不间断的校准链或比较链与相应测量的SI单位基准相连接，以建立测量标准和测量仪器对SI的溯源性。对SI的链接可以通过参比国家测量标准来达到。国家测量标准可以是基准，它们是SI单位的原级实现或是以基本物理常量为根据的SI单位约定的表达式，或是由其他国家计量院所校准的次级标准。当使用外部校准服务时，应使用能够证明资格、测量能力和溯源性的实验室的校准服务，以保证测量的溯源性。由这些实验室发布的校准证书应有包括测量不确定度和/或符合确定的计量规范声明的测量结果（见5.10.4.2）。

注1：满足本准则要求的校准实验室即被认为是有资格的。由依据本准则认可的校准实验室发布的带有认可机构标志的校准证书，对相关校准来说，是所报告校准数据溯源性的充分证明。

注2：对测量 SI 单位的溯源可以通过参比适当的基准（见 VIM：1993.6.4），或参比一个自然常数来达到，用相对 SI 单位表示的该常数的值是已知的，并由国际计量大会（CGPM）和国际计量委员会（CIPM）推荐。

注3：持有自己的基准或基于基本物理常量的 SI 单位表达式的校准实验室，只有在将这些标准直接或间接地与国家计量院的类似标准进行比对之后，方能宣称溯源到 SI 单位制。

注4："确定的计量规范"是指在校准证书中必须清楚表明该测量已与何种规范进行过比对，这可以通过在证书中包含该规范或明确指出已参照了该规范来达到。

注5：当"国际标准"和"国家标准"与溯源性关联使用时，则是假定这些标准满足了实现 SI 单位基准的性能。

注6：对国家测量标准的溯源不要求必须使用实验室所在国的国家计量院。

注7：如果校准实验室希望或需要溯源到本国以外的其他国家计量院，应当选择直接参与或通过区域组织积极参与国际计量局（BIPM）活动的国家计量院。

注8：不间断的校准或比较链，可以通过不同的、能证明溯源性的实验室经过若干步骤来实现。

5.6.2.1.2　某些校准目前尚不能严格按照 SI 单位进行，这种情况下，校准应通过建立对适当测量标准的溯源来提供测量的可信度，例如：

——使用有能力的供应者提供的有证标准物质（参考物质）来对某种材料给出可靠的物理或化学特性；

——使用规定的方法和/或被有关各方接受并且描述清晰的协议标准。

可能时，要求参加适当的实验室间比对计划。

5.6.2.2　检测

5.6.2.2.1　对检测实验室，5.6.2.1 中给出的要求适用于测量设备和具有测量功能的检测设备，除非已经证实校准带来的贡献对检测结果总的不确定度几乎没有影响。这种情况下，实验室应确保所用设备能够提供所需的测量不确定度。

注：对 5.6.2.1 的遵循程度应当取决于校准的不确定度对总的不确定度的相对贡献。如果校准是主导因素，则应当严格遵循该要求。

5.6.2.2.2　测量无法溯源到 SI 单位或与之无关时，与对校准实验室的要求一样，要求测量能够溯源到诸如有证标准物质（参考物质）、约定的方法和/或协议标准（见5.6.2.1.2）。

5.6.3　参考标准和标准物质（参考物质）

5.6.3.1　参考标准

实验室应有校准其参考标准的计划和程序。参考标准应由 5.6.2.1 中所述的能够提供溯源的机构进行校准。实验室持有的测量参考标准应仅用于校准而不用于其他目的，除非能证明作为参考标准的性能不会失效。参考标准在任何调整之前和之后均应校准。

5.6.3.2　标准物质（参考物质）

可能时，标准物质（参考物质）应溯源到 SI 测量单位或有证标准物质（参考物质）。只要技术和经济条件允许，应对内部标准物质（参考物质）进行核查。

5.6.3.3　期间核查

应根据规定的程序和日程对参考标准、基准、传递标准或工作标准以及标准物质（参考物质）进行核查，以保持其校准状态的置信度。

5.6.3.4　运输和储存

实验室应有程序来安全处置、运输、存储和使用参考标准和标准物质（参考物质），以防止污染或损坏，确保其完整性。

注：当参考标准和标准物质（参考物质）用于实验室固定场所以外的检测、校准或抽样时，也许有必

要制定附加的程序。

5.7 抽样

5.7.1 实验室为后续检测或校准而对物质、材料或产品进行抽样时,应有用于抽样的抽样计划和程序。抽样计划和程序在抽样的地点应能够得到。只要合理,抽样计划应根据适当的统计方法制定。抽样过程应注意需要控制的因素,以确保检测和校准结果的有效性。

注1:抽样是取出物质、材料或产品的一部分作为其整体的代表性样品进行检测或校准的一种规定程序。抽样也可能是由检测或校准该物质、材料或产品的相关规范要求的。某些情况下(如法庭科学分析),样品可能不具备代表性,而是由其可获性所决定。

注2:抽样程序应当对取自某个物质、材料或产品的一个或多个样品的选择、抽样计划、提取和制备进行描述,以提供所需的信息。

5.7.2 当客户对文件规定的抽样程序有偏离、添加或删节的要求时,应详细记录这些要求和相关的抽样资料,并记入包含检测和/或校准结果的所有文件中,同时告知相关人员。

5.7.3 当抽样作为检测或校准工作的一部分时,实验室应有程序记录与抽样有关的资料和操作。这些记录应包括所用的抽样程序、抽样人的识别、环境条件(如果相关)、必要时有抽样位置的图示或其他等效方法,如果合适,还应包括抽样程序所依据的统计方法。

5.8 检测和校准物品(样品)的处置

5.8.1 实验室应有用于检测和/或校准物品的运输、接收、处置、保护、存储、保留和/或清理的程序,包括为保护检测和/或校准物品的完整性以及实验室与客户利益所需的全部条款。

5.8.2 实验室应具有检测和/或校准物品的标识系统。物品在实验室的整个期间应保留该标识。标识系统的设计和使用应确保物品不会在实物上或在涉及的记录和其他文件中混淆。如果合适,标识系统应包含物品群组的细分和物品在实验室内外部的传递。

5.8.3 在接收检测或校准物品时,应记录异常情况或对检测或校准方法中所述正常(或规定)条件的偏离。当对物品是否适合于检测或校准存有疑问,或当物品不符合所提供的描述,或对所要求的检测或校准规定得不够详尽时,实验室应在开始工作之前问询客户,以得到进一步的说明,并记录下讨论的内容。

5.8.4 实验室应有程序和适当的设施避免检测或校准物品在存储、处置和准备过程中发生退化、丢失或损坏。应遵守随物品提供的处理说明。当物品需要被存放或在规定的环境条件下养护时,应保持、监控和记录这些条件。当一个检测或校准物品或其一部分需要安全保护时,实验室应对存放和安全作出安排,以保护该物品或其有关部分的状态和完整性。

注1:在检测之后要重新投入使用的测试物,需特别注意确保物品的处置、检测或存储/等待过程中不被破坏或损伤。

注2:应当向负责抽样和运输样品的人员提供抽样程序,及有关样品存储和运输的信息,包括影响检测或校准结果的抽样因素的信息。

注3:维护检测或校准样品安全的原由可能出自记录、安全或价值的原因,或是为了日后进行补充的检测和/或校准。

5.9 检测和校准结果质量的保证

5.9.1 实验室应有质量控制程序以监控检测和校准的有效性。所得数据的记录方式应便于可发现其发展趋势,如可行,应采用统计技术对结果进行审查。这种监控应有计划并加以评审,可包括(但不限于)下列内容:

a) 定期使用有证标准物质(参考物质)进行监控和/或使用次级标准物质(参考物质)开展内部质量控制;

b) 参加实验室间的比对或能力验证计划；
c) 使用相同或不同方法进行重复检测或校准；
d) 对存留物品进行再检测或再校准；
e) 分析一个物品不同特性结果的相关性。
注：选用的方法应当与所进行工作的类型和工作量相适应。

5.9.2 应分析质量控制的数据，当发现质量控制数据将要超出预先确定的判据时，应采取有计划的措施来纠正出现的问题，并防止报告错误的结果。

5.10 结果报告

5.10.1 总则

实验室应准确、清晰、明确和客观地报告每一项检测、校准，或一系列的检测或校准的结果，并符合检测或校准方法中规定的要求。

结果通常应以检测报告或校准证书的形式出具，并且应包括客户要求的、说明检测或校准结果所必需的和所用方法要求的全部信息。这些信息通常是5.10.2和5.10.3或5.10.4中要求的内容。

在为内部客户进行检测和校准或与客户有书面协议的情况下，可用简化的方式报告结果。对于5.10.2至5.10.4中所列却未向客户报告的信息，应能方便地从进行检测和/或校准的实验室中获得。

注1：检测报告和校准证书有时分别称为检测证书和校准报告。
注2：只要满足本准则的要求，检测报告或校准证书可用硬拷贝或电子数据传输的方式发布。

5.10.2 检测报告和校准证书

除非实验室有充分的理由，否则每份检测报告或校准证书应至少包括下列信息：

a) 标题（例如"检测报告"或"校准证书"）；
b) 实验室的名称和地址，进行检测和/或校准的地点（如果与实验室的地址不同）；
c) 检测报告或校准证书的唯一性标识（如系列号）和每一页上的标识，以确保能够识别该页是属于检测报告或校准证书的一部分，以及表明检测报告或校准证书结束的清晰标识；
d) 客户的名称和地址；
e) 所用方法的识别；
f) 检测或校准物品的描述、状态和明确的标识；
g) 对结果的有效性和应用至关重要的检测或校准物品的接收日期和进行检测或校准的日期；
h) 如与结果的有效性或应用相关时，实验室或其他机构所用的抽样计划和程序的说明；
i) 检测和校准的结果，适用时，带有测量单位；
j) 检测报告或校准证书批准人的姓名、职务、签字或等效的标识；
k) 相关时，结果仅与被检测或被校准物品有关的声明。

注1：检测报告和校准证书的硬拷贝应当有页码和总页数。
注2：建议实验室作出未经实验室书面批准，不得复制（全文复制除外）检测报告或校准证书的声明。

5.10.3 检测报告

5.10.3.1 当需对检测结果作出解释时，除5.10.2中所列的要求之外，检测报告中还应包括下列内容：

a) 对检测方法的偏离、增添或删节，以及特定检测条件的信息，如环境条件；

b) 相关时，符合（或不符合）要求和/或规范的声明；

c) 适用时，评定测量不确定度的声明。当不确定度与检测结果的有效性或应用有关，或客户的指令中有要求，或当不确定度影响到对规范限度的符合性时，检测报告中还需要包括有关不确定度的信息；

d) 适用且需要时，提出意见和解释（见5.10.5）；

e) 特定方法、客户或客户群体要求的附加信息。

5.10.3.2 当需对检测结果作解释时，对含抽样结果在内的检测报告，除了5.10.2和5.10.3.1所列的要求之外，还应包括下列内容：

a) 抽样日期；

b) 抽取的物质、材料或产品的清晰标识（适当时，包括制造者的名称、标示的型号或类型和相应的系列号）；

c) 抽样位置，包括任何简图、草图或照片；

d) 列出所用的抽样计划和程序；

e) 抽样过程中可能影响检测结果解释的环境条件的详细信息；

f) 与抽样方法或程序有关的标准或规范，以及对这些规范的偏离、增添或删节。

5.10.4 校准证书

5.10.4.1 如需对校准结果进行解释时，除5.10.2中所列的要求之外，校准证书还应包含下列内容：

a) 校准活动中对测量结果有影响的条件（例如环境条件）；

b) 测量不确定度和/或符合确定的计量规范或条款的声明；

c) 测量可溯源的证据（见5.6.2.1.1注2）。

5.10.4.2 校准证书应仅与量和功能性测试的结果有关。如欲作出符合某规范的声明，应指明符合或不符合该规范的哪些条款。

当符合某规范的声明中略去了测量结果和相关的不确定度时，实验室应记录并保存这些结果，以备日后查阅。

作出符合性声明时，应考虑测量不确定度。

5.10.4.3 当被校准的仪器已被调整或修理时，如果可获得，应报告调整或修理前后的校准结果。

5.10.4.4 校准证书（或校准标签）不应包含对校准时间间隔的建议，除非已与客户达成协议。该要求可能被法规取代。

5.10.5 意见和解释

当含有意见和解释时，实验室应把作出意见和解释的依据制定成文件。意见和解释应像在测试报告中一样被清晰标注。

注1：意见和解释不应与ISO/IEC 17020和ISO/IEC指南65中所指的检查和产品认证相混淆。

注2：检测报告中包含的意见和解释可以包括（但不限于）下列内容：

——对结果符合（或不符合）要求的声明的意见；

——合同要求的履行；

——如何使用结果的建议；

——用于改进的指导。

注3：许多情况下，通过与客户直接对话来传达意见和解释或许更为恰当，但这些对话应当有文字记录。

5.10.6 从分包方获得的检测和校准结果

当检测报告包含了由分包方所出具的检测结果时,这些结果应予清晰标明。分包方应以书面或电子方式报告结果。

当校准工作被分包时,执行该工作的实验室应向分包给其工作的实验室出具校准证书。

5.10.7 结果的电子传送

当用电话、电传、传真或其他电子或电磁方式传送检测或校准结果时,应满足本准则的要求(见5.4.7)。

5.10.8 报告和证书的格式

报告和证书的格式应设计为适用于所进行的各种检测或校准类型,并尽量减小产生误解或误用的可能性。

注1:应当注意检测报告或校准证书的编排,尤其是检测或校准数据的表达方式,并易于读者理解。

注2:表头应当尽可能地标准化。

5.10.9 检测报告和校准证书的修改

对已发布的检测报告或校准证书的实质性修改,应仅以追加文件或资料更换的形式,并包括如下声明:

"对检测报告(或校准证书)的补充,系列号……(或其他标识)",或其他等效的文字形式。

这种修改应满足本准则的所有要求。

当有必要发布全新的检测报告或校准证书时,应注以唯一性标识,并注明所替代的原件。

参考文献

[1] ISO 5725-1 Accuracy (trueness and precision) of measurement methods and results—Part 1: General principles and definitions.

[2] ISO 5725-2 Accuracy (trueness and precision) of measurement methods and results—Part 2: Basic method for the determination of repeatability of a standard measurement method.

[3] ISO 5725-3 Accuracy (trueness and precision) of measurement methods and results—Part 3: Intermediate measurement of the precision of a standard measurement method.

[4] ISO 5725-4 Accuracy (trueness and precision) of measurement methods and results—Part 4: Basic method for the determination of the trueness of a standard measurement method.

[5] ISO 5725-6 Accuracy (trueness and precision) of measurement methods and results—Part 6: Use in practice of accuracy values.

[6] GB/T 19000—2000 质量管理体系 基础和术语 (idt ISO 9000).

[7] GB/T 19001—2000 质量管理体系 要求 (idt ISO 9001:2000).

[8] ISO/IEC 90003 Software engineering. Guidelines for the application of ISO9001:2000 to computer software.

[9] ISO 10012:2003 Measurement management system. Requirements for measurement processes and measuring equipment.

[10] ISO/IEC 17011 Conformity assessment. General requirement for accreditation bodies accrediting conformity assessment bodies.

[11] GB/T 18346—2001 各类检查机构的通用要求 (idt ISO/IEC 17020).

[12] GB/T 19011 质量和环境管理体系审核指南 (idt ISO 19011).

[13] GB/T 15000.2—1994 标准样品工作导则 (2) 标准样品常用术语及定义 (idt ISO Guide 30).

[14] GB/T 15000.4—1994 标准样品工作导则 (4) 标准样品证书内容的规定 (idt ISO Guide 31).

[15] GB/T 15000.9—2004 标准样品工作导则 (9) 分析化学中的校准和有证标准样品的使用 (idt ISO Guide 32).

[16] GB/T 15000.8—2003 标准样品工作导则 (8) 有证标准样品的使用 (idt ISO Guide 33).

[17] GB/T 15000.7—2001 标准样品工作导则 (7) 标准样品生产者能力的通用要求 (idt ISO Guide 34).

[18] ISO Guide 35 Certification of reference materials—General and statistical principles.

[19] GB/T 15483.1 利用实验室间比对的能力验证——第1部分:能力验证计划的建立和运作 (idt ISO/IEC Guide 43-

1）.
[20]　GB/T 15483.2 利用实验室间比对的能力验证——第 2 部分：实验室认可机构对能力验证计划的选择和使用（idt ISO/IEC Guide 43-2）.
[21]　GB/T 15486—1995 校准和检验实验室认可体系 运作和承认的通用要求（idt ISO/IEC Guide 58：1993）.
[22]　ISO/IEC Guide 65 General requirements for bodies operating product certification systems.
[23]　GUM，Guide to the expression of uncertainty in measurement，由 BIPM、IEC、IFCC、ISO、IUPAC、IUPAP and OIML 发布（我国 JJF 1059—1999 "测量不确定度评定与表示"原则上等同采用了该指南）.
[24]　有关实验室认可的信息和文件可从 ILAC（国际实验室认可合作组织）网上查阅：www.ilac.org.

参 考 文 献

[1] 周心如，杨俊佼，柯以侃编著．化验员读本（上册）．化学分析．第 5 版．北京：化学工业出版社，2017．
[2] 刘瑞雪编．化验员习题集．第 2 版．北京：化学工业出版社，2011．
[3] 刘天煦编．化验员基础知识问答．第 2 版．北京：化学工业出版社，2010．
[4] 全浩，韩永志主编．标准物质及其应用技术．第 2 版．北京：中国标准出版社，2003．
[5] 李定一主编．国内外化工标准目录．北京：化学工业出版社，1999．
[6] 中国标准出版社第一编辑室编．标准化工作导则、指南和编写规则标准汇编．第 2 版．北京：中国标准出版社，2004．
[7] 李发美．分析化学．第 7 版．北京：人民卫生出版社，2011．
[8] 黄一石主编．定量化学分析．第 3 版．北京：化学工业出版社，2014．
[9] 邹学贤主编．分析化学．北京：人民卫生出版社，2006．
[10] 国家质量技术监督局认证与实验室评审管理司编．计量认证/审查认可（验收）评审准则宣贯指南．北京：中国计量出版社，2001．
[11] 张斌编著．实验室管理、认可与运作．北京：中国标准出版社，2004．
[12] 蒋子刚，顾雪梅编著．分析检验的质量保证与计量认证．上海：华东理工大学出版社，1998．
[13] 全国化工标准物质委员会编．分析测试质量保证．沈阳：辽宁大学出版社，2004．
[14] 中国石油化工股份有限公司科技开发部编．石油化工产品及试验方法行业标准汇编 2010．北京：中国石化出版社有限公司，2011．
[15] GB/T 20000.1—2014 标准化工作指南 第 1 部分：标准化和相关活动的通用术语．
[16] GB/T 20000.2—2009 标准化工作指南 第 2 部分：采用国际标准．
[17] GB/T 1.1—2009 标准化工作导则 第 1 部分：标准的结构和编写．
[18] GB/T 20002.3—2014 标准中特定内容的起草 第 3 部分：产品标准中涉及环境的内容．
[19] GB/T 20001.4—2015 标准编写规则 第 4 部分：试验方法标准．
[20] GB/T 20001.10—2014 标准编写规则 第 10 部分：产品标准．
[21] GB/T 15000.8—2003 标准样品工作导则（8）有证标准样品的使用．
[22] GB/T 15000.9—2004 标准样品工作导则（9）分析化学中的校准和有证标准样品的使用．
[23] GB/T 6379.1—2004/ISO 5725-2：1994 测量方法与结果的准确度 第 1 部分：总则与定义．
[24] GB/T 6379.2—2004/ISO 5725-2：1994 测量方法与结果的准确度 第 2 部分：确定标准测量方法重复性与再现性的基本方法．
[25] GB/T 13017—2008 企业标准体系表编制指南．
[26] JJF 1001—2011 通用计量术语及定义．
[27] JJF 1005—2005 标准物质常用术语和定义．
[28] GB 3100—93 国际单位制及其应用．
[29] 全国化工标准物质委员会编．分析测试质量保证．沈阳：辽宁大学出版社，2004．
[30] 吕邵杰，杜宝祥主编．化工标准化．北京：化学工业出版社，1998．
[31] 张荣主编．计量与标准化基础知识．北京：化学工业出版社，2006．
[32] 唐晓燕编著．分析方法标准化．北京：中国建材工业出版社，1998．
[33] 李春田主编．标准化概论．北京：中国人民大学出版社，1984．
[34] 卢敬叁，李玉秋编著．计量中的科学．北京：中国标准出版社，2001．
[35] 中国科学技术情报研究所编．标准化的目的与原理．北京：科学技术文献出版社，1974．
[36] 伊里奇．萨依然编．国际单位制简介．北京：计量出版社，1993．
[37] 《中华人民共和国计量法》2015 年 4 月 24 日修正版．
[38] 《中华人民共和国计量法实施细则》2016 年 2 月 6 日修正版．
[39] 《中华人民共和国标准化法》1988 年 12 月 29 日中华人民共和国主席令第 11 号发布．
[40] 《中华人民共和国标准化法实施细则》1990 年 4 月 6 日中华人民共和国国务院第 53 号令发布．